MES
MÉMOIRES
(1826-1848)

PAR

LE Cte D'ALTON SHÉE

ANCIEN PAIR DE FRANCE

DEUXIÈME PARTIE

1840-1847

PARIS
LIBRAIRIE INTERNATIONALE
15, BOULEVARD MONTMARTRE

A. L'ACROIX, VERBOECKHOVEN & Cie, ÉDITEURS
A Bruxelles, à Leipzig et à Livourne

1869

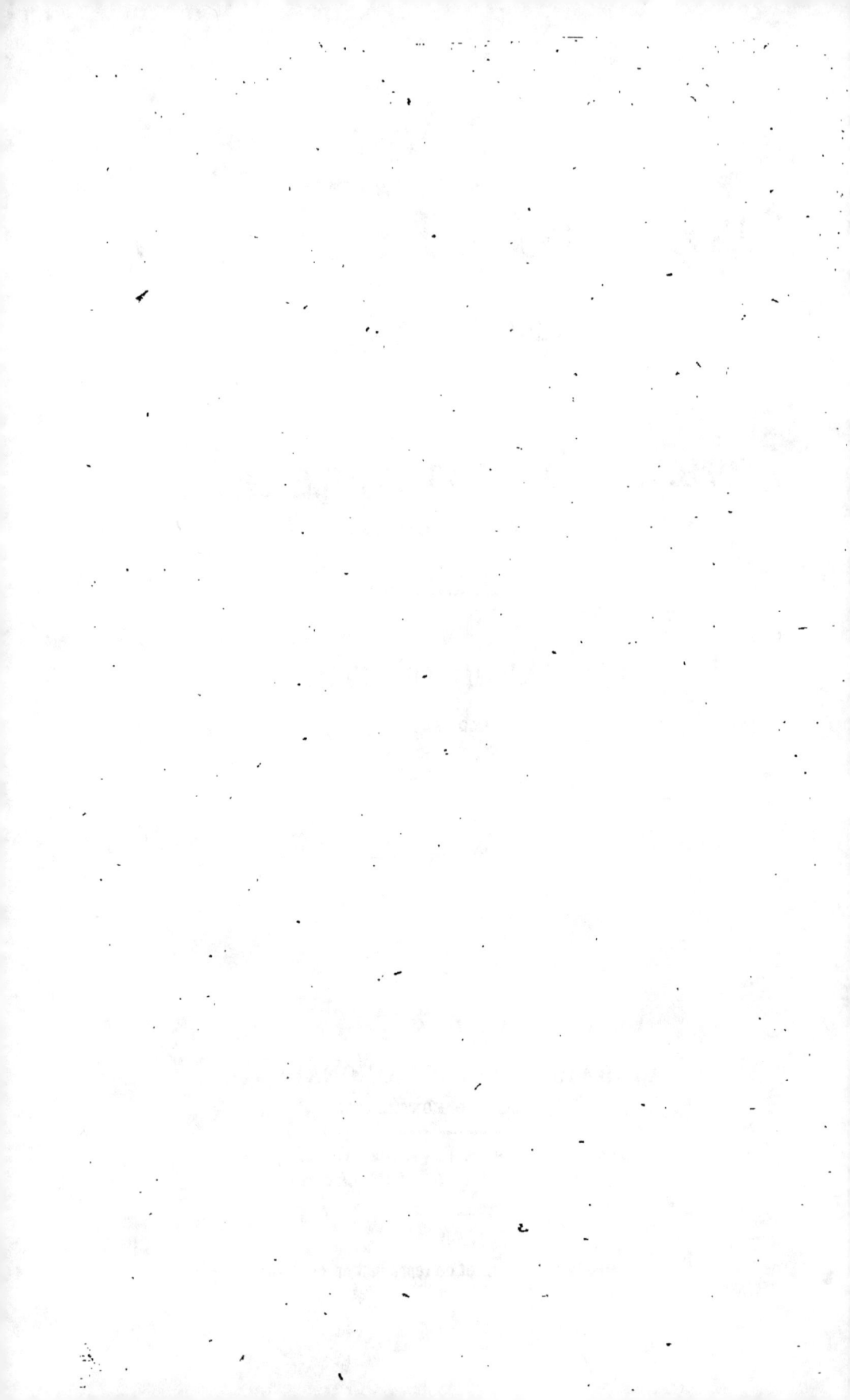

MES

MÉMOIRES

MES
MÉMOIRES
(1826-1848)

PAR

LE Cte D'ALTON SHÉE

ANCIEN PAIR DE FRANCE

DEUXIÈME PARTIE

1840-1847

PARIS

LIBRAIRIE INTERNATIONALE

15, BOULEVARD MONTMARTRE

A. LACROIX, VERBOECKHOVEN & Cᵉ, ÉDITEURS

A Bruxelles, à Leipzig et à Livourne

1869

MÉMOIRES

(1826-1848)

I

MISSION EN PERSE; MARQUIS DE LA VALETTE, VICOMTE DARU, COMTE CYRUS GÉRARD, M. FLANDIN. — L'ÉCOLE DU GRAND MONDE. — LE COMTE DE MORNY.

A la fin de la session de 1839, une discussion plus brillante qu'utile avait eu lieu dans les Chambres sur la question d'Orient. L'attention du gouvernement et du public était éveillée : l'intérêt politique de la France était-il de marcher avec le sultan ou de soutenir les ambitieuses tentatives du pacha d'Égypte? La lumière manquait, et nous verrons que jusqu'au dénoûment violent de juillet 1840, la vérité ne nous est pas parvenue. Ce n'est pas tout, deux des grandes puissances, exceptionnellement intéressées dans la solution de la question d'Orient, la Russie et l'Angleterre, étendaient leurs conquêtes en Asie jusqu'à la Perse, devenue le théâtre de leurs intrigues et destinée à devenir plus tard leur champ de bataille.

A cause du siége d'Hérat, entre le shah et le résident anglais avait éclaté un différend, à la suite duquel celui-ci avait quitté le pays; excellente occasion pour entrer en rapport avec Méhémet-Shah, auprès duquel on n'aurait plus à lutter que contre la malveillance éventuelle de la Russie. Enfin, à la même époque était arrivé à Paris Hussein-Khan, envoyé par Méhémet pour renouer avec le roi des Français des rapports interrompus depuis la mission du général Gardanne en 1807, sous le premier empire, et demander à Louis-Philippe l'envoi d'officiers français pour l'instruction de ses troupes. Tous ces motifs réunis décidèrent, en octobre, la formation d'une mission extraordinaire en Perse.

Le comte de Sercey, fils aîné de l'amiral, d'une famille aimée par la maison d'Orléans, fut choisi comme ministre plénipotentiaire; après lui, le marquis de la Valette, secrétaire de légation, MM. d'Archiac, Gérard, de Chazelles; deux officiers, MM. de Beaufort, capitaine d'état-major, et Daru, capitaine de cavalerie, pour l'étude des questions militaires; MM. Desgranges, ancien drogman à Constantinople, et Kazimirski, interprètes ; MM. Coste, architecte, et Flandin, peintre, pour la partie artistique ; enfin le docteur Lachèze.

Après un pénible voyage d'hiver dont l'intéressante relation a été publiée dans un remarquable ouvrage de M. Flandin sur la Perse, l'ambassade arriva à Téhéran. Le shah était allé comprimer un soulèvement à Ispahan. Malgré la splendide réception du Beglier-bey, M. de Sercey se hâta de le rejoindre dans son ancienne capitale. L'accueil fut magnifique, de grands honneurs furent rendus au représentant du monarque français ; mais c'était seulement auprès du premier ministre Hadji-Mirza-Agassi qu'on pouvait obtenir des avantages sérieux.

L'incapacité de M. de Sercey, sa parcimonie, regrettable dans un pays où l'influence ne s'acquiert que par les présents, son impatience de revenir en France, nuisirent au succès politique de l'ambassade : des traités de commerce ont été ébauchés, des jalons posés, rien n'a été conclu.

A Téhéran, les personnes composant l'ambassade se séparèrent : sur l'ordre de M. de Sercey, le marquis de la Valette, MM. d'Archiac, Gérard et Desgranges prirent la route du Caucase et de la Russie, étudiant toute la partie septentrionale de la Perse.

MM. de Beaufort et Daru passèrent par Shiraz; l'île de Karak, sur le golfe Persique, Bassora, Bagdad, le grand désert, la Syrie et l'Égypte, examinant, outre la situation militaire de la Perse, celle des autres pays qu'ils parcouraient.

Enfin l'ambassadeur retourna sur ses pas par Trébizonde et Constantinople, accompagné de M. de Chazelles, du docteur Lachèze et de l'aumônier Scafi.

Seuls, les deux artistes, MM. Coste et Flandin, restèrent en Perse jusqu'à l'année suivante, visitant les ruines de Persépolis, Ninive, Babylone, et rapportant en France une riche moisson de dessins, d'inscriptions antiques et d'observations sur les mœurs du pays.

On a plaisir à rendre justice aux travaux de M. Flandin, et quoiqu'ils aient obtenu des résultats moins importants, MM. de la Valette et Daru avaient fait preuve d'énergie en quittant pour cette laborieuse expédition le Jockey-Club et l'Opéra.

Le marquis Félix de la Valette avait été d'abord employé dans la maison de banque de MM. Goupy et Busoni; puis, sous le ministère Polignac, secrétaire de M. de Montbel. Marié à une Anglaise et resté veuf, il était entré, en 1836, dans la diplomatie comme attaché à la légation de Suède auprès du comte Charles de Mornay, le brillant ami de mademoiselle Mars.

La mission de Perse fut le second échelon de sa carrière diplomatique.

En 1841, le retour du vicomte Paul Daru fut un sujet de joie pour ses nombreux amis : de la tenue, du tact, sa libéralité, sa droiture en faisaient le plus populaire parmi les hommes de notre génération.

Le jeune Cyrus Gérard, fils du maréchal, et dont la correspondance pendant le voyage rappelait pour l'esprit et le naturel celle de Victor Jacquemont, revint aussi, mais pour mourir quelque temps après d'une simple fièvre miliaire, victime de l'ignorance d'un médecin.

Aux approches de la session nouvelle, le comte Walewski, qui tenait par plus d'un lien au Théâtre-Français, me surprit en me proposant d'entendre la lecture d'une comédie dont il était l'auteur. La pièce, lue devant MM. Rabou, Achille Brindeau, Édouard Thierry et moi, ne rencontra que l'approbation de M. Thierry, qui y avait bien un peu travaillé. J'avais donné l'exemple de la franchise; Walewski ne m'en sut pas mauvais gré, mais la soumit à un autre auditoire. Cette fois, l'*École du grand monde*, interprétée par mademoiselle Anaïs, devant MM. Thiers, de Rémusat, Mignet, etc., etc., eut un succès plus grand que sincère. Walewski m'en ayant fait part, je conçus l'espoir de m'être trompé, et j'assistai à la première représentation

avec l'émotion d'un ami. Hélas! de cette salle,
en majorité bienveillante, il n'y eut plus, après
un certain temps, que le vicomte d'Albon et moi
pour applaudir. A la fin, d'affreux sifflets se
firent entendre. Mademoiselle Anaïs avait rempli
le rôle principal avec autant de cœur que de talent; je l'allai voir dans sa loge, les Essler la
consolaient. L'auteur semblait abattu; le général
Michielski, son compatriote, me prit à part :

— Je viens de lui dire en polonais, pour ne
pas l'humilier, combien sa pièce est mauvaise : je
vous en prie, obtenez qu'il la retire.

Je parlai en ce sens, et je fus écouté; mais le
lendemain Walewski me montra une carte de
Victor Hugo sur laquelle on lisait : « Courage!
vous avez des ennemis, c'est encore un succès. »
L'*École du grand monde* eut une douzaine de représentations.

Vers le même temps, Morny venait assez fré-
quemment au *Messager*. Outre sa liaison déjà
ancienne avec Walewski, il y était attiré par le
désir de donner de la publicité à une brochure,
claire et précise, qu'il avait composée sur les sucres. Je le connaissais dès 1831; mais je le vis
là sous un aspect plus sérieux qu'au club ou dans
nos parties de plaisir. Il y eut même entre nous
un projet de travail commun : Walewski ayant
eu l'idée d'une sorte de courrier hebdomadaire,
j'offris de le rédiger par moitié avec Morny. Cha-

cun de nous, en rendant compte des débats parlementaires, aurait suivi son penchant : lui dans le
sens du progrès conservateur, moi avec le ton
d'une opposition plus avancée ; le plan lui plut,
et j'écrivis un premier feuilleton ; mais ses occupations mondaines ou industrielles l'ayant dé-
tourné de la collaboration, je refusai de me laisser imprimer. Non-seulement nous avons vécu
intimement ensemble, mais au 2 décembre il en
a gardé la mémoire : relevant alors d'une longue
maladie, n'étant ni représentant ni membre d'aucun comité, je ne figurais sur aucune liste de
proscription ; néanmoins je fus dénoncé dans la
journée du 4, et le 5, une discussion assez vive
eut lieu entre le général Saint-Arnaud, qui tenait
à me faire fusiller ou tout au moins transporter,
et Morny, qui contestait l'utilité de la mesure.
L'insistance de celui-ci l'emporta, et, mis au courant de tout par un ami commun, six semaines
plus tard, quand il eut donné sa démission de ministre de l'intérieur, je lui adressai la lettre suivante :

« 24 janvier 1852.

« Mon cher Morny,

« Je dois à ton ancienne amitié de n'avoir encore été ni arrêté, ni exilé, ni transporté. J'ai accepté sans peine un service que j'aurais trouvé

tout naturel de te rendre si les rôles eussent été intervertis : et à présent que tu n'es plus au pouvoir, de bon cœur je te remercie.

« E. D'ALTON. »

Cela dit, je le peindrai tel qu'il s'annonçait en 1839.

Charles-Auguste, comte de Morny, né à Paris, le 21 octobre 1811, a été élevé par la comtesse de Flahaut, mère du général et connue dans le monde littéraire sous le nom de madame de Souza. Il fit ses études au collége Bourbon et eut pour précepteur M. Casimir Bonjour. Entré à l'école d'état-major, il en sortait sous-lieutenant au 1er lanciers le 19 décembre 1830. Ses états de service sont courts et brillants : après avoir fait la campagne de Mascara sous les ordres du général Changarnier, et plus tard, l'expédition de Constantine, dans laquelle il sauva la vie au général Trézel, en 1838, il quitta l'armée pour l'industrie. Il établit à Clermont-Ferrand une fabrique de sucre : dans la lutte soutenue par les fabricants de sucre de betterave contre le sucre des colonies, il fut élu président du comité par quatre cents d'entre eux. La brochure dont j'ai déjà parlé consolida sa position industrielle, et en même temps sa rapide intelligence, applicable à divers sujets, se tournait vers la politique ; mais son âge ne lui permit de devenir député qu'en 1842.

Sans être véritablement beau, il avait la physionomie fine et bienveillante, de l'élégance, de la distinction : il était admirablement proportionné, fort adroit à tous les exercices, un de nos meilleurs gentlemen riders ; ami, parfois rival heureux du duc d'Orléans, il avait obtenu près des femmes de nombreux et éclatants succès ; instruit pour un mondain, ayant le goût de la paresse et la faculté du travail, une foi absolue en lui-même, de l'audace, de l'intrépidité, du sang-froid, un jugement sain, de l'esprit, de la gaieté, plus capable de camaraderie que d'amitié, de protection que de dévouement ; amoureux du plaisir, décidé au luxe, prodigue et avide, plus joueur qu'ambitieux ; fidèle à un engagement personnel, mais n'obéissant à aucun principe supérieur de politique ou d'humanité, rien ne gênait la liberté de ses évolutions ; certaines qualités princières, la dissimulation, l'inconscience, le mépris des hommes et pourtant le besoin de leur plaire ; il pratiquait la souveraineté du but, non au profit d'une religion, d'un système ou d'une idée, mais dans son propre intérêt.

II

SESSION DE 1840; MM. DE LAMARTINE ET THIERS SUR
LA QUESTION D'ORIENT. — PRÉSENTATION DE LA LOI
DE DOTATION DU DUC DE NEMOURS; REJET. —
CHUTE DU MINISTÈRE.

Les craintes habilement exagérées du complot
du 12 mai avaient permis au ministère de naître
et de gagner la fin de la session; mais la présentation de quelqu'une des grandes mesures formant le programme de la coalition aurait pu seule
le maintenir au pouvoir. Le roi, dont il n'avait
pas su gagner la confiance, s'y refusa : le 21 décembre 1839, le discours de la couronne n'annonçait aucun changement dans la politique
extérieure et passait sous silence la réforme électorale et la conversion des rentes.

Dès le lendemain, 24, au sujet d'une nomination de vingt-sept nouveaux collègues, j'attaquai
le ministère à la Chambre des pairs.

« Messieurs, il y a huit mois à peine que mon

noble ami, le comte de Montalembert, et M. Villemain, alors défenseur éloquent et jaloux de la dignité de cette Chambre, blâmaient avec une juste amertume le peu de convenance qui avait inspiré la première promotion du 15 avril; deux résultats ont été obtenus par les débats : 1° la reconnaissance du droit acquis à tous les membres de cette Chambre d'attaquer, non, à coup sûr, la prérogative royale dans sa liberté de créer de nouveaux pairs, mais le ministère, quel qu'il soit, dans la convenance avec laquelle il use de cette prérogative. Une autre opinion généralement exprimée, c'est qu'il y avait faute, de la part d'un ministre, à choisir de préférence des députés non réélus pour les élever à la pairie, ou, comme on le disait alors, à ramasser les blessés sur le champ de bataille électoral pour les faire siéger parmi nous, ce qui tendrait à nous constituer en hôtel des invalides. C'est par suite de ce droit incontestable de contrôle que je viens reprocher à l'administration du 12 mai de n'avoir tenu aucun compte des avertissements donnés au ministère du 15 avril. En effet, malgré le souvenir si récent de ces débats, malgré les énergiques remontrances qu'a dû faire à ses collègues M. le ministre de l'instruction publique, pour peu qu'il ait tenu à demeurer conséquent avec lui-même, l'administration du 12 mai a, dans les promotions actuelles, commis les mêmes fautes, auxquelles, pour être juste, elle en a ajouté quelques autres qui lui appartiennent en propre. Ainsi le ministère, non content de puiser, plus largement encore que ses prédécesseurs, dans cette catégorie des députés non réélus, a pris une autre part de ses candidats dans d'autres catégories également défectueuses, également sujettes à abaisser la pairie. L'une de ces catégories, par exemple, est celle des députés impossibles, c'est-à-dire des candidats qui ont échoué successivement (M. le ministre de l'instruction publique demande la parole) dans toutes leurs tentatives pour arriver à l'autre Chambre. Sans doute, rien de plus simple, de plus naturel que de succomber dans la lutte électorale, je dirai même, en certains cas, de plus honorable ; peut-être même n'est-ce qu'à des susceptibilités trop rares, à une délicatesse vraiment puritaine qu'il faut parfois attribuer la défaite ; mais il n'en est pas moins vrai que le ministère qui choisit le candidat toujours malheureux pour l'élever à la pairie, porte un tort réel à la considération politique de la Chambre des pairs.

« Enfin, quand un député, las de la vie politique, est parvenu, par un privilége que la révolution de Juillet n'a pu supprimer, à assurer l'hérédité à son fils dans une autre enceinte, alors il se retire parmi nous, et le ministère se trouve heureux de lui procurer dans la Chambre

des pairs une retraite décente et paisible à la
fois. Ainsi, députés non réélus, députés impossibles, députés retirés, telles sont les trois catégories dont ce ministère progressif et réparateur
a fait choix pour rendre force et indépendance à
notre institution. Toutefois, en présence des noms
honorables que contient la nouvelle promotion,
j'eusse renoncé peut-être à cette énumération des
fautes de l'administration du 12 mai; mais elles
ne s'arrêtent pas là, un reproche bien plus grave
pèse sur le ministère, pour peu qu'on réfléchisse
à la malencontreuse précipitation, à l'inconcevable légèreté avec laquelle ont été lancées les
nominations: l'un de nos collègues apprend, par
son portier, qu'il a été fait pair; alors il se re-
cueille, il calcule, il hésite... et il accepte. Bientôt, dans une lettre pleine de verve comique, il
publie et la manière dont la dignité lui a été con-
férée et les raisons qui lui ont permis de l'accepter.

« Le ministère n'a pas toujours été aussi heureux. Un autre élu du 12 mai, en apprenant la
faveur dont il était l'objet, a refusé positivement.
Quinze jours d'efforts et de prières, de négociations ont été consacrés par nos imprudents ministres à obtenir l'assentiment, à vaincre les
répugnances et l'antipathie d'un homme honorable pour une position qu'on lui avait faite à son
insu. Enfin, touché sans doute du tort qu'il ap-

portait, bien malgré lui, par son refus à la considération d'un des grands pouvoirs de l'État, le
pair involontaire s'est résigné.

« Messieurs, que penser d'un ministère dont
l'impérieux devoir était de fortifier un pouvoir
déjà trop affaibli, et qui ne trouve rien de mieux
pour ariver à un pareil résultat que d'attirer sur
la Chambre des pairs une succession de dédains
et d'humiliations qui nous fait passer successivement du consentement motivé de M. Viennet à
la résignation tardive de M. Bérenger ?

« Songez-y bien, messieurs; que la crainte
de cette accusation banale, d'agir dans votre
propre cause, d'être dirigés par un sentiment
mesquin et personnel, ne vous retienne pas; car
avec vous s'écroulerait l'édifice entier du gouvernement représentatif, et notre mort politique
une fois consommée, vous verriez bientôt l'application de ces paroles d'un publiciste bien connu :
« Quand il y a deux pouvoirs dans l'État, il y en
« a un de moins ou un de trop. »

« Ici, messieurs, s'arrête la tâche pénible de
blâme que j'avais entreprise, et, sous un certain
point de vue, je devrais des remerciements à
l'administration du 12 mai, car ce ministère a
du moins ce mérite à mes yeux d'avoir rendu évident pour tous ce qui était encore obscur pour
quelques-uns; d'avoir fait toucher du doigt au
plus incrédule le mal qui atteint la pairie... (M. le

marquis de Brézé : Très-bien !) et d'avoir, par
l'excès même de ce mal, ému les plus indiffé-
rents et les plus stationnaires. Non, messieurs, il
n'est plus de partisan sincère du gouvernement
représentatif qui, voyant les conséquences déplorables de l'article 23 de la Charte, doive hésiter
à en demander le changement; il n'est pas de
véritable constitutionnel qui puisse assister en silence et sans protestation à l'anéantissement gra-
duel d'un des trois pouvoirs de l'État. »

Malgré la vivacité de mes paroles, la majorité, blessée comme moi de la légèreté dont le
ministère avait fait preuve dans ses choix, osa
m'applaudir, et le ministre de l'instruction publique, M. Villemain, dans sa réponse, ne re-
trouva pas la bienveillance habituelle de l'assemblée. Le soir, je reçus les félicitations de
M. Thiers, qui engageait les principaux journalistes présents, MM. Léon Faucher, Chambolle et
autres, à faire valoir la justesse de mes critiques.

La discussion sur l'adresse s'étant ouverte le
6 janvier, je prononçai un discours dont voici le
résumé :

« Monsieur le baron Dupin a félicité le ministère de l'affaissement des partis... Si ce calme
provenait d'un accord entre des hommes d'une
même opinion triomphante, je serais le premier à
m'en féliciter; s'il ne provient, au contraire, que
de la confusion des partis, je m'en effraie.

« Non-seulement l'insignifiance du discours de la couronne est telle qu'il pourrait être également l'œuvre du précédent ministère, mais le comte Molé et ses amis, en majorité dans notre commission, ont rédigé le projet d'adresse que les ministres du 12 mai acceptent et s'apprêtent à défendre contre nous.

. . . .

« Ministres du 12 mai, vous reprochiez au 15 avril de n'avoir pas une origine parlementaire, de s'être formé des débris d'un ministère déchu, repoussé par le vote des Chambres; vous aviez parfaitement raison : du moins ce n'est pas moi qui vous dirai le contraire. Mais que pensez-vous de votre origine? Croyez-vous être l'expression de la majorité dans les Chambres? Vous ne pouvez pas le supposer. Enfantés par l'émeute (murmures), d'après vos propres paroles vous n'avez été qu'un ministère de dévouement : opposés d'opinions et de principes, il vous tardait de vous séparer. . . . .

« Qui vous a retenus au pouvoir quand la France était calme? Par quels sacrifices avez-vous cimenté votre union? Au profit de quelle opinion êtes-vous devenus ministère homogène?

« Depuis tantôt huit mois que ces questions passent de bouche en bouche et vous sont adressées, nous n'avons pu obtenir de réponse de votre part. Si vous éprouvez quelque embarras à la faire, je la ferai donc à votre place. Il est certain, il est maintenant évident pour tous, que l'élément politique représenté dans le ministère par M. Cunin-Gridaine a absorbé tous les autres. (On rit.) Successeurs des ministres du 15 avril, vous avez pris leurs places et adopté leurs principes, c'est trop de moitié; il fallait opter. »

Le ministre de l'intérieur, M. Dufaure, me répondit : son talent supérieur était embarrassé par la difficulté de sa position. Pour la première fois depuis mon entrée à la Chambre, j'essayai de répliquer; mais, quoique le début fût heureux, ma réplique était incomplète et insuffisante : Berryer y assistait, et j'eus le regret de ne pas le satisfaire entièrement.

Si la discussion fut courte à la Chambre des pairs, il n'en fut pas de même à la Chambre des députés : elle se prolongea sans autre résultat que de rendre plus évident l'avortement de la coalition. MM. Desmousseaux de Givré, Duvergier de Hauranne et Garnier-Pagès firent entendre d'utiles vérités. L'intérêt grandit quand on toucha la question d'Orient.

Dans un langage souvent sublime, M. de Lamartine, doué de prophétie, devina les dangers de la politique faible et cauteleuse suivie par le roi sous la responsabilité de ses ministres; nous montra notre isolement en Europe, l'hostilité de l'Angleterre et de la Russie comme l'issue fatale de cette politique, et indiqua nettement deux solutions désirables : ou le maintien de l'intégrité de l'empire ottoman, d'accord avec l'Angleterre, mais alors la soumission du pacha d'Égypte révolté et l'influence des deux puissances alliées balançant à Constantinople celle de la Russie; ou le partage du cadavre turc entre les trois puissances et une magnifique occasion pour la France de briser les traités de 1815 en reprenant ses frontières naturelles : il penchait évidemment pour le dernier système. Il reprochait au gouvernement d'oser parler encore de « l'intégrité d'un tout coupé en deux ».

« Oui, nous jetons le masque, nous croyons à une nationalité arabe, et nous allons d'abord favoriser timidement, puis à visage découvert, l'établissement d'un second empire des khalifes sous la protection des chrétiens et sous le sabre d'un vieillard qui n'est ni Arabe, ni Égyptien, ni chrétien, ni musulman, mais qui est un grand homme ou au moins un aventurier heureux. Oui, voilà votre pensée, ministres du roi; voilà la pensée d'une partie de la Chambre, qui en cela répond à la vôtre; voilà la pensée fomentée par les organes de l'opinion, sous les influences et sous les préjugés anti-russes et anti-anglais.

. . . .

« Si aujourd'hui, à l'égard de l'Orient, sans plan arrêté, sans volonté claire et dite tout haut (la première des habiletés diplomatiques), elle inquiète, elle complique, elle menace tantôt la Russie sur ses intérêts vitaux de la mer Noire, tantôt l'Autriche sur ses intérêts commerciaux de l'Adriatique, tantôt l'Angleterre sur son immense intérêt de commerce avec ses soixante millions de sujets dans l'Inde ; si ces puissances vous voient tour à tour demander avec elles l'intégrité de l'empire et le *statu quo*, et pousser au démembrement ; menacées chacune dans ses intérêts spéciaux et toutes dans leur orgueil, ne finiront-elles pas par voir en vous des agitateurs et des ennemis partout, et par concevoir contre la France les défiances qu'elles ne doivent qu'aux tergiversations de son cabinet ? »

Au sujet du développement de la France :

« .... Est-il besoin d'insister ? Ceci, pour la France, est bien autre chose qu'un système : c'est une passion nationale, c'est un préjugé de la grandeur. Parlez du Rhin et des Alpes, et vous êtes compris avant d'avoir achevé. La gloire y est restée, son esprit y est encore, son drapeau y reviendra une fois.

. . . .

« Heureuse, dit-il en terminant (et ici la pensée politique de M. de Lamartine se révèle tout entière), heureuse, l'heure où l'Orient s'écroulera plus complétement encore et laissera place à tant de populations opprimées, mais fortes et actives, que le poids du cadavre turc écrase à la honte de la civilisation, et où la France, leur tendant une main secourable entre les ambitions de la Russie et les susceptibilités de l'Angleterre, se placera entre ces deux puissances au centre même de l'Asie Mineure, les contrepèsera l'une par l'autre, laissera les Russes protéger les populations qui leur sont sympathiques ; laissera les Anglais communiquer avec leurs Indes pour le bénéfice du monde ; laissera l'Autriche dominer dans l'Adriatique, sa nouvelle mer, et au lieu de faire obstacle et empêchement à tous, trouvera son propre intérêt, sa propre influence, sa propre richesse dans une nouvelle balance de l'Orient, dont elle sera la tige en Europe et dont elle tiendra le contrepoids en Orient. »

Les lecteurs me pardonneront de leur remettre en mémoire, par ces courtes citations, un admirable discours où la beauté des images est sans cesse au service de la vérité.

La défense de M. Villemain, malgré l'éclat d'une éloquence rhétoricienne, était pauvre d'arguments.

M. Thiers, se plaçant à un point de vue moins élevé que M. de Lamartine, insista en faveur de la seconde solution, celle de l'alliance anglaise. Il accusa avec raison le ministère d'avoir refusé l'envoi dans le Bosphore d'une escadre anglo-française ; mais son engouement pour le pacha d'Égypte, fondé sur des renseignements inexacts, venait annuler ses efforts pour le maintien de l'union avec l'Angleterre.

Le ministère, qui avait adopté si complaisamment la politique royale en Orient, compromit les bons effets de sa soumission par un acte d'indépendance : le maréchal Sébastiani, ambassadeur à Londres, correspondait directement avec Louis-Philippe, sans s'astreindre à l'intermédiaire du ministre des affaires étrangères; le maréchal Soult, blessé, exigea et obtint sa révocation, et le remplaça dans ce poste diplomatique par M. Guizot, le 9 février.

Dès lors, la chute du cabinet ne fut plus qu'une question d'opportunité.

Dans Paris des manifestations sérieuses eurent lieu en faveur de la réforme électorale. Il s'agissait non-seulement de l'adjonction des capacités, mais de l'extension du vote à la garde nationale. Plus de trois cents gardes nationaux, parmi lesquels un assez grand nombre d'officiers, se réunirent en uniforme pour porter leurs vœux et leurs remerciements à MM. Jacques Laffitte, Arago, Dupont (de l'Eure), Martin (de Strasbourg), députés de l'opposition.

M. Laffitte, répondant au capitaine Vallée, de la 4ᵉ légion, disait :

« Il m'est doux de vous revoir dans cette maison, qui fut le quartier général de la révolution de Juillet. Faite par le peuple et pour le peuple, cette révolution n'a pas encore porté ses fruits; elle imposait des devoirs, elle proclamait des droits; ces devoirs vous les avez loyalement remplis; ces droits, ils ne sont pas encore reconnus. »

La condamnation des officiers qui y avaient pris part augmenta l'irritation des esprits.

Dans la Chambre élective, la proposition Gauguier, relative aux fonctions incompatibles avec le mandat de député, avait été prise en considération pendant la session précédente, lorsqu'il y avait accord entre les diverses fractions de la coalition. Cette fois l'accord n'existait plus, et la discussion du rapport de la commission se perdit en paroles stériles. Toutefois, il est curieux de remarquer, parmi ceux qui contribuaient à annuler la proposition, M. Résumat, le futur ministre de l'intérieur du 1er mars.

Au contraire, M. Barrot résumait ainsi le débat :

« Si par le rejet de la proposition vous entendez qu'il n'y a rien à faire, ayez le courage de le décider; que les positions soient tranchées; que la Chambre s'élève à la hauteur d'un vote politique..... Si au contraire vous décidez qu'il y a quelque chose à faire, quelques modifications à apporter, il faut le décider avec une égale netteté, avec une égale franchise. »

M. de Tocqueville formulait en vain cet amendement sage et immédiatement praticable :

« A l'avenir aucun député ne pourra être promu à des fonctions salariées, obtenir de l'avancement, à moins qu'il ne s'agisse ou d'un fait de guerre ou d'un fait d'ancienneté. Seraient exclus de cette disposition les ministres, sous-secrétaires d'État, etc. »

Non-seulement il était repoussé par la majorité ministérielle, mais les chefs du centre gauche, avec l'instinct de leur prochain avénement, cherchant surtout à se concilier cette majorité, ne se montraient pas plus favorables à un mode quelconque de réforme électorale.

Bientôt une loi de dotation du duc de Nemours, qui n'avait pas reparu depuis l'agonie du ministère du 6 septembre, fut, avec l'annonce du mariage du prince, présentée de nouveau à l'approbation de la Chambre des députés. L'adoption était chanceuse; car une partie des membres de la majorité, en dépit de leurs principes monarchiques, étaient hostiles à l'accroissement des dotations princières; elle soulevait la dangereuse question de la séparation accordée à Louis-Philippe en 1830 du domaine privé et des biens attenant à la couronne. Un nouveau pamphlet de M. Cormenin : *Questions scandaleuses d'un jacobin au sujet d'une dotation*, avait surexcité l'opinion publique. Les calculs probables du ministère, assuré sur ce point de l'appui du roi et de ses amis, ne furent pas justifiés; la commission, dans un rapport, favorable en principe, concluait cependant à des réductions et faisait de réserves.

Le 20 février, au jour de la discussion, par une convention arrêtée d'avance, tous les orateurs de l'opposition, à l'exception d'un seul, M. Couturier, renoncèrent à la parole. On avait hâte de voter : 226 boules noires contre 200 blanches renversèrent le cabinet du 12 mai.

III

Formée par une défection des chefs secondaires de la coalition, à la faveur d'une émeute,
tolérée, puis abandonnée par le roi, se sacrifiant
à la dotation du duc de Nemours, la dernière
administration semblait avoir voulu mériter enfin
le nom qu'elle s'était donné de ministère de dévouement. Combien sa sortie du pouvoir eût été
différente si, lorsque lord Palmerston proposait
au maréchal Soult d'unir les deux escadres et de
forcer en commun les Dardanelles, celui-ci et ses
collègues avaient respectueusement exigé de
Louis-Philippe cet acte d'énergie, et, sur son refus, avaient donné leur démission. Cette faute
capitale de leur politique en Orient, a eu de dé-
sastreuses conséquences pour leurs successeurs,

pour la dynastie elle-même, et, ce qui est plus grave, pour la France. A peine un petit nombre d'esprits supérieurs s'en préoccupaient alors; la grande question était l'enfantement du nouveau cabinet. Louis-Philippe s'étant résigné à aller chercher dans l'opposition le véritable chef de la ligue parlementaire, les négociations furent courtes, et M. Thiers eut bientôt choisi ses collègues. Pendant ces dix jours, j'allais souvent de Berryer au futur président du conseil, chargé d'exposer à quelles conditions la droite légitimiste pouvait lui accorder un vote de confiance, et de le pousser à prendre plus nettement la situation de ministre imposé. Ce qui n'est pas moins singulier que mon intermédiaire, c'est que ce n'était pas dans un journal légitimiste que Berryer déposait sa pensée politique; une feuille napoléonienne, *le Capitole*, recevait ses confidences, et j'ai encore un numéro du *Capitole*, avec des notes de l'orateur royaliste, signalées à M. Thiers et commentant les endroits importants d'un premier-Paris.

Journal *le Capitole*, numéro du 13 mars 1840, avec une note manuscrite de l'orateur royaliste, signalant à M. Thiers le sort qui l'attendait s'il fléchissait devant la royauté.

Ce remarquable article et la note prophétique de Berryer méritent d'être cités.

« Monsieur Thiers.

« La situation de M. Thiers, quoi qu'on en ait pensé, tient moins au Château qu'à la Chambre. Partout on se demande si les 221 se rallieront à lui, et selon que la réponse est favorable ou contraire, on augure son succès ou sa défaite. En cela on fait trop d'honneur à cette masse des 221, qui ne fut jamais aussi compacte qu'on veut bien le dire, et qui, assurément, ne resterait pas intacte et entière le jour où un ministère essayerait de s'en passer.

« Le côté gauche, en se ralliant au ministère et en prêtant à M. Thiers un appui qui ne fut jamais offert à aucun autre ministre, a sans doute eu en vue de combattre le centre pur et tous les serviles appuis de la cour ; il se sera dit que si M. Thiers abordait la position avec franchise, avec énergie, prenant la gauche pour noyau de son parti, il verrait se grouper autour de lui non-seulement la gauche et la partie du centre qui l'avoisine, mais même l'opposition de droite. Il ne faudrait pour cela que quelques déclarations patriotiques et fermes, quelques-uns de ces exposés de principes qui rallient ensemble les oppositions et l'opinion publique elle-même, tels que M. Thiers pourrait les faire s'il voulait. Alors la droite et la gauche réunies soutiendraient le ministre, le reconnaissant comme l'expression d'une opinion nationale, et à ces deux extrémités de la Chambre se joindraient sans doute, pour former une majorité, les hommes qui, dans les 221 eux-mêmes, occupant ou désirant des emplois, ne sont jamais, malgré leur belle attitude, disposés à se brouiller définitivement avec un ministre.

« Si ce plan réussissait, M. Thiers, fortifié par une réunion des partis d'autant plus avouable qu'elle se ferait sur le terrain de la nationalité, dominerait d'autant mieux la Chambre, que la cour même ne pourrait l'en empêcher. Dans le cas où ses démarches éclatantes, énergiques, en faveur des opinions patriotiques invoquées contre les ignobles traditions du passé, ne seraient pas couronnées d'un succès que nous croyons possible, alors du moins M. Thiers tomberait avec honneur, avec gloire; organe de toutes les opinions consciencieuses, dont il se serait constitué le chef, il prendrait à témoin la nation, que ces opinions représentent, du triomphe de ses adversaires, qui ne représentent que des places, des honneurs et des intérêts privés. Son caractère politique s'ennoblirait par sa chute, et jamais rôle n'aurait été plus grand et plus noble depuis Mirabeau.

« M. Thiers est-il à cette hauteur politique ? A-t-il dans le caractère assez d'énergie pour formuler patriotiquement un programme adressé à la

gauche et auquel toutes les nuances de l'opposition pourraient se réunir? Est-il capable d'une
assez grande abnégation pour risquer de se me-
surer, avec les hommes indépendants, contre tous
ceux qui ne le sont pas, et à se préparer ainsi la
plus noble des chutes ou la plus belle des victoires? Hélas! cette énergie, cette abnégation,
nous voudrions y croire, et nous n'y croyons pas.
Au lieu de déployer du caractère, M. Thiers va
faire de la ruse et de l'esprit; au lieu de planter
un drapeau d'indépendance qui l'honore aux
yeux de la France, il deploiera comme tant
d'autres un étendard ministériel pâle et sans couleur. Les députés de la gauche se repentiront de
lui avoir prêté leur appui; la droite restera indif-
férente et immobile : IL TOMBERA MOQUÉ PAR LES
CENTRES, ABANDONNÉ PAR LA GAUCHE. »

Ces derniers mots écrits en marge par la main
de Berryer.

J'ai déjà eu occasion de montrer la sympathie
réciproque de ces deux hommes éminents. L'entreprise de Berryer de prêter appui à celui qu'il
supposait capable d'arracher le gouvernement aux
mains du roi pour le faire passer dans le parlement, était logique, habile, mais hasardeuse;
elle avait besoin, pour être justifiée, d'une fermeté inébranlable du chef du centre gauche, tandis que sa faiblesse amoindrissait ceux qui lui
avaient donné leur concours. En ce sens, on peut

dire que l'influence de M. Thiers a été funeste à Berryer; sous la République, le contraire a eu lieu. Je serais tenté d'attribuer pour une large part au chef légitimiste, ami des Jésuites, la conversion de M. Thiers au catholicisme politique, et son adoption de la candidature présidentielle de Louis-Napoléon. Mais c'est là un point à traiter en 1848.

Évidemment, avant l'arrivée de M. Thiers et de ses collègues aux affaires, il y avait eu des ministères parlementaires : celui de Casimir Périer et celui qui, à deux reprises, avait eu pour président le duc de Broglie. Mais ces choix étaient dictés au roi par la majorité conservatrice ; c'était la première fois qu'il était forcé de prendre uniquement ses ministres dans les diverses nuances de l'opposition. Si MM. de Jaubert et de Rémusat avaient été autrefois d'ardents conservateurs, depuis deux ans ils ne s'étaient pas montrés moins fermes et moins résolus défenseurs de la prérogative parlementaire. La coalition avait donc obtenu, quant aux personnes, un résultat de sa victoire. La gauche dynastique croyait sage de consolider par son appui ce premier pas vers le progrès, et elle attendait de l'avenir une satisfaction sur les choses.

Moins confiant dans les personnes, Garnier-Pagès, au nom de la gauche radicale, demandait comme gage d'alliance une mesure libérale, si

modérée qu'elle fût : à défaut de la réforme électorale, une extension des incompatibilités, l'a-
mendement de M. de Tocqueville, enfin quelque
chose.

Berryer mettait à l'appoint de ses trente voix
légitimistes la condition que M. Thiers se déclarât
hardiment ministre imposé.

Tels étaient les auxiliaires que le président du
1er mars devait se concilier, tout en attirant à lui
la grande masse flottante des centres. Il posa
d'abord la question de cabinet sur le vote des
fonds secrets, et, le 24 mars, ouvrant la discussion, M. Thiers exposa avec une remarquable
habileté la cause de son arrivée au pouvoir, du
choix de ses collègues, sa signification politique,
et se qualifia lui-même de ministère de transaction.

Attaqué par MM. Desmousseaux de Givré et
Lamartine, qui voulaient voir plutôt en lui un
ministère de transition vers une opposition plus
avancée, défendu par Odilon Barrot, sommé par
Garnier-Pagès de donner caution, adjuré par
Berryer de tenir plus haut son drapeau, M. Thiers
fit un pas de plus.

« La question de principe, disait-il, s'est trou-
vée résolue le jour où la couronne est venue me
chercher au sein de l'opposition pour constituer
un cabinet : alors il est apparu que la révolution
de Juillet n'était pas une déception, et qu'il

n'existait pas entre le gouvernement et l'opposition d'abîme infranchissable.

« ..... Je vous dirai une chose : si je *fléchis*, ce ne sera pas mon cœur, ce ne sera pas l'énergie de ma volonté ; si je *fléchis*, ce sera mon esprit ; ce sera parce que les circonstances seront plus grandes que lui ; mais jamais je ne *fléchirai* devant cette volonté de résister aux obstacles. *Je serai à la fois ministre de la couronne et ministre indépendant, et capable de lui dire avec franchise ce que je pense.* »

246 voix contre 160 accordèrent un vote de confiance ou d'espoir aux ministres du 1ᵉʳ mars.

Jamais la spirituelle ironie de Garnier-Pagès n'avait été mieux inspirée qu'en motivant sa défiance des hommes qui composaient la nouvelle administration ; néanmoins lui et ses amis se résignèrent à voter les fonds secrets.

Sans être à beaucoup près aussi soupçonneux, aussi découragé sur le libéralisme de M. Thiers, je résolus, quand la loi des fonds secrets fut portée à la Chambre des pairs, de prendre mes précautions et de faire mes réserves. J'étais amicalement accueilli au ministère des affaires étrangères ; ayant communiqué à M. Thiers le plan de mon prochain discours, il se récria sur les embarras que j'allais lui causer, et insista avec vivacité pour me détourner de prendre la parole ; je ne me laissai pas gagner à sa proposition de reporter mon éloquence sur la question des sucres. Les embarras, d'ailleurs, n'existaient que dans son imagination ; deux années d'une triste expérience m'avaient convaincu de l'obéissance de la pairie à tout ministère, si antipathique qu'il fût à sa majorité.

« Membre de la gauche, ministériel rallié par une transaction, je ne viens pas apporter ici au ministère le faible appui de ma parole. Il n'en a nul besoin, et il y aurait quelque puérilité de ma part à l'entreprendre, quand M. le président du conseil a déjà soutenu et expliqué sa politique avec autant de talent, et je dirai (car je lui en sais gré encore) avec une noble franchise, dont, pour ma part, je le remercie.

« Je ne viens pas non plus lui porter le tribut de mon vote, car je ne vote pas encore ; mais à cela je trouve une heureuse compensation, en songeant que ses adversaires les plus déclarés, les hommes qui manifestent avoir le moins de confiance dans l'avenir de sa politique, tombent cependant d'accord sur la nécessité de voter en sa faveur.

« Une transaction a eu lieu au grand jour, publique, honorable ; elle a été conclue sur les paroles échangées du haut de la tribune ; je viens en maintenir les bases, je viens empêcher qu'on ne les change et qu'on ne fasse d'une transaction contractée avec honneur, dans l'intérêt du pays, une conversion impossible.

« Je vais donc rétablir dans leur vérité les
motifs de notre confiance dans la politique extérieure et intérieure du cabinet.....

« Quels sont nos motifs de confiance sur la politique du cabinet à l'extérieur?... Certes, j'en
suis convaincu, celui qui a combattu pour assurer
par l'intervention la prépondérance de notre influence en Espagne, celui qui a combattu pour
empêcher le morcellement de la Belgique, celui
qui a combattu afin d'empêcher l'évacuation
d'Ancône, celui-là voudra, à la tête du cabinet
actuel, agir dans l'intérêt de notre dignité vis-à-
vis des puissances étrangères, et conserver une
active surveillance sur nos intérêts nationaux.....

« Quels sont nos motifs de confiance à l'intérieur?... C'est que le ministère actuel sort de
l'opposition de gauche, au moins du centre
gauche, et que de plus il est arrivé avec les principes de cette opposition, et qu'il les conserve au
pouvoir...

« Le ministère du 12 mai avait lui aussi la prétention d'être parlementaire ; il faut donc que
j'établisse en quoi les ministres du 1er mars différent de leurs prédécesseurs. Ils diffèrent, quant
à l'origine, en ce qu'il ne leur a pas fallu, comme
le disait M. Villemain, une circonstance impé-
rieuse pour justifier leur entrée au pouvoir; ils
différent en ce qu'ils ne subsistent pas au pouvoir
dans l'incertitude et dans le doute, par l'absence

des principes et la confusion des nuances politiques. Enfin, messieurs, si le cabinet actuel devait sortir du pouvoir, sa chute ne serait pas
pareille ; il n'en sortirait pas, comme le ministère
du 12 mai, sur le rejet d'une loi dont, après bien
des hésitations, ce dernier n'avait pas même osé
faire une question de cabinet. Il diffère dans sa
composition, en ce qu'il est formé dans son entier, sans mélange, sans alliage, des légitimes
enfants de la coalition. (Mouvement.) Il diffère
enfin en ce qu'il s'appuie déjà, dans une autre
Chambre, sur une majorité forte, compacte,
réunie par des principes communs, connus de
tous, adoptés par tous ; car avant le vote de confiance ils avaient été proclamés à la tribune par
M. le président du conseil.

. . . .

« Nous devons attendre de l'administration actuelle qu'elle se montrera l'agent éclairé à l'intérieur des principes conservateurs, non de ces conservateurs quand même du *statu quo* quel qu'il
soit, qui, dans la crainte de toucher à l'édifice,
consentiraient à ne conserver que des ruines,
mais possédant à un haut degré l'intelligence de
notre Constitution. Je crois les ministres disposés
à y apporter des améliorations là où elles sont
possibles, et des réparations là où elles sont in-
dispensables.

. . . .

« Le ministère a dit : Nous ne vous apportons pas la réforme électorale ; c'est une question d'avenir, et l'avenir, nous ne voulons pas l'engager. Il a donc rectifié, ou, si l'on veut, expliqué cet ajournement indéfini, mentionné dans le rapport de votre commission, et il y aurait une bien grande imprudence, de la part du ministère actuel, à prendre des engagements sur cette question, lorsque déjà, dans une autre enceinte, une commission s'occupe de porter toutes ses investigations sur la masse des pétitions concernant la réforme électorale, et que la majorité de cette commission a prononcé le renvoi au ministère.

« Enfin, à côté et en avant, selon moi, de cette réforme électorale, il est une autre question dont je suis décidé, pour ma part, à poursuivre la solution toutes les fois que l'occasion s'en présentera : c'est la réforme de la pairie, réforme nécessaire, indispensable à la réalité du gouvernement représentatif. Eh bien, c'est surtout de ces hommes qui ont combattu depuis deux ans pour la réalité du pouvoir parlementaire, c'est de ceux qui défendent cette opinion que nous devons attendre qu'ils songeront à rendre, par tous les moyens et tous les efforts, les conditions d'indépendance politique nécessaires à la moitié du parlement ; c'est surtout de la présence au pouvoir de M. le président du conseil, qui a si noblement lutté, en 1831, pour maintenir les garanties de cette indépendance. »

On se rappelle les paroles de M. Thiers répondant à mes instances d'inscrire sur son drapeau : *Réforme de la pairie :*

« Mon programme est déjà trop chargé ; mais, contre le rétablissement de l'hérédité, je donnerais le suffrage universel. »

Je ne les avais pas oubliées, et je poursuivais en toute occasion, avec une égale ardeur, la réforme de la pairie et la réforme électorale, espérant rallier à cette dualité les hommes intelligents, conservateurs ou libéraux, mais voulant la réalité du gouvernement des trois pouvoirs.

Le fonds secrets ayant été votés au Luxembourg à une majorité de 90 voix, le président du conseil me pardonna mon indiscipline.

Les débats à peine terminés, un député de l'ancienne majorité, M. de Remilly, reprenait dans une intention où, malgré ses dénégations, il était impossible de ne pas voir une tactique d'opposition, la proposition Gauguier et l'amendement Tocqueville sur les *incompatibilités.* Selon moi, le tort de M. Thiers et de ses collègues ne fut pas d'invoquer l'inopportunité, mais d'opposer la finesse, au lieu d'une ferme franchise, aux petites perfidies de leurs adversaires. Une lettre du comte de Jaubert à ses anciens amis conservateurs pour les engager à venir dans les bureaux *enterrer* la proposition Remilly, lue à la tribune, produisit un effet fâcheux sur les nouveaux alliés de la gauche. L'opinion publique crut voir là un symptôme d'abandon pour les plus modestes réformes voulues en commun par la coalition.

IV

ENVOI DU COMTE WALEWSKI EN ÉGYPTE. — MES RAP-
PORTS AVEC M. THIERS. — CONVERSION DES RENTES
REJETÉE. — PRIVILÉGE DE LA BANQUE MAINTENU
JUSQU'EN 1855. — CHEMINS DE FER. — BATEAUX
TRANSATLANTIQUES. — LOI DE TRANSLATION DES
CENDRES DE NAPOLÉON : MM. GLAIS-BIZOIN, DE LA-
MARTINE.

Toutefois le ministère déployait une grande
activité; outre une masse de projets, quelques-
uns très-importants, à soutenir devant les Chambres, M. Thiers avait encore à satisfaire ceux qui,
dans le parlement, dans la presse, avaient couru
sa fortune.

Le Messager avait été un instrument utile, son
rédacteur, le comte Walewski, un ami dévoué;
MM. de la Redorte et Roger le lui remirent en
mémoire. Le comte Walewski, indemnisé de la
valeur de son journal, fut chargé d'une mission
extraordinaire en Égypte, auprès de Méhémet-

Ali, afin de le déterminer aux concessions que les grandes puissances exigeaient de lui.

A quelque temps de là, le président du conseil eut la bonne grâce de me demander de lui-même s'il ne pouvait rien pour moi.

— Rien, lui dis-je; et, après réflexion, à moins que vous ne consentiez à demander pour moi la main de mademoiselle X***.

Il se mit à rire de bon cœur.

— Et pourquoi pas? ajouta-il; j'aime assez le rôle de M. Willamme (1).

En effet, peu de jours après, il m'apprenait l'insuccès de sa démarche.

Pour l'intelligence de ce que je viens de raconter, je dois entrer dans quelques explications personnelles.

Jusqu'en 1838, le bruit de mes plaisirs m'avait protégé contre toute tentative sérieuse de mariage de la part de ma famille ou de mes amis; mais mon ardeur au travail, le succès de mes débuts oratoires, en améliorant ma position, avaient animé leurs espérances. Lorsqu'un riche parti m'était proposé, je ne refusais pas positivement, mais je gagnais du temps; je mettais tant de mollesse dans mes démarches, tant de retard aux entrevues, que j'avais toujours évité de réussir. Au fond, j'avais peu de goût pour cet échange

_____

(1) Agent matrimonial alors fort connu.

d'un titre, d'une dignité contre une fortune : le mariage de commerce me répugnait. Toutefois ma résistance n'était pas invincible. Après dix années d'expérience, j'avais acquis la conviction que dans notre pays la première condition d'influence était la richesse ; sans elle une carrière politique indépendante était difficile, et le triomphe des idées qu'on voulait faire prévaloir impossible. En même temps, trop pauvre pour continuer la vie hors du monde, au lieu de me borner à de rares apparitions dans les salons de ma sœur, de la princesse Belgiojoso et de la comtesse Merlin, je commençais à fréquenter plusieurs coteries du noble faubourg ; un ami plus âgé, le baron de Poilly, père de la belle comtesse de Fitz-James, avait été mon introducteur. Ma pairie, ma jeunesse, des promesses de talent, des passions légèrement portées m'avaient fait accueillir de la meilleure compagnie. Je ne faisais à ce milieu de luxe aristocratique aucune lâche concession, mettant mon amour-propre à être accepté tel que j'étais. Logé pour six cents francs dans un modeste entresol, servi par mon concierge, sans voiture, sans chevaux, ma pauvreté, franchement établie, semblait originale. Mon incrédulité philosophique, ma foi révolutionnaire piquaient la curiosité. Des légitimistes serraient volontiers la main d'un radical : on avait alors si peu la crainte d'une révolution ! Néanmoins quand, dans l'intervalle des sessions, j'étais invité pendant quelques mois de château en château, je regrettais les chasses à cheval et les jouissances dispendieuses qui m'étaient interdites : toute vanité mise de côté, la contagion du bien-être me gagnait. Aussi quand madame Berryer, mon excellente amie, me dit qu'elle avait songé pour moi à une alliance avec une jeune fille immensément riche, je prêtai l'oreille, et quand elle ajouta que, malheureusement, les parents s'y opposaient, pour la première fois j'éprouvai un instant de déplaisir. Enfin, répondant aux ouvertures politiques de M. Thiers, je réfléchis rapidement que le père de la jeune fille, que d'ailleurs je n'avais jamais vue, était député, appartenait à la gauche modérée, et j'imaginai que le patronage du président du conseil exercerait une influence favorable. La déception ne me fut pas trop amère ; mais j'ai tenu à confesser la seule faiblesse qu'un éclair d'ambition m'ait fait commettre en ce genre. On verra la suite de l'anecdote en 1841. Revenons à la politique.

Le ministère ne pouvait se dispenser de présenter une loi sur la conversion des rentes; mais, soutenue sans chaleur à la Chambre des députés, elle n'y obtint qu'une majorité de 45 voix, inférieure à celle des années précédentes, et s'en alla mourir devant le refus persévérant de la Chambre des pairs.

Une loi sur les sucres, réglant provisoirement l'impôt sur le sucre colonial à 45 francs et établissant un droit de 25 francs sur le sucre indigène, ne fut considérée que comme une trêve entre les deux intérêts rivaux.

Le privilége de la Banque de France fut renouvelé jusqu'en 1855, sans l'introduction d'aucune clause nouvelle en faveur du commerce ou de l'État. En vain Garnier-Pagès et MM. de Lanjuinais et Combarel de Leyval proposaient de lui imposer l'établissement de banques départementales, la faculté d'émettre des billets de 250 et 200 francs ; M. Thiers déclarait ces réformes prématurées ou dangereuses.

Sur toutes ces questions, l'administration du 1er mars semblait uniquement préoccupée de rassurer le parti conservateur ; toutefois elle sentait la nécessité d'imprimer une active impulsion aux travaux de chemins de fer, délaissés depuis les spéculations ruineuses et les entreprises avortées de 1837, ou ajournées par le célèbre rapport de 1838. Aussi MM. Thiers et Jaubert, sacrifiant leur préférence pour l'exécution par l'État, firent adopter par les Chambres les concessions du chemin de fer d'Orléans, de Rouen, de Bâle à Strasbourg, etc., à des compagnies particulières; le premier avec une garantie d'intérêt de 4 p. 100, les deux autres avec des prêts, venant ainsi en aide à la timidité des capitaux français. Ce fut là

un service utile rendu au pays; l'Angleterre, la
Belgique, l'Allemagne nous avaient devancés
de plusieurs années dans la construction des
voies ferrées, et l'esprit d'association, à peine
né, était tombé dans un tel état d'abattement que
la ligne d'Orléans n'aurait pas trouvé de souscripteurs sans la garantie de l'État, et que pour
celle de Rouen plus de la moitié des actions
avaient été souscrites par des Anglais, qui avaient
fourni l'ingénieur, les entrepreneurs, et avaient
exigé, comme sécurité, un nombre égal d'administrateurs des deux nations.

L'établissement des différentes lignes de bateaux à vapeur transatlantiques ne fut pas moins
profitable à la France, et marquait un pas définitif vers l'adoption du système de marine à vapeur.

Une seule mesure politique, la demande d'un
crédit d'un million pour la translation des cendres
de Napoléon, mérite d'être examinée avec soin.
De la part du président du conseil, elle était une
conséquence de son culte pour l'empereur, peut-
être une préparation nationale à ses desseins de
politique guerroyante. De la part de Louis-Philippe, un refus eût été difficile et même périlleux;
depuis 1830, il s'était constamment entouré des
illustrations de l'empire, s'en servant à propos
pour couvrir son système *ultra*-pacifique. On lui
fit valoir l'honneur pour lui d'avoir obtenu du

gouvernement anglais les restes du prisonnier de Sainte-Hélène, et la popularité pour sa dynastie, quand son fils, le prince de Joinville, ramènerait à Paris les cendres du conquérant.

Il y aurait une suprême injustice à soupçonner les intentions de M. Thiers à l'égard de la famille d'Orléans ; l'explication de cette faute immense est tout entière dans ce fait, que roi et ministres, raisonnant dans l'horizon borné de leur pensée habituelle, ne voyaient pas plus loin que la bourgeoisie ; incapables de pénétrer les sentiments des masses, imprévoyants du danger de réchauffer l'idolâtrie napoléonienne dans l'atelier et dans la caserne, dans les campagnes surtout, là où la légende et la tradition orale remplacent la lecture. Il y eut là comme un premier châtiment de la négligence des classes bourgeoises à l'égard du peuple. Pourtant les sages avertissements ne leur manquèrent pas : le bon sens, le talent et le génie, MM. Glais-Bizoin et de Lamartine, énoncèrent à la tribune des vérités d'autant plus salutaires et méritoires qu'elles bravaient le courant général de l'opinion.

M. Glais-Bizoin disait :

« ..... Si la Commission s'était bornée à nous demander notre concours..., si elle avait ajouté que c'était un moyen d'effacer les dernières traces de cette longue animosité qui a régné entre deux grandes nations, j'aurais gardé le silence. Mais comme la Commission (qu'elle me passe l'expression), par un redoublement d'enthousiasme napoléonien (Réclamations), a renchéri sur la proposition du gouvernement, comme elle a en quelque sorte exigé le tribut de notre admiration sans réserve, sans distinction, pour le génie du bien et du mal qui a régné quinze ans sur la France, pour le grand capitaine comme pour le despote qui n'a pu vivre un seul jour en face de la liberté de la tribune et de la liberté de la presse, alors il m'est impossible de rester silencieux sur mon banc...

« J'ai senti le besoin de proclamer bien haut à cette tribune, dussé-je encourir le déplaisir de tous les barons de l'Empire... (Exclamations.) J'ai bien le droit de dire que le plus grand bienfait que la Providence ait départi à mon pays, tout en le frappant du même coup d'un malheur inouï, du malheur à jamais déplorable de la double invasion ; — je dis que le plus grand bienfait que la Providence ait départi à mon pays et à l'Europe, a été la chute du régime impérial... (Murmures).

« Eh! messieurs, vous n'auriez pas la satisfaction de m'interrompre ; vous ne seriez pas là si ce régime existait encore.

« Je dis qu'aujourd'hui le vœu le plus ardent de tout homme qui comprend le patriotisme comme l'ont compris nos pères de 1789, c'est de deman-

der que le pays soit à jamais garanti contre le
retour d'un pareil régime...

« Aujourd'hui, je ne puis me ranger aux propositions qui nous sont faites ; elles tendent à nous
faire entrer dans un nouvel ordre d'idées ; elles
tendent à rétablir, à l'insu sans doute de la Commission, le culte napoléonien...

« Avant donc de quitter la tribune, je déclare
que je m'associerais au vœu du Gouvernement
d'aller chercher les restes de Napoléon, si les en-
voyés devaient laisser dans son tombeau les idées
bonapartistes, LES IDÉES NAPOLÉONIENNES, QUE
JE REGARDE COMME UNE DES PLAIES LES PLUS VIVES
DE NOTRE ORDRE SOCIAL, COMME CE QU'IL Y A
DE PLUS FUNESTE POUR L'ÉMANCIPATION DES
PEUPLES, COMME CE QU'IL Y A ENCORE AUJOUR-
D'HUI DE PLUS CONTRAIRE A L'INDÉPENDANCE DE
L'ESPRIT HUMAIN. »

A son tour, M. de Lamartine :

« Je vais faire un aveu pénible : qu'il retombe
tout entier sur moi ! J'en accepte l'impopularité
d'un jour. Quoique admirateur de ce grand homme,
je n'ai pas un enthousiasme sans souvenir et sans
prévoyance. Je ne me prosterne pas devant cette
mémoire ; je ne suis pas de cette religion napoléonienne, de ce culte de la force que l'on veut depuis quelque temps substituer dans l'esprit de la
nation à la religion sérieuse de la liberté. Je ne
crois pas qu'il soit bon de déifier ainsi la guerre...

Comme si la paix, qui est le bonheur et la gloire du monde, pouvait être la honte des nations... Les sophismes des gouvernements deviennent bientôt les crimes ou les malheurs des nations. (Profonde sensation. Très-bien ! très-bien !)

« Mais si je ne suis pas enthousiaste, je ne veux pas être hypocrite non plus ; je ne veux pas feindre un culte que je ne me sens pas dans le cœur, encore moins dans l'intelligence.

« J'ai passé ma jeunesse à admirer toujours et à accuser quelquefois ce gouvernement. Je lui dois beaucoup cependant ; je lui dois le sentiment, l'amour, la passion de la liberté, par ce sentiment de la compression publique qui pesait alors sur toutes les poitrines, et que son nom seul me fait encore ressentir. Oui, j'ai compris pour la première fois ce que valaient la pensée et la parole libres, en vivant sous ce régime de silence et de volonté unique dont les hommes d'aujourd'hui ne voient que l'éclat, mais dont le peuple et nous nous sentions la pesanteur.

« .... Ne séduisons pas tant l'opinion d'un peuple qui comprend bien mieux ce qui l'éblouit que ce qui le sert. (Très-bien !) Gardons-nous de lui faire prendre en mépris ces institutions moins éclatantes, mais mille fois plus populaires, sous lesquelles nous vivons et pour lesquelles nos pères sont morts après avoir tant combattu. (Bravos à gauche et au centre gauche.) N'effaçons pas tant, n'amoindrissons pas tant, n'inclinons pas tant notre monarchie de raison, notre monarchie nouvelle, représentative, pacifique · elle finirait par disparaître aux yeux du peuple. (Sensation.)

« Les ministres nous assurent que ce trône ne se rapetissera pas devant un pareil tombeau ; que ces ovations, que ces cortéges, que ces couronnements posthumes de ce qu'ils appellent une légitimité... que ces bills d'indemnité donnés au despotisme heureux, ces adorations du succès, tout cela n'a aucun danger pour l'avenir de la monarchie représentative.

« Pour le gouvernement, je veux bien le croire ; pour l'esprit public, je n'ai pas la même sécurité. Puis j'ai peur, je l'avoue, qu'on ne fasse trop dire ou penser au peuple : « Voyez, au bout du compte, il n'y a de populaire que la gloire, il n'y a de moralité que dans le succès ; soyez grand et faites tout ce que vous voudrez ; gagnez des batailles et faites-vous un jouet des institutions de votre pays ! » Est-ce là que l'on veut en venir ? Est-ce ainsi qu'on apprend à une nation à apprécier ses droits ? (Sensation.)

« Si ce grand général eût été un grand homme complet ; s'il eût été le Washington de l'Europe ; si, après avoir défendu le territoire, intimidé la contre-révolution au dehors, il avait réglé, modéré, organisé les institutions libérales et l'avénement de la démocratie en France ; si, au lieu de

disperser les pouvoirs représentatifs il les avait
appuyés de la force militaire, si, AU LIEU DE SE
FAIRE LA RÉACTION VIVANTE DU PASSÉ ; si, au
lieu d'abuser de l'anarchie, de profiter du dés-
enchantement momentané de l'esprit public, il
l'avait relevé ; s'il s'était fait le tuteur du progrès
social, la Providence du peuple; si, après avoir
mis en mouvement les ressorts d'un gouvernement
unitaire et tempéré, il s'était effacé lui-même
comme Solon ou comme le législateur de l'Amérique ; s'il s'était retiré dans son désintéressement
et dans sa gloire pour laisser toute sa place à la
liberté, qui sait si tous ces hommages d'une foule
qui adore surtout ce qui l'écrase lui seraient rendus ?

« Qui sait s'il ne dormirait pas tranquille, et
peut-être plus négligé dans son tombeau?

« *Une voix*. Vous offensez le pays.

« M. DE LAMARTINE. Non, monsieur, je ne fais
que raconter l'esprit humain.

« Eh mon Dieu ! ce n'est pas une si étrange sup-
position. Vous êtes comme moi des hommes
nourris des idées de 89... de ces idées de régé-
nération libérale... Eh bien! voyez ce que vous
faites.... Mirabeau, le prophète de ces idées,
l'homme dont chacune des paroles donnait une
impulsion irrésistible aux vérités de ce nouvel
évangile politique des peuples, où est-il? Il repose
dans je ne sais quel caveau d'un monument pro-

fané qui a servi deux fois de chemin à l'égout.
(Profonde sensation.)

« La Fayette lui-même, qui communiqua à son
pays la première contagion de l'indépendance
d'Amérique ; La Fayette qui porta sans fléchir le
poids du jour pendant quarante ans... (Bravos à
gauche). Oui, pendant quarante ans de travaux,
de patience, de cachot, d'exil, de persécutions ;
qui ne voulut pas, lui non plus, s'incliner devant
ce météore du despotisme... La Fayette repose
sous l'humble croix d'une sépulture de famille,
et l'homme à qui la France dut tout, excepté la
liberté, la révolution triomphante va le chercher
au-delà des mers pour lui faire une tombe impériale ! La révolution triomphante se demande si
elle a sur la terre de France quelque monument
assez grand, assez saint, assez national pour le
contenir ! (Sensations diverses.)

« Laissez-moi tout dire... Je n'aime pas ces
hommes qui ont pour doctrine officielle : *la liberté,
l'égalité, le progrès*, et pour symbole *le sabre et le
despotisme*.

« ... Souvenez-vous d'inscrire sur le monument
où il doit être à la fois soldat, consul, législateur,
empereur ; souvenez-vous d'y écrire la seule ins-
cription qui réponde à la fois à votre enthousiasme
et à votre prudence : *A Napoléon seul !*

« Ces trois mots, en attestant que ce génie militaire n'eut pas d'égal, attesteront en même temps

à la France, à l'Europe, au monde, que si cette généreuse nation sait honorer ses grands hommes, elle sait aussi les juger, elle sait séparer en eux leurs fautes de leurs services (très-bien! très-bien!); elle sait les séparer même de leur race et de ceux qui la menaceraient en leur nom (très-bien! longue sensation), et qu'en élevant ce monument, en y recueillant nationalement cette grande mémoire, elle ne veut susciter de cette cendre ni la guerre, ni la tyrannie, ni des légitimités, ni des prétendants, ni même des imitateurs. (Très-bien! très-bien! longue agitation.) »

M. Barrot ne négligea pas une si belle occasion de partager l'aveuglement de M. Thiers; avec un ancien soldat de l'empire, M. Gauguier, ils protestèrent de l'innocuité de la mesure. Néanmoins, sous la vive impression des discours de M. Glais-Bizoin et de Lamartine, le crédit, que la commission avait doublé, fut ramené au chiffre primitif d'un million.

Après le vote de la loi, le prince de Joinville partit pour le pèlerinage de Sainte-Hélène.

V

QUESTION D'ORIENT; TRAITÉ DU 15 JUILLET. — ULTIMATUM
A MÉHÉMET-ALI. — MOUVEMENT DES ESPRITS. —
MESURES MILITAIRES. — ATTENTAT DE BOULOGNE.

Cette laborieuse session était close le 14 juillet,
et le lendemain la Russie, l'Autriche, la Prusse
et l'Angleterre signaient avec la Turquie, à l'insu
de la France, le *Traité du* 15 *juillet*.

Avant d'apprécier ce traité et ses tristes conséquences, je voudrais établir la part de responsabilité qui doit peser non-seulement sur Louis-
Philippe et les deux cabinets du 12 mai et du
1er mars, mais aussi sur le chef du *foreing-office*,
lord Palmerston.

Dans la mémorable discussion qui avait ouvert
la session, M. de Lamartine, jugeant le ministère
du 12 mai, avait dit: Vous ne vous alliez ni à
la Russie ni à l'Angleterre; la solution de la
question d'Orient aura lieu sans vous et contre
vous. M. Thiers avait accusé, avec grande raison,

les imprudences d'une politique qui, arrêtant dans sa marche victorieuse sur Constantinople le pacha révolté, nous créait vis-à-vis de celui-ci des obligations difficiles à remplir ; les faiblesses d'une politique qui, en reculant devant l'action commune des escadres anglo-françaises, nous avait aliéné un gouvernement ami. Aussi, devenu ministre du 1er mars, n'avait-il accepté l'héritage de cette question d'Orient que sous bénéfice d'inventaire ; mais, en dépit de ses réserves, il devenait solidaire d'un dénoûment qu'il n'avait pas préparé, mais qu'il ne sut pas empêcher. Il crut, voyant la Turquie agonisante à Constantinople, Méhémet-Ali, le vainqueur de Nézib, le conquérant de la Syrie, le maître de la Mecque et des villes saintes, assez fort pour lui rendre la vitalité ; il épousa les prétentions d'un allié qui rassemblait contre lui les ambitions rivales de la Russie et de l'Angleterre ; il se méprit sur les dispositions de la diplomatie européenne, surtout du cabinet whig ; il imagina que les quatre grandes puissances n'oseraient rien résoudre sans notre concours ; il discuta, au lieu de se hâter de saisir un arrangement tolérable proposé par lord Palmerston, ou les offres officieuses, plus ou moins sincères, de l'Autriche et de la Prusse, quand il fallait se contenter de sortir le moins mal possible d'une question aussi mal engagée.

Je n'ai dissimulé aucun de nos torts ; la conduite

de lord Palmerston, quoiqu'elle ait reçu le bill d'indemnité du succès, me paraît bien autrement coupable; il a rompu une alliance de dix ans; il a failli ressusciter entre nos deux nations cette guerre sanglante et terrible qui, de 1792 à 1815, avait ajourné les progrès de l'humanité. Oui, malgré les ironiques dénégations dont il a daigné, devant son parlement, consoler notre fierté blessée, il a agi en ennemi. L'ancien disciple de Pitt et Castlereagh, tory teint en whig, avait conservé tous les préjugés aristocratiques de sa jeunesse contre la nation révolutionnaire. Les journées de juillet saluées avec enthousiasme par ses compatriotes, il avait suivi le courant d'opinion qui poussait à l'union avec la France, mais en accaparant pour son pays tous les avantages de cette alliance: ainsi, il en avait fait le prix du renoncement de Louis-Philippe à la Belgique, de son respect pour les traités de 1815, de son abstention de tout projet d'agrandissement. Il n'accordait d'ailleurs à notre gouvernement ni confiance, ni reconnaissance, car il savait avec quels humiliants dédains l'empereur Nicolas avait repoussé les avances du roi des barricades. Aussi, dès que le 27 juillet 1838, la France eut appelé naïvement les autres puissances à régler avec elle la question d'Orient, il se mit à l'œuvre, fomenta des troubles en Syrie, profita de nos lenteurs, de nos tergiversations, de nos imprudences et finit par s'en-

tendre à nos dépens, même avec la Russie. Après
avoir applaudi à l'esprit de paix tant qu'une guerre
de propagande aurait pu soulever la démocratie
européenne, il reprenait ses vieilles haines, et
trouvait dans le refus de forcer en commun les
Dardanelles un motif suffisant pour se croire autorisé, lui, ministre libéral, à renouer contre nous
la ligue des souverains absolus.

Que dire de la Russie, de l'Autriche et de la
Prusse? La première, surveillant avec l'œil af-
famé d'un héritier le dépérissement de la Turquie,
voulait frapper dans Méhémet-Ali l'homme capable de prolonger son existence. De plus, en
1830, la chute de Charles X, l'allié de la Russie,
juste sujet de joie en Angleterre, avait violem-
ment irrité le czar, sans qu'aucune protestation,
aucune considération d'intérêt pût surmonter son
antipathie personnelle contre celui qu'il qualifiait
d'usurpateur. Les souverains d'Autriche et de
Prusse avaient partagé son mécontentement;
néanmoins les actes virils de notre gouvernement,
comme la prise d'Anvers et l'expédition d'Ancône,
la force inhérente à notre révolution, leur avaient
conseillé la prudence. Depuis, la soumission de
Louis-Philippe à l'ultimatum de l'Autriche en
Italie, son refus d'intervenir en Espagne conformément au traité de la quadruple alliance, l'évacuation d'Ancône avaient diminué un respect
qu'ils n'avaient accordé qu'à la crainte ; unis à la

Russie et même à l'Angleterre, ils saisissaient avec empressement l'occasion de lui prouver impunément leur malveillance et son isolement.

Le traité du 15 juillet entre les quatre puissances contractantes et la Turquie avait pour but de maintenir l'intégrité (lisez: la décadence) de l'empire ottoman; elles s'engageaient, dans le cas où l'ultimatum qui y était annexé ne serait pas accepté par le pacha, à assurer son exécution par une action commune, à sauvegarder les détroits du Bosphore et des Dardanelles, et à établir immédiatement un blocus maritime entre l'Égypte et la Syrie.

L'ultimatum du sultan au pacha d'Égypte exigeait: 1° la reddition de la flotte turque; 2° l'évacuation des villes saintes, du district d'Adana et d'une partie de la Syrie. A ces conditions accomplies dans un délai de dix jours après sa notification, Méhémet-Ali conserverait la vice-royauté héréditaire de l'Égypte et l'occupation viagère du reste de la Syrie; après un nouveau délai de dix jours, l'Égypte seule lui serait accordée; enfin ce dernier terme expiré, il serait dépouillé de toutes ses possessions.

Le 17, il en fut donné connaissance à notre ambassadeur à Londres; plus tard, le ministère du 1er mars livrait les deux pièces à la publicité. Après un premier effet de surprise et de stupeur, l'irritation fut immense, elle gagna toutes les classes et toutes les opinions. Tandis que, dans nos théâtres, les spectateurs chantaient la *Marseillaise*, beaucoup d'officiers royalistes démissionnaires de 1830 songeaient à rentrer dans l'armée; le roi se répandait en paroles énergiques; une ordonnance du 29 juillet appelait sous les drapeaux les soldats des classes de 1836 à 1839; on renforçait la marine. C'est au milieu de cet élan, de ces préparatifs que, le 6 août, le prince Louis-Napoléon Bonaparte débarquant à Boulogne tenta de s'emparer de l'empire: le moment ne pouvait guère être plus mal choisi.

J'emprunte à l'acte d'accusation devant la cour des pairs le récit des faits principaux de l'attentat. Après s'être étonné que le prince eût pu mettre si promptement en oubli le bienfait de l'acte de clémence auguste qui à Strasbourg l'avait couvert et protégé, l'accusation rappelle son court séjour en Amérique, son retour à Arenemberg près de sa mère malade, la reprise de ses menées politiques qui le forcent à aller habiter l'Angleterre, les brochures de 1837 et 1838, la condamnation Laity, la publication des *Idées napoléoniennes* et des *Lettres de Londres*, en 1839, la création à Paris du journal quotidien *le Capitole*, la distribution de pamphlets dans les casernes et spécialement à Paris et à Lille; depuis quelques mois, l'embauchage des principaux complices, les achats d'armes et d'uniformes français avec les boutons d'un même régiment, le 40e de ligne ; enfin, le 6 au matin, le départ de Gravesend sur un bateau à vapeur loué pour une partie de plaisir. Pendant la traversée, Louis Bonaparte réunit sur le pont tous les hommes de l'expédition, lit les proclamations et l'ordre du jour (1), distribue de l'argent ; chacun revêt l'uniforme qui lui

(1). ORDRE DU JOUR

Après avoir pris les ordres du prince Napoléon,
Le major général a fixé la position de MM. les officiers dont les noms suivent :

Vaudrey, colonel d'artillerie, premier aide de camp du prince ;
Voisin, colonel de cavalerie, aide-major général ;
Parquin, colonel, commandant de cavalerie à l'avant-garde ;
Laborde, lieutenant-colonel, commandant l'infanterie au centre ;
Montauban, colonel, commandant les volontaires au centre ;
Bacciocchi, commandant, à l'état-major ;
Desjardins, chef de bataillon, à l'avant-garde ;
Persigny, commandant les guides à cheval, en tête de la colonne ;
Conneau, chirurgien principal, à l'état-major ;
Bure, payeur général, à l'état-major ;
Lombard, lieutenant, près le lieutenant-colonel Laborde ;
Bataille, lieutenant, à l'état-major ;
Bachon, lieutenant, vaguemestre général ;
D'Alembert, lieutenant, aux guides à pied ;
Ornano, lieutenant à la cavalerie, à l'arrière-garde ;
D'Hunin, capitaine, à l'état-major ;
Querelles, commandant les guides à pied ;
Orsi, lieutenant des volontaires à cheval ;
Forestier, lieutenant aux guides à pied ;
Galvani, sous-intendant-militaire, vivres et convois ;
Faure, sous-intendant-militaire, soldes et hôpitaux.

MM. les officiers de toute arme qui ne sont pas nommés dans le présent ordre du jour se tiendront près du prince pour être employés selon l'urgence.

Le major général, MONTHOLON.

Quartier général de Boulogne, le 11 août 1840.

était destiné et charge ses armes. Débarqués à
Vimereux, à quatre kilomètres de Boulogne, ils
rencontrent quatre autres conjurés, parmi lesquels
le lieutenant Aladenize du 42e, dont le concours
était d'autant plus précieux que deux compagnies
de son régiment tenaient garnison à Boulogne...

« La troupe, commandée par Louis Bonaparte,
était rangée autour d'un drapeau tricolore sur-
monté d'un aigle et rappelant par plusieurs inscriptions les grandes victoires de l'empire...

« Les conjurés arrivent bientôt à la caserne du
42e; il était cinq heures du matin et les officiers
étaient encore absents. Le lieutenant Aladenize
fait lever les soldats, leur fait prendre les armes,
les fait descendre et mettre en bataille sur deux
rangs. A l'instant il leur dit que Louis-Philippe a
cessé de régner, et leur demande de se ranger
sous la loi du neveu de l'empereur et de marcher
avec lui sur Paris. En même temps, le drapeau
s'avance : Aladenize donne au tambour l'ordre de
battre au drapeau, et Louis Bonaparte, qu'il présente aux soldats, cherche à les ébranler encore
par la séduction de ses paroles, en prodiguant les
promesses de grades et de croix d'honneur.

« Cependant le capitaine Col-Puygellier et le
sous-lieutenant de Maussion avaient été prévenus;
ils arrivent en hâte, avec le sous-lieutenant Ra-
gon, à la caserne; on veut leur en fermer l'entrée; un grenadier, portant le numéro du 40e,

veut arrêter le capitaine; il l'écarte en disant que ce n'est pas le 40ᵉ qui fait la police. Il arrive à quelques pas de la porte, obstruée plutôt que gardée par les nouveaux-venus. Un homme portant l'uniforme et les insignes de chef de bataillon va droit à lui et s'écrie:

« — Capitaine, le prince Louis est ici; soyez des nôtres, votre fortune est faite.

« Le capitaine lui répond en mettant le sabre à la main et en manifestant vivement par ses gestes et ses paroles la résolution d'arriver à sa troupe. Il est saisi de toutes parts; plusieurs personnes s'emparent de son bras armé; il pousse et résiste de tous côtés pour se débarrasser des obstacles et arriver à ses soldats. Avant d'y parvenir, et tout en continuant ses valeureux efforts, il essaye d'éclairer les conjurés eux-mêmes:

« — On vous trompe, disait-il, apprenez qu'on vous porte à trahir.

« Sa voix est étouffée par les cris de : *Vive le prince Louis!*

« — Où est-il donc? s'écrie-t-il à son tour.

« Alors se présente à lui un homme de petite taille, blond et paraissant avoir trente ans, portant des épaulettes d'officier supérieur et un crachat. Il lui dit :

« — Capitaine, me voilà; je suis le prince Louis; soyez des nôtres et vous aurez tout ce que vous voudrez...

« Le capitaine l'interrompt:

« — Prince Louis ou non, je ne vous connais pas; je ne vois en vous qu'un conspirateur... Qu'on évacue la caserne!

« Tout en s'exprimant ainsi, M. Col-Puygellier continuait ses efforts. Ne pouvant parvenir à ses soldats, il veut au moins essayer de se faire entendre:

« — Eh bien! assassinez-moi ou je ferai mon devoir!

« Sa voix parvient alors à Aladenize, qui accourt, et le couvrant de ses bras, s'écrie énergiquement:

« — Ne tirez pas! Respectez le capitaine; je réponds de ses jours. »

Cette partie du récit fait naître de graves réflexions. Sous les phrases prudemment combinées du magistrat, il est aisé de voir qu'à l'appel d'Aladenize les deux compagnies s'étaient rangées aux ordres du prince; ce n'était là qu'un petit succès partiel, mais, par un élan généreux d'humanité, Aladenize l'arrêta dans son cours.

Il faut le reconnaître, à moins d'exercer le droit de représailles contre un tyran qui a violé les lois divines et humaines, le conspirateur doit se résigner au crime: dans l'exécution de ses plans, l'assassinat est toujours sous-entendu, prompt, rapide, impitoyable, élément nécessaire du succès; il devrait avoir sans cesse présentes ces terribles paroles de Louvel. Le duc Decazes lui disait :

« — Malheureux ! avez-vous pu lever la main sur un prince ?...

« — Le difficile n'est pas de lever la main, c'est de l'abaisser. »

Cela est profondément vrai : entre la volonté et l'action de frapper il y a encore un abîme.

Sans doute, de bien autres pensées avaient occupé l'imagination du chef du complot. Il avait rêvé un second retour de l'île d'Elbe, une série de triomphes sans combats, oubliant qu'alors les soldats ne se débandaient, les généraux ne trahissaient que pour rejoindre leur capitaine, l'homme des cent batailles, le génie de la guerre. Surpris par la réalité, il ne perdra plus la partie en refusant, comme à Strasbourg, de faire usage de ses armes.

L'acte d'accusation ajoute :

« Cette bruyante et vive altercation attire enfin l'attention des deux compagnies du 42ᵉ. Les sous-officiers accourent à la voix de leur chef ; ils l'aident à se dégager des mains des conjurés qui font un mouvement en arrière. M. le capitaine Puygellier, d'une voix forte, s'écrie : « On vous trompe, *vive le roi !* » Mais l'ennemi rentre à rangs serrés, Louis Bonaparte en tête. M. le capitaine Puygellier se porte vivement à sa rencontre, lui signifie de se retirer, ajoute qu'il va

employer la force, et, pour toute réponse, lorsqu'il est tourné vers sa troupe, il entend la déto-
nation d'un pistolet que Louis Bonaparte tenait à
la main, et dont la balle va frapper un des grena-
diers à la figure. »

Inutile d'aller plus loin ; la marche des conspirateurs, repoussés de la caserne, devient une
déroute. Après avoir cherché en vain à entraîner
la population, à s'emparer du château, ils fuient
vers le rivage, espérant gagner le bateau qui les
avait portés. Le prince Louis Bonaparte, le colonel Voisin, Faure, Maisonan, Persigny, d'Hunin
entrent dans un canot qu'ils poussent au large.
Refusant de s'arrêter malgré l'injonction qui leur
en était faite par la garde nationale et la troupe
accourues à leur poursuite, on tire sur eux. Faure
est tué, le colonel Voisin grièvement blessé ; l'em-
barcation chavire dans un brusque mouvement ;
le prince et ses compagnons, à l'exception d'Hunin, noyé, sont recueillis et faits prisonniers.

VI

JUGEMENT DU PRINCE LOUIS-NAPOLÉON ET DE SES
COMPLICES; MON VOTE

J'ai exposé avec impartialité le complot de
1836 à Strasbourg, éclatant dans une de nos
premières places de guerre, grandi par la défection de trois régiments un colonel en tête, le concours d'une partie de la population, et s'arrêtant
devant l'effusion du sang : le refus du chef de
recourir à la violence atténuait singulièrement
sa culpabilité. Au contraire l'attentat de Boulogne
présente la confusion démoralisante du sanglant et
du grotesque ; que les amateurs du ridicule dans
le crime lisent les journaux du temps pour les
détails de costumes, d'aigle apprivoisé, etc., etc.
J'écarte avec soin le côté forain de la conspiration. A défaut du chancelier et du grand référen-
daire, morts aujourd'hui, que les curieux sol-
licitent les confidences de quelques membres

survivants de la commission judiciaire de la cour:
à trente ans de distance la vérité serait encore
trop cruelle. J'omets donc à dessein le récit des
doubles trahisons, la disparition motivée de certains accusés, les forfanteries d'honneur de certains témoins complices, pour m'occuper surtout
du chef du complot.

Les débats s'ouvrirent le 6 octobre, le duc
Pasquier présidait la cour. Au banc de la défense
Berryer et MM. Marie pour le prince Louis et
le général de Montholon, Ferdinand Barrot pour
le colonel Voisin, Jules Favre pour Aladenize,
Barillon pour Fialin dit Persigny, etc., etc.

Après la lecture de l'acte d'accusation, le chancelier procéda aux interrogatoires.

Le prince avait le regard déjà terne, la physionomie d'un rêveur éveillé; avec sa petite taille,
son frac noir, et malgré le crachat dont il s'était
décoré, quelque chose de mesquin, d'étriqué.
Rien en lui ne faisait présager la majesté que
développe immanquablement le rang suprême.

Il déclara se nommer Louis-Napoléon Bonaparte, né à Paris, le 20 avril 1808, puis prononça
quelques paroles dont je connaissais la substance,
car, habitant alors Augerville, Berryer et moi
venions ensemble à Paris, lui pour le défendre,
moi pour le juger.

Il avait, disait-il, fait valoir les armes à la main
les droits qu'il tenait de sa naissance et des suf-

frages de quatre millions de Français contre un
gouvernement qui n'était ni la légitimité, ni l'expression de la volonté du peuple. Trahi par la
fortune, il n'était pas un accusé devant ses juges,
mais un vaincu à la merci d'ennemis politiques.
Prêt à subir les conséquences de la défaite, il
réclamait seul la responsabilité de l'entreprise;
ceux qu'on s'apprêtait à juger avec lui n'avaient
été que ses instruments : une heure avant d'arriver
à Vimereux ils ignoraient ses desseins.

Enfin, ne reconnaissant pas la compétence de
la cour, il annonçait sa volonté de ne plus répondre
à aucune question.

Plus de quatre-vingts généraux de l'empire
siégeaient à la cour. Aussi ses premiers mots
avaient été écoutés avec une attention bienveillante, mais bientôt le prince s'arrêta court, et,
après avoir inutilement cherché dans sa mémoire,
prit dans sa poche un petit papier sur lequel il se
mit à lire, ce qui diminua l'effet de son improvi-
sation. Ce n'était qu'à l'aide d'un long travail et
à force de coupures, de corrections et de substi-
tutions que Berryer était parvenu à réduire les
douze pages primitivement rédigées par son client
à douze lignes simples et politiques qui agrandis-
saient sa position en exposant ses droits de prétendant. Il avait annoncé sa résolution de garder
à l'avenir un silence absolu; néanmoins le duc
Pasquier, insinuant et fin, mit tant de naturel

dans les questions qu'il lui posait, que dès la troi-
sième ou quatrième, le prévenu oublia sa résolution de n'y pas répondre. Sur les représentations
de ses avocats, il reprit son système de mutisme,
auquel il manqua cependant deux ou trois fois
encore dans le cours de son interrogatoire.

Berryer le défendit avec éloquence et d'autant
plus de zèle, qu'à l'occasion d'un prétendant qui
n'était pas le sien, il trouva moyen d'établir les
droits supérieurs et antérieurs de la légitimité
vis-à-vis de ce qu'il appelait une usurpation.

Je ne rappellerai du reste des débats que la per-
sistance du chancelier à refuser à l'accusé Fialin
le nom de Persigny, et les graves déclarations
de celui-ci que, « dans la scène de la caserne,
sans l'intervention d'Aladenize, il aurait tué à
coups de baïonnette l'un des sous-lieutenants d'a-
bord, et puis après le capitaine du 42°. »

J'étais le plus jeune des juges, et comme tel,
j'exprimais le premier mon opinion. La question
de culpabilité n'était pas douteuse, le crime était
flagrant, avoué par Louis-Napoléon, qui en assu-
mait la responsabilité; interrogé sur la pénalité,
je votai la mort.

Les raisons qui déterminèrent ma conscience
furent celles-ci. La peine du talion est la loi naturelle, mais dans l'état de notre civilisation, c'est
bien moins par esprit de représailles que dans un
but de préservation sociale que le législateur punit

un crime de la peine capitale. Les victimes des vengeances individuelles ou de la cupidité sont bien peu nombreuses comparées aux meurtres en masse que commet et ordonne le prétendant qui, dans un but d'intérêt privé, et pour faire valoir une fausse légitimité, porte la guerre civile au sein d'une nation. En outre, s'il réussit, il conquiert la fortune, la puissance, la gloire, tout ce qui peut séduire l'ambition; s'il échoue, en dépit de la loi, il échappe à l'infamie : une opinion erronée, mais dominatrice, protége son honneur, l'entoure de compassion et souvent augmente le nombre de ses partisans. Il m'a paru que la crainte du supplice pouvait seule détourner d'un crime promettant de tels avantages et une telle impunité.

Si mes souvenirs sont exacts, mon vote n'eut pas d'imitateurs. Le titre, la puissance du nom de l'accusé, le danger que ses prétentions, deux fois soutenues par les armes, faisait courir à notre pays, en motivant la rigueur de ma sentence, par un effet opposé, disposaient aux circonstances atténuantes la plupart de mes collègues.

Depuis un siècle, de beaux génies, des âmes généreuses réclament l'abolition de la peine de mort : le sentiment populaire est avec eux. Dans un éloquent rapport à l'Assemblée constituante, Duport a réuni en faveur de cette thèse les meilleurs arguments; toutes les œuvres du grand proscrit de Guernesey sont une admirable pro-

testation contre le droit, que s'arroge l'homme en
société, d'ôter la vie à son semblable ; l'auteur des
Décrets de l'avenir n'est pas moins explicite à cet
égard. Je les ai lus sans que mes convictions aient
été ébranlées. Si la société n'a pas le droit de
priver un homme de la vie, elle n'a pas davantage le droit de le priver de sa liberté. Les progrès de l'humanité étant infinis, je crois qu'elle
n'est pas éternellement condamnée à se décimer
elle-même ; mais, pour être logique, avant de
supprimer l'échafaud, elle devra supprimer la
prison, les tueries privées sous le nom de duel, les
exterminations en masse appelées guerres. Jusqu'ici les essais plus ou moins sincères des gou-
vernants pour obéir au courant philanthropique
n'ont engendré que la pire des hypocrisies,
l'hypocrisie de la loi ; on a inventé la mort masquée : tantôt par la déportation sous un climat
pestilentiel on se débarrasse silencieusement et
par milliers d'hommes coupables de simples délits
ou même seulement suspects, dont aucun tribunal
n'aurait osé prononcer la condamnation capitale :
tantôt, par l'application ingénieuse du système
cellulaire, on obtient l'hébétement, la folie, le
suicide.

Ce sont là, il faut l'avouer, de funestes progrès.

Le prince Louis-Napoléon et son chef d'état-
major, le général de Montholon, ayant été condamnés à la prison perpétuelle, il était à présumer

que la peine serait moindre pour leurs complices;
il en fut autrement. Par un mouvement de généreuse camaraderie, Aladenize avait couvert de son
corps le capitaine Col-Puygellier, il avait décidé
l'insuccès du complot; mais il était officier en
activité et se déclarait républicain : il fallait un
exemple à l'armée. Plus de soixante voix pro-
noncèrent la mort, la majorité vota la déportation.
Je me dois cette justice de dire que mes efforts
furent aussi fervents qu'infructueux pour démontrer aux autres juges l'excessive sévérité de leur
arrêt. Dès lors, et sur le sort de tous les accusés,
je parlai et votai avec les plus cléments.

Pendant le cours des débats, inquiet de l'imprudence de M. Persigny à se charger lui-même,
je le fis avertir par son avocat. Cette légère
marque d'intérêt m'a valu de sa part, quand six
ans plus tard il était grâcié, une visite cornée et
l'hommage de son livre sur les Pyramides d'É-
gypte.

VII

L'attentat du 6 août à Boulogne, le procès
devant la cour des pairs et notre arrêt passaient
presque inaperçus au milieu de la fermentation
générale causée par le traité du 15 juillet. Le
ministre qui portait avec lui toutes les espérances
du gouvernement parlementaire, après avoir
éludé toute réforme libérale à l'intérieur, avait,
s'il voulait inaugurer à l'extérieur une politique
indépendante de la Couronne, le devoir de convoquer immédiatement les chambres. Fortifié
par la majorité parlementaire qui l'avait élu, il
rendait alors le refus des mesures proposées par
lui, adoptées par cette majorité, à peu près im-

possible. Au lieu de cela, il entreprenait de lutter
de finesse avec le roi, il transigeait, il entrait dans
la voie des atermoiements et des concessions.
Ces fortifications de Paris, que Louis-Philippe
poursuivait depuis tant d'années, le 13 septembre
il les décrétait; il s'illusionnait par de ruineux
préparatifs, s'étourdissait au bruit des armements
qu'on lui permettait, à la condition de n'en faire
aucun usage. Le 2 octobre, devant l'exécution
violente du traité par l'escadre anglaise, il demandait au roi à envoyer notre flotte sur les
côtes de Syrie. Repoussé, il donnait sa démission, puis la reprenait, faisait rentrer la flotte aux
îles d'Hyères et posait enfin, le 8 octobre, un
ultimatum aux puissances signataires. Par cette
dernière transaction, il avait consenti à rester au
pouvoir et à rappeler la flotte contre l'autorisation d'indiquer un cas de guerre, si le pacha était
dépouillé de l'Égypte. Menace dérisoire, puisque
le traité même du 15 juillet avait offert en principe à Méhémet-Ali, outre la possession héréditaire de l'Égypte, le gouvernement viager d'une
partie de la Syrie. Ainsi joué par son royal adversaire, compromis, discrédité, ce mandataire
infidèle de l'opposition tombait, le 29 octobre, à
la risée des courtisans.

L'homme qui remplaçait au pouvoir M. Thiers
et ses amis était précisément celui que la coalition
victorieuse avait payé d'ingratitude, dont elle

n'avait voulu ni comme ministre de l'intérieur ni comme président de l'assemblée, qu'elle avait rejeté avec son talent et ses rancunes du côté de la prérogative royale. Les défectionnaires du 12 mai l'avaient nommé à l'ambassade de Londres; le président du 1er mars, désirant le neutraliser, l'avait maintenu dans son poste, après des explications dans lesquelles il l'avait rassuré contre toute réforme électorale. M. Guizot avait-il été jusqu'au dernier jour le représentant consciencieux de la politique ministérielle et l'informateur vigilant du chef du cabinet? Après avoir relu le volumineux dossier diplomatique de la question d'Orient, je dois le croire : à part quelques rayons fugitifs de clairvoyance, il avait vécu, sur les intentions définitives de lord Palmerston, dans une fausse sécurité.

A peine constituée sous la présidence du maréchal Soult à la guerre, MM. Guizot aux affaires étrangères, Duchâtel à l'intérieur, Villemain à l'instruction publique, Humann aux finances, Martin (du Nord) à la justice, Teste aux travaux publics, l'amiral Duperré à la marine et Cunin-Gridaine au commerce, l'administation du 29 octobre avait convoqué les chambres au 5 novembre. Un paragraphe du discours de la Couronne résumait son plan de politique extérieure.

« J'ai la dignité de ma patrie à cœur autant que sa sûreté et son repos. En persévérant dans cette politique modérée et conciliatrice, dont nous recueillons depuis dix ans les fruits, j'ai mis la France en état de faire face aux chances que le cours des événements en Orient pourrait amener..... Je continue d'espérer que la paix générale ne sera point troublée. Elle est nécessaire à l'intérêt commun de l'Europe, au bonheur de tous les peuples et au progrès de la civilisation. »

Le marquis de Brézé ouvrit la discussion à la chambre des pairs. Après avoir qualifié d'injurieuse la conduite de l'Angleterre, il accusait la politique inconsistante, aveugle, inexplicable du 1ᵉʳ mars, ses notes ultra-pacifiques à côté de ses immenses armements, le décret par lequel il avait ordonné les fortifications de Paris sans le concours des chambres, l'ultimatum du 8 octobre, qui enfonçait une porte ouverte, et tous ses actes, « *mélange de forfanterie et de timidité.* »

Le comte de Montalembert, de retour d'un voyage en Orient, reconnaissait, malgré ses sympathies pour le cabinet tombé, que celui-ci s'était fourvoyé en embrassant la cause du pacha d'Égypte, dont il s'était exagéré la force et l'avenir. Sans doute, disait-il, la France a perdu son rang en Europe, mais c'est quand elle a refusé de venir en aide à la Pologne, à l'Espagne constitutionnelle, à la Belgique, là où la justice était d'accord avec son intérêt.

Après un échange de récriminations entre

M. Villemain, comme ancien ministre du 12 mai,
et M. Pelet (de la Lozère), ex-ministre du 1er mars,
M. Guizot prit la parole. Le gouvernement voulait la paix, mais *la paix armée*; de là la nécessité
de voter tous les crédits extraordinaires et supplémentaires qui seraient demandés.

« La grande politique, l'intérêt supérieur de
l'Europe et de toutes les puissances en Europe, c'est le *maintien de la paix partout, toujours...* »

Il restait à déterminer si le traité du 15 juillet
était une injure à la France.

La nouvelle d'une tentative d'arrangement direct avec la Turquie et l'Égypte étant arrivée à
Londres, le cabinet de Saint-James avait cru que
cette tentative était l'œuvre de la France, qui,
abandonnant la politique du 27 juillet, aurait
ainsi tenté de se faire là une politique isolée, un
succès isolé.

« J'ai dit, continuait le ministre, j'ai dit officiellement, particulièrement, que cela était faux,
on ne m'a pas cru. »

Après les offres réitérées par les puissances,
d'arrangements qui n'avaient pas été acceptés,
leur conclusion, à quatre et à notre insu, était
un mauvais procédé, non une injure.

On le voit, la grande politique philosophique
et humanitaire trouvait chez nous de nombreux
adhérents, et ceux qui avaient placé quelque

espoir dans l'énergie de M. Thiers étaient réduits
à signaler ses fautes.

Il n'en était pas de même à la chambre des
députés, dans la presse et dans le peuple. Les
ressentiments de 1814 et 1815 avaient été ré-
veillés par le traité du 15 juillet, le bénéfice de
vingt-cinq ans de calme et d'oubli perdu; les
passions renaissaient comme au lendemain de
Waterloo.

Le 13 octobre, La Mennais avait placé face à
face, dans des pages brûlantes, *le pays et le Gouvernement.*

Le 15, Darmès avait tiré sur Louis-Philippe
un coup de carabine; mais le canon, chargé
jusqu'à la gueule, avait éclaté dans ses mains.

Les journaux, dénaturant la pensée du ministre
des affaires étrangères, dénonçaient ses paroles :
« *La paix partout, toujours!* » comme l'humiliant
aveu d'un pouvoir résigné à subir tous les affronts,
à boire toutes les hontes.

Dès la lecture de l'adresse, l'irritation de la
minorité éclata en murmures quand le rapporteur,
M. Dupin, lut ces paroles :

« Mais si par hasard la paix devenait impossible... si l'honneur de la France le demande, si
ses droits méconnus, son territoire menacé... »

L'opposition s'indignait à la seule idée que la
France attendrait pour prendre les armes que son
territoire fût menacé.

Le président nominal du conseil, le maréchal
Soult développa, en les entourant de son prestige
militaire, les dispositions pacifiques du discours
de la Couronne.

Au milieu de l'attente générale, le chef du ministère du 1er mars prit la parole. Résumant le
passé de la question d'Orient, il chargeait d'un
poids énorme la responsabilité de l'administration
du 12 mai. Puis, arrivant à sa propre gestion,
afin d'excuser son échec, il reprochait à M. Guizot,
son ambassadeur à Londres, de l'avoir mal informé, de lui avoir recommandé la temporisation.
Sur le point d'avoir favorisé un traité à deux entre
le sultan et le pacha, il avouait ses vœux pour
un arrangement direct; mais il avait enjoint à
ses agents à Constantinople et au Caire de ne pas
y travailler directement; il ne leur avait pas interdit les conseils, mais seulement ce qui aurait
pu faire dire que la France voulait soustraire la
négociation au congrès européen réuni à Londres.

« Je donne un démenti à quiconque dira qu'il
y a eu manœuvre de notre part, et qu'il n'y a
pas eu la loyauté la plus complète. »

Après ces explications ambiguës, terminées
par un démenti dont l'audace n'est pas une démonstration, il accusait lord Palmerston d'avoir
suscité par ses manœuvres le soulèvement de la
Syrie, et caractérisait sa conduite à l'égard de la
France « d'indigne tromperie ».

Que faire à la suite du traité du 15 juillet?

« Plus je rentrais en moi-même, plus je me disais que, si la France reculait cette fois, elle perdrait son rang dans le monde. Je savais bien que j'allais peut-être faire couler le sang de dix générations; mais je me disais : Si la France recule, toute l'Europe le sait...

« Faire la guerre immédiatement était impossible. Il n'y avait qu'une conduite à tenir : c'était de laisser aux événements leur cours et d'employer ce temps pour armer; de là notre proposition d'un armement de six cent trente-neuf mille hommes et de la mobilisation de trois cent mille gardes nationaux, ressources encore insuffisantes si la capitale n'eût pas été couverte; de là cette autre proposition faite, non pas en complaisant, mais en citoyen dévoué, de fortifier Paris... Il était évident que nous ne pouvions commencer la guerre qu'au mois de mai; pendant ce temps, nous conseillions au pacha de ne pas PASSER LE TAURUS, de conserver la défensive en Syrie, de couvrir Saint-Jean-d'Acre... Et *s'il eût fait durer la guerre jusqu'au printemps*, la France, à la tête de toutes ses forces, eût négocié pour lui. »

Le chef de l'État n'avait point partagé cette opinion : le ministère avait remis sa démission le 2 octobre; une dernière transaction avait eu lieu : de là la note du 8 octobre et la résolution de *con-*

centrer la flotte aux îles d'Hyères, d'achever les armements et de convoquer les chambres. Les difficultés avec la Couronne s'étaient reproduites au sujet du discours d'ouverture, et avaient entraîné sa sortie définitive. Il terminait par cette apostrophe à son successeur :

« En proclamant que vous espériez la paix, vous n'avez pas dit assez : vous êtes certain de la paix. »

En relisant, loin des passions du moment, ce plaidoyer faible et violent, on s'étonne qu'il ait rencontré les sympathies d'une partie de l'opposition.

L'accusation dirigée contre lord Palmerston d'avoir mis la main aux troubles de la Syrie, est plus que vraisemblable ; mais dans ma conviction celle du chef du *foreign office*, à l'égard de M. Thiers, d'avoir contribué à la chute du vizir Khosrew-Pacha, l'ennemi de Méhémet-Ali, et d'en avoir voulu profiter pour un arrangement direct entre le sultan et le vice-roi, ne l'est pas moins. Malgré la discrétion officielle de l'agent français au Caire, le comte Walewski, il est incontestable aujourd'hui que Méhémet-Ali, n'ayant de force réelle que celle que lui prêtait la France, n'agissant qu'en vue de s'assurer son appui, devait consentir à toutes les conditions que notre agent lui imposerait.

Entre les deux hommes d'État, ce fut une lutte au plus fin.

Quant au traité du 15 juillet, il surprit également Louis-Philippe, son ministre et son ambassadeur.

Que dire de la résignation de M. Thiers à *faire couler le sang de dix générations* pour venger cette déconvenue, de son expectative au printemps pour commencer la guerre et de son conseil au pacha d'Égypte de résister jusque-là aux forces combinées des quatre grandes puissances et de la Porte?

En dehors des promesses imprudentes qu'on avait pu lui faire, notre intérêt à soutenir le pacha d'Égypte était discutable et secondaire; mais ce qui contribuait à passionner le débat, c'est que cette épreuve était la dernière d'une série d'abandons d'intérêts chers et sacrés : de la Pologne, de l'Italie, de l'Espagne, de la Belgique ; le couronnement décennal du système de la paix.

Répondant à l'ex-président du 1er mars, M. Guizot reprenait d'abord sa place à la tête de l'ancienne majorité, revendiquant comme sienne la politique de la paix : « Avec nous, dites-vous, ce n'est pas l'espérance, c'est la certitude de la paix; avec vous la guerre est certaine. » Après s'être justifié comme ambassadeur, pendant qu'il examinait les conséquences du traité du 15 juillet, une interruption de M. Taschereau : « Nous n'avons pas été à Gand, » lui fournit l'occasion de donner le motif de ce voyage entrepris dans

l'intérêt de la Charte, au nom des royalistes constitutionnels. Il n'y a peut-être pas d'exemple plus
frappant des injustices de l'opinion que cette
accusation tant répétée, ce surnom d'*homme de
Gand*, tant exploité contre M. Guizot, tandis que
Chateaubriand, qui y était allé comme lui,
Royer-Collard, qui l'avait décidé à partir, sont
restés libéraux et populaires. Sa raideur, sa
morgue, ses dédains expliquent l'erreur sans la
justifier.

M. Barrot se retrouvait en face de son ancien
adversaire : aussi ne voit-il dans la formation du
cabinet du 29 octobre qu'une sorte de satisfaction
donnée aux exigences de l'étranger. Il s'irrite,
s'indigne ; ramassant l'arme de M. Taschereau,
il reproche lui aussi à M. Guizot son voyage à
Gand, s'exposant à ce que celui-ci lui rappelle
qu'il avait été volontaire royal sous le drapeau
blanc. Mais ce n'était là qu'une partie de sa
tâche : le chef de la gauche dynastique avait, au
nom de ses amis, à demander à M. Thiers un
compte sévère de la confiance qu'ils lui avaient
accordée ; en agissant ainsi, bien que M. Thiers
eût fléchi, l'opposition et son chef restaient debout. Au lieu de cela, il délivra un certificat de
courage et de patriotisme au président du 1ᵉʳ mars,
couvrit ses fautes, épousa ses faiblesses, associa
la gauche dynastique à sa défaite. Par ce fatal
patronage, il descendait au second rang et pa-

ralysait pour longtemps l'action de son parti.

Le représentant de l'opinion légitimiste, Berryer, n'imita point cette indulgence, qui l'aurait rendu complice. S'il avait vu un progrès dans l'avénement du Ier mars, il n'hésitait pas à signaler la faute immense que M. Thiers avait commise en ne convoquant pas les chambres au lendemain du 15 juillet; il censurait sans pitié « cet amas d'hésitations funestes, d'efforts impuissants, d'espérances aveugles et déçues ». Mais il réservait à l'Anglais toute l'ardeur de son indignation, il poussait le cri de guerre contre l'homme qui avait pu dire, aux applaudissements de son pays : « Il viendra une résolution anglaise et la France accédera ; après beaucoup d'humeur et de déplaisir, la France cédera, et l'affaire d'Orient aura été réglée comme l'Angleterre l'aura voulu. » Ajoutant : « On n'a pas dit cela de la France, Messieurs, mais de son gouvernement... »

« Je l'entends, je l'entends ce canon de Saint-Jean-d'Acre ; j'entends le canon anglais qui brise Saint-Jean-d'Acre devant lequel Napoléon s'était arrêté. Et vous allez entendre un autre canon qui va vous annoncer les restes du prisonnier des Anglais. Aux funérailles de sa tombe, est-ce que vous ensevelirez sans gémir, sans protester, l'influence, l'ascendant qu'il vous avait conquis et que vous gardez encore ?...

« Reculer quatre fois en dix ans, c'est trop!
beaucoup trop ! »

Trois mois plus tôt, aux accents de cette *Marseillaise* légitimiste, peut-être l'Assemblée, la
France entière se fût levée ; mais le temps des
grandes colères qui excitent aux grands sacrifices était passé. On était fait à la perte de notre
influence ; l'amour de la paix, les calculs de l'intérêt, avaient repris leur empire sur la majorité ;
le cœur de la bourgeoisie avait cessé de battre.
Le peuple seul, resté à l'écart, comptait un grief
de plus ; il amassait dans sa lente justice les rancunes amères et les sombres ressentiments.

Loin d'avoir, comme M. Barrot, placé sa confiance dans le président du 1ᵉʳ mars, Garnier-Pagès n'a pas même eu l'espoir éphémère de
Berryer ; mais ses plus mauvais pressentiments
ont été dépassés. Il attaque successivement les
trois ministères : 12 mai, 1ᵉʳ mars, 29 octobre.
A aucun d'eux, le roi n'a laissé poser un véritable cas de guerre ; les deux premiers ont eu le
tort d'être mal renseignés, d'avoir mal étudié
l'état des choses en Syrie et en Égypte, de n'avoir pas clairement aperçu l'intérêt français. Il
blâme la chambre pour avoir appuyé tous les
ministres, pour s'être fractionnée de telle sorte
que chaque groupe de vingt membres avait
son ministère tout prêt ; l'opposition pour n'être
pas elle, pour s'être jetée sur les affaires et

ne pas les avoir laissé arriver forcément à elle.

« Ah! messieurs, quand je vois que dans mon pays nous discutons pour savoir si on doit envoyer la flotte en Syrie, et que ceux qui demandent qu'elle y soit envoyée savent qu'on ne pouvait pas l'y envoyer; quand je vois qu'on reproche au 1er mars la note du 8 octobre, qu'il a eu le tort de signer, mais qui a été faite à un moment où il n'était plus ministère... » (Vives réclamations au centre.)

Il n'y a pas de moment où il n'y ait plus de ministres, dit le président Sauzet : « La Couronne ne peut jamais être découverte. »

« J'ai bien le droit de dire, reprend le député du Mans, que du moment où la Couronne a résisté, les ministres n'étaient plus ministres. (Nouvelles réclamations.) Leur signature est coupable; s'il y avait responsabilité, ils l'encourraient. Mais au-dessus d'eux... » (Interruption.)

Revenant à la question intérieure :

« S'il se formait une coalition pour étouffer dans notre sein la pensée constitutionnelle, si l'on venait faire une propagande anti-révolutionnaire, oh! alors je vous conseillerais, et ce serait votre véritable force, d'en appeler aux majorités et aux minorités des peuples, d'opposer à une guerre anti-révolutionnaire une guerre révolutionnaire...

« Il est des impossibilités qu'il dépend de la

chambre de surmonter; il faut qu'elle se souvienne de son origine, qu'elle a été appelée dans cette enceinte pour faire prévaloir le gouvernement parlementaire. Tant que la position intérieure ne sera pas assurée, tant que le gouvernement parlementaire ne prévaudra pas, la politique extérieure de la France est impossible...

« Jusque-là nous n'avons rien à attendre des ministres qui se succéderont. »

Il était facile à M. Guizot de protester contre ces assertions comme hostiles à la Couronne, contraires à la Charte et aux principes du gouvernement constitutionnel; ce qu'il fit, aux applaudissements de la majorité. Pourtant ce langage d'un républicain n'impliquait pas autre chose que la réalité d'un gouvernement parlementaire; il aurait pu, il aurait dû être celui du chef de l'opposition dynastique.

L'adresse, paraphrase du discours de la Couronne, fut votée à une majorité de 86 voix.

VIII

Ce débat mérite de fixer l'attention : il clôt la
grande lutte commencée il y a trois ans entre
l'Assemblée élective et Louis-Philippe, pour savoir si en France *le roi règne et gouverne* ou *ne
gouverne pas*.

La coalition a son jour de triomphe; elle
se désunit, arrive partiellement au pouvoir
avec MM. Duchatel, Dufaure, Passy, etc.;
semble se constituer, s'incarner dans M. Thiers,
qui avait dit : « Si je *fléchis*, ce ne sera pas mon
cœur, ce ne sera pas l'énergie de ma volonté ; si
je *fléchis*, ce sera mon esprit, ce sera parce que
les circonstances seront plus grandes que lui. »

Hélas ! incapacité ou défaillance, je lui laisse

le choix, ce qui est certain, c'est que le roi des Français; exclu du congrès européen qu'il avait créé, acceptant les compliments cruels de lord Palmerston sur sa sagesse et sa résignation, battu à l'extérieur, resta vainqueur au dedans.

Dès lors, sous la direction, souvent habile, toujours éloquente, du chef doctrinaire de la coalition, l'armée royale s'accroît, s'affermit : le découragement est au camp des vaincus. Louis-Philippe a trouvé son intermédiaire, son orateur, celui qu'il appellera plus tard : *ma langue.*

Les questions de politique intérieure perdent en importance. A l'extérieur, la volonté immuable du souverain a constamment refusé satisfaction aux susceptibilités nationales; elles arrivent à une sensibilité maladive, et plus tard on les verra souffrir de froissements imaginaires, comme sur une plaie enflammée la crainte seule du contact détermine une douleur aiguë.

Pendant ce débat solennel, je gardai le silence. Malgré les réserves explicites dont j'avais accompagné mon adhésion au cabinet du 1er mars, j'étais profondément attristé en voyant à quel point Garnier-Pagès avait eu raison de me les conseiller. Tout mon édifice de gouvernement constitutionnel, rajeuni et fortifié par la réforme électorale et la réforme de la pairie, était détruit sans retour : désormais *le roi régnait et gouvernait,* et mes intérêts, mes habitudes, mon milieu, me séparaient encore de l'idée républicaine.

Au plus fort des orages politiques, le 18 septembre, un travail productif était achevé; une
fête industrielle, l'ouverture du chemin de fer
de Corbeil, sur une étendue de 30 kilomètres,
avait lieu. Qelques jours plus tard, l'ami auquel
j'ai dédié ces mémoires, Gustave Delahante, dirigeant une locomotive, me menait avec ses
frères et plusieurs membres du Jockey-Club, en
vingt minutes, déjeuner à Corbeil. Gustave Delahante et moi, nous avions été longtemps ca-
marades de plaisir, ardents, joyeux, insouciants,
comme la jeunesse, tellement liés ensemble que
pour nous la partie n'était pas complète si l'un
des deux y manquait. Plus heureux que beaucoup de nos compagnons, le travail nous sauvait
de la satiété : la journée entière aux occupations
sérieuses, mais avec quelle verve accumulée on
se retrouvait! quelle provision de gaieté à dé-
penser le soir! Lui, tour à tour mécanicien, cons-
tructeur, inspecteur, chef d'exploitation, remplis-
sant tous les emplois, passant par tous les
grades, contribuait pour sa large part à l'établissement de nos premiers chemins de fer, tandis que de mon côté je cherchais à m'acquitter
de mon mieux des fonctions que je tenais de ma
naissance.

Mais cette existence double est rude à porter;
à la longue il est rare que plaisir ou travail ne

prenne pas le dessus : peu à peu il est resté le
grand industriel, tandis que la passion politique
m'absorbait. Par sa vie, mêlée sans cesse à la
mienne, il interviendra souvent dans mon récit.
J'aurai à dire, au lendemain de la révolution de
Février, pour conjurer les plus graves embarras
financiers sa liberté d'esprit et son courage, son
cœur restant ouvert aux sentiments généraux de
justice et d'humanité, les preuves de son affection
fraternelle, quand, impuissant à conjurer les malheurs de mon pays, dévoué à la cause perdue, je
tombais épuisé par la douleur et la maladie. Je
ne veux à présent que l'annoncer au lecteur.

Il a toujours eu le goût très-vif des cérémonies publiques : aussi, forcé moi-même de garder
la chambre, est-ce par lui et par le major Fraser
que j'eus des détails sur la rentrée des cendres
de l'empereur. Je crois inutile de décrire la magnifique machine traînée par seize chevaux em-
panachés et portant sur son piédestal le cata-
falque, le bouclier d'or et les quatorze statues,
œuvre de MM. Visconti, Labrousse et Feu-
chères.

Malgré un froid rigoureux, tous étaient venus
rendre hommage à celui qui, pendant quinze
ans, avait fauché chaque printemps les générations nouvelles. Ce qui sera digne de l'histoire,
c'est cet enthousiasme d'une nation pour celui
qui l'avait glorifiée et dépeuplée. Le prince de

Joinville, l'épée nue, à la tête des marins de *la Belle-Poule,* eut dans cet immense cortége militaire, béni par le clergé, sa part de popularité.

Néanmoins le champion de l'idée de la paix, de l'idée juste, manquait de grandeur ; la personnalité de Louis-Philippe disparaissait devant les cendres du représentant de la guerre. Les ministres et les autres amis du pouvoir revinrent de cette solennité effrayés du succès.

Je le répète, à l'avenir, c'est surtout dans le peuple, dans les masses ignorantes, incultes, mais sentant fortement, capables d'indignation et d'exécration, que le gouvernement trouve de dangereux ennemis. A la sortie du jugement qui avait condamné La Mennais à un an de prison, une manifestation nombreuse, presque entièrement composée d'ouvriers, se rendait chez lui ; deux écrivains démocrates, Thoré, Alphonse Esquiros, surgissent, et leurs publications : *La vérité sur le parti démocratique* et *l'Évangile du peuple,* sont également déférées aux tribunaux. Enfin, le 9 janvier, à l'occasion des affaires de la Plata, discutées à la chambre des pairs, *le National* écrivait :

« Nous espérions une discussion sérieuse dans laquelle l'honneur de la France serait dignement défendu. Franchement, cette espérance nous souriait : voir de vieux généraux retrouver l'énergie du sentiment national ; entendre des administrateurs, d'anciens magistrats, des hommes éprouvés dans la conduite des affaires, revendiquer pour notre pays le rang et l'influence qui lui appartiennent ; c'est un spectacle que nous aurions applaudi, car, dans cette situation abjecte où se traînent aujourd'hui les pouvoirs publics, notre mépris se fatigue, notre indignation s'épuise, et les lâchetés de l'opinion encouragent la dépravation du gouvernement.

« Nous sommes arrivés à la chambre des pairs avec un peu d'espoir ; nous en sommes sortis comme on sort d'un hôpital d'incurables. Non, jamais la vie ne pénétrera dans cet ossuaire ; il n'y a pas d'énergie possible quand il n'y a pas d'indépendance. Ce semblant de chambre que le bon plaisir du monarque a créée, se meut dans une atmosphère où ne pénètre ni la lumière, ni la chaleur. Il règne dans cette salle je ne sais quelle odeur de décrépitude qui vous refroidit et vous attriste. On dirait une comédie constitutionnelle jouée par des morts, une espèce de fantôme mécanique qu'on a hâte de voir fuir, de peur que les ressorts ne cassent. »

M. Séguier appela l'attention de ses collègues sur ce qu'il regardait comme injurieux pour la chambre, demanda des poursuites, et cita à l'appui un nouvel article :

« En vérité, c'est trop d'impudence : il y avait une pairie en 1830, le pouvoir l'a prudemment assassinée, puis il a creusé une grande fosse où il l'a enterrée solennellement, et le voilà aujourd'hui qui nous accuse parce qu'après dix ans nous venons dire au public : Cet habit que vous voyez là n'est pas un corps vivant... c'est la pairie qui fut tuée en 1830. Eh! messieurs, faites comme nous, priez pour elle; mais c'est vous qui l'avez exécutée, ne nous accusez pas! »

Ces deux articles étaient dus à la plume incisive, spirituelle, d'Armand Marrast. Le 8 mars, la chambre, malgré les efforts de notre petite opposition, s'étant réunie en cour de justice, après avoir entendu la défense de Mᵉ Marie, prononça contre le gérant, Delaroche, un mois d'emprisonnement et 10,000 fr. d'amende.

N'est-il pas curieux de voir *le National*, qui de 1830 à 1831 avait travaillé ardemment, ainsi que Louis-Philippe, à la suppression de l'hérédité, en déplorer la perte et demander, lui aussi, pour nous, l'élection ou l'hérédité?

« Rassemblez, disait-il, en parlant de tels ou tels pairs, rassemblez ces individualités recommandables, faites-en un corps politique qui ne doive son existence politique ni à l'élection, ni à l'hérédité : essayez alors de faire mouvoir cet étrange assemblage. Mais vous lui avez refusé la vie et vous lui demandez le mouvement! Vous l'avez enlevé du sol et vous voulez qu'il ait des racines! »

Il est plus curieux de voir cette opinion soutenue par un journal conservateur, *le Courrier de Bordeaux*, qui avait traité la pairie d'*ossuaire*.

Mes efforts incessants pour la réforme de la pairie rencontraient des adhésions imprévues; l'idée de notre indépendance nécessaire à la monarchie constitutionnelle, parce qu'elle était juste, se généralisait, mais sans espoir d'application : il était trop tard, M. Thiers n'avait osé écrire sur son drapeau ni la réforme électorale, ni la réforme de la pairie ; son insuffisance avait étouffé en germe tous les fruits de la coalition.

Le 1er mars, après huit mois de séjour à l'hôtel des Affaires étrangères, laissait une énorme carte à payer. Le 7 décembre, le nouveau ministre des finances, M. Humann, proposait à la chambre des députés de transformer en loi de finances les ordonnances de crédit rendues par son prédécesseur. Le 12, le maréchal Soult présentait le projet des fortifications de Paris, tout en faisant dans l'exposé des motifs ses réserves sur le mode adopté, contraire à celui qu'il avait toujours soutenu en 1830, 1832, 1833.

La loi des fortifications fut discutée la première; la commission choisit pour rapporteur M. Thiers. Il exposait longuement, au point de vue militaire, l'utilité du projet, s'appuyant sur l'autorité de Vauban et de Napoléon; pour en démontrer la nécessité, il intimidait les esprits par un tableau

de la coalition des rois contre notre révolution,
coalition que n'avaient pu désarmer dix années de
sagesse, de prudence, de concessions de la part
de celui qui gouvernait la France. Il cherchait
ensuite à innocenter la mesure sous le rapport
politique, et la déclarait sans danger pour la
liberté.

Parmi tant d'éloquents adversaires du projet,
je n'en citerai que deux : Lamartine et Garnier-
Pagès.

Le premier rappelait que depuis près d'un
siècle, depuis le grand Frédéric, la guerre avait
changé de face; qu'on avait constamment négligé
les places fortes. A dater de Napoléon, il n'y a
plus que de grandes armées. Le monde se perd
ou se gagne à jour dit, sur un champ de bataille
grand comme une province. Quand la victoire a
décidé entre deux masses pareilles, où la nation
a résumé toutes ses finances, tous ses généraux,
tout son enthousiasme, que signifient les débris ?
Tout est dit, une nation n'a pas deux armées,
n'a pas deux peuples de soldats.

Quant à l'autorité de l'empereur, l'orateur
croyait à ce qu'il faisait, non à ce qu'il disait après
l'événement, car Napoléon n'a pas dit un mot à
Sainte-Hélène qui ne fût le contrepied de ce qu'il
avait fait en France. Napoléon n'a pas regretté
un jour d'avoir négligé de fortifier Paris, excepté celui où toutes les fortifications du monde

ne lui auraient pas rendu l'univers et n'auraient pas ajouté une heure à sa fortune : c'est le jour où, voulant revenir sur Paris avec quarante-cinq mille hommes, dernier et fidèle débris de ce million que son ambition avait dévoré, il ne trouva plus d'empire, mais une nation anéantie, mais un sénat révolté, mais le monde entier las de sa tyrannie universelle, qui lui envoyait sa déchéance, et par qui? Par la main même de ses plus fidèles lieutenants. Le mot d'*abdication* n'est-il pas tombé de la bouche du *brave des braves*, de l'infortuné maréchal Ney?

Il montrait le projet faux en politique, faux en humanité, faux en liberté, parce que la liberté et le canon ne peuvent pas vivre impunément face à face.

Il terminait ainsi :

« On dit pour excuser, pour motiver, pour pallier tout cela, on dit pour électriser une opinion qui vous résiste : Regardez l'Europe! vous êtes au ban du monde civilisé, du monde monarchique. La révolution, dont vous êtes le peuple, n'a que des ennemis implacables; partout on veut venir l'étouffer dans son foyer le plus lumineux, le plus détesté : défendez-la! Élevez-lui un asile de bronze où elle soit à jamais inviolable aux haines coalisées qui la poursuivront jusqu'à son berceau. Que Paris fortifié soit la citadelle de la liberté dans le monde; que Paris crénelé soit le réduit de la révolution ! c'est le mot. Vous êtes encore en 92, dit le rapport.

« Que Paris fortifié soit le réduit de la révolution ! je dis, moi, qu'il n'y eut jamais une pareille insulte, un pareil blasphème contre la révolution, contre la puissance toujours croissante et dejà régularisée chez tant de peuples de ces idées généreuses, régénératrices de la dignité de l'homme, de la liberté, de la moralité humaines, écloses en 89 sur le monde, écloses ici, portées partout, acceptées, honorées, consacrées dans presque tout l'univers, et que nous appelons, nous, la Révolution française ! la révolution hormi ses crimes, ses tyrannies et ses conquêtes !

« Quoi ! il y a bientôt la moitié d'un siècle que cette révolution a jailli d'ici sur le monde, comme un astre lumineux et paresseux d'abord, comme un volcan plus tard, quand la coalition de Pilnitz voulut imprudemment mettre le pied du soldat sur la lave toute-puissante de nos idées et de nos droits ! Quoi ! nos pères sont morts presque tous, les uns en la combattant dans ses excès, les autres en la confessant sur les échafauds ; ceux-là en lui faisant un rempart de leurs baïonnettes pour défendre son sol sacré, ceux-ci en allant lui conquérir le monde avec son drapeau qui les fascinait encore, même quand un despote le portait devant eux. Quoi ! elle a soulevé presque toutes les capitales de l'Europe, secoué tous les trônes, emporté toutes les couronnes, modifié, libéralisé presque toutes les constitutions vieillies des peuples ; elle s'est répandue comme l'air et la lumière pendant cinquante longues années avec vos idées, votre nom, vos armes ; elle a éclaté avec la force d'explosion d'un évangile armé des temps modernes ; le monde entier est plein d'elle, de ses souvenirs, de ses vertus, de ses crimes, de ses exploits, de ses œuvres, de ses codes, et aujourd'hui, aujourd'hui qu'elle a un peuple de trente-quatre millions d'hommes unis, armés, invincibles pour elle, et la sympathie de la moitié du monde, vous la déclarez abandonnée, assez désespérée, assez menacée, assez timide pour avoir besoin de se creuser un réduit inexpugnable au cœur de notre sol, comme une bête féroce qui s'enfuit dans le repaire honteux où elle sent qu'on va venir la traquer ! » (Longue interruption)...

M. Guizot, peu zélé au fond pour la loi, ne pouvait se dispenser de la défendre. Jamais peut-être l'optimisme, qui est le trait dominant de son caractère, n'a été plus en relief que dans cette apologie. Après avoir abrité son incompétence militaire derrière l'autorité de Napoléon et du maréchal Soult, il parle comme de chose légère des centaines de millions que coûteront l'enceinte et les forts, et ne comprend pas les appréhensions des esprits chagrins au sujet de la liberté.

« J'ai encore plus de foi que l'honorable
M. de Lamartine, et dans nos institutions, et
dans le bon sens et l'énergie de mon pays. Je
sais que c'est une condition laborieuse, rude; je
sais qu'il en coûte d'avoir à se défendre contre
l'invasion des factions et des brouillons : dans
notre organisation sociale, il faut s'y résoudre,
messieurs; c'est la liberté même; c'est à cette
épreuve que les honnêtes gens, que les hommes
sensés grandissent et deviennent les maîtres de
leur pays. »

Les honnêtes gens, répondit Garnier-Pagès,
sont ceux qui, dans la garde nationale, dans les
élections, à la tribune, viennent dire et soutenir
ce qu'ils pensent, sans intérêt personnel; les
brouillons sont ceux qui trouvent mauvais quand
ils sont dans l'opposition ce qu'ils ont trouvé bon
quand ils étaient au pouvoir... Après avoir attaqué financièrement les fortifications, arrivant à la
liberté, il s'adressait à l'opposition :

« Je supplie la gauche, disait-il en terminant,
je supplie la gauche de se rappeler ses défiances
passées, et de se demander si le discours de
M. le ministre des affaires étrangères n'est pas
assez clair. Je dirai de ce discours ce qu'a dit
dans une autre circonstance un de ses plus honorables amis, M. de Broglie : Vous avez entendu
M. le ministre des affaires étrangères; l'Europe
est rassurée.

« La France ne doit pas l'être. Est-ce clair ? »

Pour combattre cette construction singulièrement chère à Louis-Philippe et à Marrast, rédacteur du *National*, Lamartine s'était noblement isolé du centre, et Garnier-Pagès avait eu le courage de rompre avec le principal organe du parti républicain.

Mais la gauche, pressée de voter le bill d'indemnité à M. Thiers, son nouveau chef, acceptant une loi qu'elle avait toujours repoussée, annula leurs efforts.

Le projet de loi obtint 75 voix de majorité.

IX

DISCUSSION DE LA LOI DES FORTIFICATIONS
A LA CHAMBRE DES PAIRS

Le sort de la mesure ne faisait plus question
pour personne, quand, à l'étonnement général,
elle rencontra une sérieuse opposition à la
chambre des pairs. Cette assemblée si calme, si
dévouée au souverain, si docile au ministère,
témoigna d'abord une répugnance invincible à
laisser fortifier Paris. Diverses causes concou-
raient à ce réveil de son indépendance. En réalité, le maréchal Soult était hostile au système
adopté par M. Thiers, et son opinion entraînait
celle de la plupart de nos généraux. M. Guizot
était indifférent; le ministre des finances mal
disposé. Parmi nous, le comte Molé et ses nombreux amis gardaient encore d'âpres rancunes à
l'ex-président du 1er mars, et ne voyaient pas
avec moins de peine M. Guizot au ministère des

affaires étrangères. Les cinquante voix qui, un
an auparavant, avaient refusé leur confiance à
M. Thiers avaient plus que doublé après sa
chute. La chambre en masse trouvait l'occasion
bonne pour protester contre les dédains du pouvoir électif et les promotions inconsidérées de
l'administration du 12 mai. Enfin les légitimistes
et notre petite opposition libérale repoussaient la
mesure elle-même. La majorité de la commission, défavorable au projet, choisit le comte
Molé pour président, et le baron Mounier pour
rapporteur; sans en proposer le rejet absolu, elle
y substituait un autre mode de fortifications.

Afin de dissoudre l'obstacle, le roi invita et
chapitra, un à un, la plupart de mes collègues.
Plusieurs cédèrent, d'autres réservèrent leur vote,
d'autres demeurèrent inébranlables. Le comte
de Montalembert et moi nous étions parmi ces
derniers.

Jamais je ne m'étais préparé par des études
aussi approfondies à une discussion. Pour suppléer à mon insuffisance militaire, j'avais lu Jo-
mini et les principaux écrivains stratégistes, puis,
avec l'aide de mon ami Fraser, j'avais suivi sur
la carte toute la campagne de 1814, acquérant
ainsi une conviction justifiée, qu'à cette époque,
Paris fortifié n'aurait empêché ni le succès de
l'invasion, ni la chute de l'empire. J'avais comparé le prix métrique des terrains payés par les

compagnies de chemin de fer aux évaluations approximatives des partisans du projet. Pour sentir les dangers dont l'enceinte et les forts menaçaient la liberté, je n'avais besoin de consulter personne; mais je me souvins à propos de ce qui s'était passé sous la Constituante, et je grandis l'effet de mes alarmes en empruntant la parole de Mirabeau.

Le baron Mounier ayant déposé son rapport le 23 mars, la discussion s'ouvrit par un discours du duc de Broglie, qui rompait un long silence en venant en aide au ministère dont son ami, M. Guizot, était l'âme. Le mérite de son argumentation, froide et subtile, était tout entier dans le nom et la considération personnelle de l'orateur.

Sans communiquer davantage sa conviction, le duc de Coigny, chevalier d'honneur de la reine, mit une violente chaleur à soutenir la loi.

Le lendemain, le comte Molé la battit en brèche avec une grande habileté. Abordant la situation politique, il retraçait à cette majorité qui avait partagé ses revers, la naissance, la marche et les déplorables succès de la coalition. Sans nommer M. Thiers ni M. Guizot, il signalait ceux qui, oubliant leurs rancunes et voilant leur drapeau, s'étaient unis aux partis extrêmes, les dangers que le passage du 1er mars au pouvoir avait fait courir à la paix, et les nécessités compromettantes qu'il léguait à ses successeurs, « de telle sorte que dans la question des fortifications, le président du conseil, maréchal Soult, avouait qu'un autre système de défense aurait bien pu encore être préféré, si les *nécessités politiques* n'avaient pas amené la combinaison des deux procédés. » La loi était, en effet, l'expression de la politique et des craintes du 1er mars. En modifiant le projet comme la commission le proposait, la chambre ramènerait le cabinet actuel à ses propres convictions.

Poussé ainsi dans ses derniers retranchements, le maréchal Soult préféra se déjuger en demandant à la chambre d'adopter la loi sans modification. Ses derniers mots devaient, évidemment, exercer une influence sur les résolutions de l'assemblée ; mais en les prononçant, la mauvaise humeur et la contrainte du maréchal avaient été si évidentes que, lorsque je montai à la tribune, j'avais cette bonne fortune, presque unique dans ma carrière, de me trouver en sympathie avec la majorité de la chambre des pairs.

Je m'exprimai ainsi :

« Je viens combattre le projet de loi dans son ensemble, comme inutile pour la défense de notre nationalité, ruineux pour nos finances, funeste à nos libertés.

Est-il utile que Paris soit couvert par des fortifications permanentes ? Telle est la première question à examiner.

Depuis le commencement de ce débat, beaucoup de grands noms ont été invoqués; on a cherché à influencer l'opinion par de hautes autorités militaires. On a voulu, pour ainsi dire, étouffer la discussion sous le poids du génie de Napoléon, et cela, de part et d'autre, car les adversaires comme les défenseurs du projet, sont arrivés à la tribune avec des citations également probantes, également incontestables. De là, j'ai dû conclure qu'il y avait deux manières de faire parler les morts. (On rit.)...

Je n'insisterai donc pas sur l'autorité des noms. Quant à l'autorité des faits, c'est autre chose : il faut compter avec elle, car c'est au moyen des souvenirs irritants de 1814 et de 1815, c'est par ces souvenirs mal expliqués, par leur exploitation, qu'on est parvenu à prêter au projet actuel une apparence de passagère popularité.

Ainsi, on a dit que si, en 1814, Paris eût été fortifié, Napoléon, rassuré sur le sort de sa capitale, eût poursuivi ses avantages sur Blücher, et rejeté au loin les débris de l'armée de Silésie. On a dit aussi qu'avec Paris fortifié, Napoléon, après l'échec d'Arcis-sur-Aube, aurait forcé la grande armée commandée par le prince Schwartzemberg à le suivre, et qu'ainsi la pointe sur Saint-Dizier n'eût pas été une faute.

Enfin, on a été jusqu'à dire que, si Paris fortifié eût tenu seulement vingt-quatre heures, l'arri-

vée de Napoléon, suivi de charrettes montées par
des soldats de sa garde, eût, à coup sûr, changé
les destinées de la France.

C'est assigner, suivant moi, de trop petites
causes à de trop grands événements. M. le comte
Molé, avec l'autorité de sa parole, vous l'a dit :
Avec Paris fortifié, comme avec Paris non fortifié,
la chute de l'empire était inévitable. Un jour, une
semaine, un mois plus tard, notre brave armée
eût été accablée sous le nombre, et cela se con‑
çoit; du côté de l'étranger de nouveaux renforts
de troupes arrivaient sans cesse. Du côté de Na‑
poléon, la France, lasse du joug, lui disputait ses
enfants. Messieurs, rien ne sert de nier l'histoire.
La question fut tranchée du jour où l'Europe
coalisée déclara ne faire la guerre qu'au despo‑
tisme de Napoléon et non à la France. Il y eut
scission entre le pays et le chef de ses armées.
Oui, la gloire elle-même, cette belle chose dont
ma génération a seulement entendu parler, qu'elle
n'a possédée qu'en songe, elle ne suffisait plus à
nos pères, elle ne vous suffisait plus. (Très-bien!
très-bien!) Ce fut à la fois une honte et un hon‑
neur, la cause et la compensation de nos dé‑
faites; mais Napoléon avait changé nos dieux; à
la liberté il avait substitué la gloire; et, par une
terrible réaction, la France un jour oublia sa
gloire, sa nationalité même, pour relever le culte
de la liberté. (Marques d'assentiment.)

Estimons donc le passé ce qu'il vaut, et occu-
pons-nous d'un avenir qui, quand même vous
adopteriez le projet de loi actuel, est encore loin
de nous; je veux parler de l'achèvement des fortifications. Nous sommes pour le moins en 1850,
Paris est protégé par une enceinte continue,
bastionnée, revêtue en maçonnerie, avec escarpe,
etc. Nous sommes, je le répète en 1850; par une
inconcevable succession de fautes, un ministère
ambitieux et étourdi, tapageur et impuissant,
aura trouvé moyen d'ameuter contre nous l'Europe coalisée. Il ne nous reste plus un allié.
Notre territoire est envahi tout à la fois sur les
frontières du côté de l'Espagne, du Piémont, de
la Suisse, de la Prusse et de la Belgique. Enfin,
une escadre de bateaux à vapeur armés en guerre
opère un débarquement sur les côtes de l'ouest.
Les premiers engagements nous sont défavo-
rables. Aussitôt l'inquiétude commence à gagner
les esprits...

« Enfin, une crainte aveugle de la famine et
de l'incendie donne aux masses le courage du
désespoir. Paris est pris d'assaut par ses propres
habitants, et le parti vainqueur forcé de traiter
avec l'étranger...

« En résumé, messieurs, les fortifications de
Paris seront-elles utiles à Paris? Mais ce n'est
pas sérieusement qu'on peut soutenir que Paris
fortifié, défiguré par une enceinte et des remparts,

Paris place de guerre, Paris contrarié dans son agrandissement, son commerce, son industrie, sera dans une meilleure situation. Ce n'est pas sérieusement qu'on soutiendra que Paris exposé aux horreurs d'un siège, à la famine et à l'incendie; Paris rendu susceptible d'être pris d'assaut, pillé, rasé pour son héroïque résistance, sera préférable pour ses habitants, à Paris ouvert, dangereux à prendre, impossible à garder, à notre Paris d'aujourd'hui.

« On a dit, et dans la bouche de M. le maréchal ces paroles sont excessivement graves : « Tout le monde sait que Paris pris il est impos- « sible de prolonger la défense du royaume. » Voilà ce qu'a dit M. le maréchal Soult tout à l'heure, et ce qu'avait dit hier en d'autres termes M. le duc de Broglie. Eh bien, comment justifie-t-on cette assertion? Par des exemples, par ces funestes exemples de 1814 et 1815. Je ne crains pas de le dire, les exemples empruntés à un gouvernement despotique ne peuvent me convaincre. S'il est une conséquence naturelle d'un gouvernement libre, constitutionnel, c'est que la patrie existe là où se transportent les pouvoirs élus qui la gouvernent; et, si vous n'avez pas d'arrière-pensée, si, comme moi, vous croyez à la durée de notre constitution, si vous la désirez sincèrement, vous devez croire aussi qu'avec un gouvernement libre, la France combattra tant que ses représentants, tant que les pouvoirs nommés par elle trouveront une ville, un village pour refuge, d'où ils puissent diriger la défense, organiser la résistance, et maudire l'étranger. C'est un devoir pour nous tous d'en être convaincus. (Mouvement d'approbation.)

« En second lieu j'ai dit que le projet de loi me semblait ruineux pour les finances.

« M. le ministre des affaires étrangères a dit : Qu'est-ce que l'argent dans une question de défense nationale? L'argent, messieurs, mais il ne représente pas seulement une aggravation d'impôt, il représente des choses, des chemins de fer, des bateaux à vapeur armés en guerre.....

« J'arrive à la dernière considération et j'avoue qu'à mes yeux c'est la plus grave. Le projet de loi des fortifications est funeste à nos libertés.

« Un illustre orateur qui, avec des opinions fortement conservatrices et justement à cause de cela, possède à un haut degré le sentiment de la liberté, M. de Lamartine, a dit dans une autre enceinte, parlant de cet accord monstrueux entre des partis contraires dans un même désir de fortifier Paris : « Il y a là un mystère inexplicable, un double mystère peut-être. » Messieurs, c'est ce double mystère que je vais essayer d'expliquer.

« Paris fortifié sera une menace permanente contre Paris. Je ne suis pas assez insensé pour

croire qu'aucun gouvernement soit tenté de bom-
barder Paris, et cela parce que ce serait commettre
un suicide, parce que, avant tout, on veut régner
sur quelque chose, on veut être roi de France
et de Paris ; mais il n'en sera pas besoin, l'effet
moral de la menace suffira.

« Oh ! messieurs, que nous sommes loin de
cette époque où, sur la seule nouvelle que des
troupes commandées par le vieux maréchal de
Broglie s'avançaient sur Paris, qu'elles allaient
former un camp près Paris, l'assemblée nationale,
composée de 1,200 membres, adoptait à l'unanimité, moins quatre voix, la motion de Mirabeau.

« Que diraient les fondateurs de la liberté, les
premiers soutiens du parti constitutionnel en
France, les Mounier, les Lally, s'ils apprenaient
que cinquante ans après le commencement de
leurs efforts, on agite, on délibère devant les
pouvoirs politiques de la nation, la question de
savoir si on les renfermera dans une capitale for-
tifiée ? Ne serait-ce pas le cas de répéter ces paroles de Mirabeau, lorsqu'après avoir démontré
le danger de la mesure pour la capitale, pour les
provinces, pour les travaux politiques de l'assemblée, il terminait ainsi :

« Le danger, Sire, est plus terrible encore, et
jugez de son étendue par les alarmes qui nous
amènent devant vous. De grandes révolutions ont
eu des causes moins éclatantes ; plus d'une entre-

prise fatale aux nations et aux rois s'est annoncée
d'une manière moins sinistre et moins formidable. (Sensation.)

« Messieurs, la chambre serait en droit de
suspecter ma bonne foi, si je prétendais qu'il n'y
a que les ultra-amis du pouvoir et la section d'action du parti républicain qui soutiennent le projet
de loi. Déjà, dans une autre enceinte, le chef du
centre gauche a coopéré de son vote, de sa parole et de son immense influence à l'adoption du
projet de loi; la gauche, cette gauche dynastique
et constitutionnelle à laquelle j'appartiens, l'a
voté en grande majorité. Ceci mérite explication.

« Sans doute l'honorable M. Thiers n'est plus
au pouvoir, mais il y a été; et c'est quand il y
était qu'en l'absence des chambres il a décrété
les fortifications par ordonnance. Une fois sa responsabilité ainsi irrévocablement engagée, une
fois ce grand acte inconstitutionnel accompli, il
est tombé; mais son vote, celui de ses collègues
du 1er mars n'était plus libre; ils ne pouvaient pas
voter contre eux-mêmes; celui de ses adhérents
du centre gauche ne l'était pas non plus; ils devaient, avant tout, un bill d'indemnité à leur
chef.

« S'agit-il de la gauche, messieurs, on s'étonne
que la gauche soit passée d'une extrémité à
l'autre, et qu'après avoir soulevé l'opinion en
1833 contre les forts détachés, elle ait voté d'en-

thousiasme, en 1841, les forts avec l'enceinte continue. Rien n'est cependant plus simple : la gauche a changé d'opinion, en même temps qu'elle changeait de chef.

« Lorsque le 1ᵉʳ mars est arrivé aux affaires, quelques hommes de la gauche, en fort petit nombre, mais dont j'ai eu l'honneur de faire partie, tout en se réjouissant de son avénement parlementaire, ont, dès le premier jour, posé nettement les bases de leur concours. Avec ceux-ci, l'alliance a été fort courte.

« Une autre portion de la gauche, la plus nombreuse de beaucoup, s'est ralliée sans condition. Je ne les accuse pas; ils ont fait preuve, pendant toute la durée de ce ministère, d'un grand désintéressement de personnes, et malheureusement aussi de principes. (On rit.) Ils ont vu comme nous les fautes de chaque jour, mais ils ont espéré mieux pour le lendemain, et cet espoir les a soutenus jusqu'au bout. (Nouveaux rires.) Enfin, fidèles au malheur, ils ont suivi le 1ᵉʳ mars dans sa retraite, et conséquents avec eux-mêmes, ils ont dû voter un bill d'indemnité à leur nouveau chef.

« Restent les amis du ministère actuel. Ceux-là ont suivi la marche incertaine des ministres qu'ils avaient pris pour guide : ils ont cru d'abord qu'ils voteraient contre, et ils ont fini par voter pour.

« Messieurs, permettez-moi de soutenir cette opinion, qui est sincère chez moi, qu'il n'y a pas un seul des ministres du 29 octobre qui ait été primitivement favorable au projet qu'ils nous apportent.

« Serait-ce M. le président du conseil? Mais M. le maréchal Soult, le plus illustre des lieutenants de Napoléon, lui qui a pratiqué avec tant de succès la grande guerre, lui dont l'expérience est si consommée, dont l'opinion est si bien connue, il était pour les forts détachés; c'était là son projet; mais il l'a sacrifié, il le répétait encore tout à l'heure, à la nécessité politique.

« Serait-ce M. le ministre des affaires étrangères? Mais, malgré l'excessive modestie avec laquelle il s'est abstenu d'aborder la discussion du mode de fortification, puisqu'il voulait absolument, et bien à tort selon moi, adopter une opinion toute faite, n'est-il pas supposable que sa préférence devait plutôt incliner pour le système présenté par le président du 29 octobre que pour le système imaginé par le président du 1er mars? Mais lui aussi, il a obéi à la nécessité politique.

« Enfin M. le ministre des finances... (Hilarité générale à laquelle prend part M. le minstre des finances lui-même), lui qui voit de près la situation financière, lui qui, au tableau qu'en faisait hier M. le duc de Broglie, a d'abord acquiescé par des signes approbatifs, et qui, ensuite, s'y est

vivement opposé par ses signes négatifs, car je
les ai vus de mes propres yeux (On rit); mais lui
aussi il a été une des dernières victimes de la
nécessité politique. (Nouvelle hilarité.)

« Quelle est donc cette nécessité politique qui
vous domine tous? Quel est ce pouvoir devant
lequel s'abaissent de si hautes intelligences?
Après tout, cette nécessité politique ne serait-elle
qu'une nécessité ministérielle?

« Messieurs, un seul mot encore, et c'est particulièrement à la chambre que je l'adresse. J'ai
craint souvent que notre importance politique ne
souffrît de notre indifférence apparente au milieu
de ces luttes si vives, si animées, si intéressantes
quand elles ont lieu, ce qui est rare, pour l'élévation ou la chute d'un ministère qui représente des
principes. J'ai regretté, je l'avoue, l'absence de
parti dans cette chambre; permettez aujourd'hui
que je m'en félicite. Ce que je demande à vous
tous, mes collègues, qui portez si haut la discussion des lois spéciales, c'est de considérer la
question en elle-même, de la juger sans intérêt
de parti comme sans arrière-pensée, c'est de
suivre la pente de vos consciences, d'obéir à vos
convictions; surtout, de ne pas condescendre à
une complaisance fatale au pouvoir même qui
semblerait l'exiger. La majorité s'est prononcée,
que la majorité persévère! Ah! messieurs, vous
avez condamné *le National* parce qu'il contestait

votre existence politique; ce n'est pas assez :
bien d'autres, dans la presse, à la tribune, ont
élevé des doutes sur votre indépendance; moi-
même je me suis plaint, à diverses reprises, du
vice de votre organisation. Eh bien (montrant
l'urne), l'occasion est là; forcez-nous tous à une
éclatante rétractation. Avec quel bonheur, avec
quelle fierté je viendrai confesser mon erreur à
cette tribune! Mais, je vous en supplie, ne nous
justifiez pas. » (Sensation prolongée.)

Le sort de mon discours fut double. Dans la
presse, peu de retentissement; les feuilles officielles ou officieuses le passèrent sous silence; *le
Siècle* et *le Courrier Français*, Chambolle et
Léon Faucher, ne pouvaient qu'être hostiles à
un adversaire de MM. Thiers et Odilon Barrot;
au *National*, Armand Marrast avait succédé à
Carrel, sans le remplacer, tantôt le stimulant et
tantôt l'attaquant, il avait du goût pour M. Thiers
et n'échappait pas à son ascendant; d'ailleurs, il
était un des plus ardents fortificateurs. Par contre,
ma critique, trois fois motivée, avait été très-
favorablement accueillie de l'assemblée.

La défense la plus éloquente du projet fut celle
du général Dode de la Brunerie, qui était chargé
de son exécution, plus spéciale que politique; mais
sa parole claire, simple et facile, le choix de ses
arguments, lui donnaient une grande force.

La majorité, néanmoins, semblait toujours ap-

partenir à l'opposition quand, incidemment, le
marquis de Brézé protesta contre les injustes in-
sinuations d'un orateur à l'égard des partisans de
la légitimité, et, dans la chaleur de l'improvisa-
tion, appela le comte de Chambord du nom de
Henri V ! Un tumulte violent éclata dans l'assemblée ; le rappel à l'ordre fut prononcé. Le duc
d'Orléans assistait à la séance ; la plupart des
membres se levèrent et le saluèrent de vives acclamations, tandis que quelques rares amis, le
comte Molé, Montalembert et moi, venions serrer la main de celui qui n'avait eu d'autre tort
que de contrarier par un mot les convenances
parlementaires.

Beaucoup parmi ceux qui s'étaient prononcés
contre la loi abusèrent de ce mot malheureux pour
légitimer leur volte-face et revenir à leurs habitudes de complaisance.

La loi fut votée, mais, par une énergie excep-
tionnelle, 91 boules noires protestèrent.

X

CONSÉQUENCES DE MON DISCOURS; MM. GUIZOT, LA-
MARTINE, LE DUC D'ORLÉANS. — DÎNER CHEZ LA
DUCHESSE DE POIX. — PRINCESSE DE LIÉVEN. —
MADEMOISELLE ***.

Les conséquences de mon succès oratoire
furent diverses et heureuses pour moi. En descendant de la tribune, les félicitations publiques
de la plupart de mes collègues; puis, à la fin de
la séance, au vestiaire, les éloges aussi flatteurs
qu'imprévus de l'honorable M. Guizot, qui m'invita d'une manière générale à l'aller voir et causer avec lui.

Berryer, ému, m'embrassait, et il me semblait
que son accolade m'élevait au rang d'orateur.

Le lendemain, je recevais cette lettre de Lamartine :

« Permettez à un homme que vous avez non
seulement nommé, mais si admirablement défini,
de vous dire : Merci!

« Je n'ai pas seulement admiré votre discours
parce que j'y avais une si belle place, mais comme
un des plus beaux discours d'éloquence vive,
forte et parlementaire que vos voûtes aient encore entendus.

                                        « LAMARTINE. »

A la séance suivante, dans une salle voisine
de nos délibérations, trois de mes collègues me
félicitaient quand le duc d'Orléans, qui poursuivait ardemment comme son père le vote de la
loi, parut dans le groupe sans que personne l'eût
vu arriver. Le délit d'indépendance était flagrant :
le prince sourit de l'embarras des coupables, et,
avec la bonne grâce qui lui était naturelle, toutes
réserves faites, joignit ses compliments aux
leurs.

Ce triomphe d'un moment n'était pas fait pour
exciter l'envie d'hommes tels que Brézé et Montalembert; cependant, je me rappelle avec reconnaissance la joie qu'ils m'en témoignèrent :
nos relations amicales n'en devinrent que plus
fortes.

Peu de temps après, je rendis un soir visite à
Lamartine ; un monde d'admirateurs l'entourait;
on recueillait sa parole ; point de causerie, point
d'égalité : il y avait dans ce salon comme une
sorte de hiérarchie dont il était le sommet. Malgré des prévenances et des louanges fort au-des-

sus de mon mérite, j'étais gêné : je ne revis le
poëte orateur qu'en 1848. Nul ne jouit mieux que
moi du commerce avec une intelligence supérieure ; le respect ne me coûte pas, mais je tiens
à faire moi-même la part de ma déférence : j'é-
tais républicain dans les rapports sociaux avant
de l'être en politique.

Par un contraste singulier, étant allé un matin
chez le ministre des affaires étrangères, je me
trouvai admis dans un intérieur où tout était
simple et naturel. La raideur, ce quelque chose
de sec, de dominateur, d'aspirant à l'impopularité, tous les dehors qui ont tant de fois soulevé
les colères de l'opposition, M. Guizot les réserve
au public : chez lui il est calme et serein, cause
sobrement, écoute et répond, admet la contradiction, donne l'exemple de la fine plaisanterie.
J'avais été amené par la politesse et un peu par
la curiosité, je revins par goût.

Depuis notre sortie des pages, nous avions
conservé, Antonin de Noailles et moi, des liens
de bonne camaraderie. J'allais chez sa mère, la
duchesse de Poix ; je fus invité à m'y rencontrer
avec la princesse de Liéven : on me plaça à table
à côté d'elle ; mais, soit caprice, soit répulsion
naturelle, je restai muet près de cette célébrité
politique du congrès de Vienne ; tous mes efforts
d'amabilité s'adressèrent à mon autre voisine, la
charmante sœur d'Antonin. Il est à croire que

de la part de la princesse l'antipathie fut au moins réciproque.

Des avantages que m'a valus un jour d'éloquence, j'en citerai un dernier, parce qu'il est le dénoûment d'une anecdote commencée dans un chapitre précédent.

La demoiselle dont, avec l'appui de M. Thiers, j'avais eu la faiblesse de rêver la fortune, était, par hasard, le 23 mars, avec son père, parmi mes auditeurs. L'impression me fut assez favorable pour que de leur part on me transmît la proposition d'une entrevue chez le comte Hyde de Neuville. J'étais flatté de cette victoire remportée sur des préventions très-explicables; aussi, je n'eus garde de manquer au rendez-vous.

Dans un salon modeste, doucement éclairé, divisées en deux groupes, huit personnes jouaient silencieusement au whist. On me fit asseoir; à la fin du robber, on m'assura que mademoiselle *** avait été empêchée par une violente migraine; ainsi se trouvait remis à quinzaine le premier chapitre de mon roman matrimonial. Malgré l'exquise politesse du maître de la maison, et les encouragements de mes amis, cette nouvelle attente attiédit mes projets d'avenir, l'attrait d'une union due à mon mérite, l'empressement à voir celle qui désirait me connaître.

En entrant pour la première fois chez le comte de Neuville, j'étais ému, enclin à la sympathie;

mon cœur était prêt à se donner à celle qui m'avait apprécié : une figure ordinaire m'aurait plu, un peu de beauté m'aurait charmé. Quinze jours plus tard, combien mes dispositions étaient différentes ! La soif de l'indépendance, une gaieté moqueuse ; je n'avais quitté un dîner de garçon que pour m'assurer de la présence de mademoiselle ***. Elle était là; mon amour-propre sauf, je lui découvris un physique d'héritière, et, sans plus de frais, j'amusai de mes plaisanteries une jolie dame anglaise qui riait de confiance. On comprend qu'après un pareil trait, je fus jugé par les plus indulgents un mari impossible et condamné au célibat.

XI

RACHEL; SON SALON. — PHÈDRE. — LETTRE DE MON-
TALEMBERT. — CIRCULAIRE DU DUC DE MARMIER.
— DÉCORATION. — MORT DE GARNIER-PAGÈS. —
CHUTE DE CHEVAL DU COMTE DE CHAMBORD.

Depuis quatre ans déjà, la tragédie, morte
avec Talma, avait repris naissance. Une jeune
juive, de sa voix âpre et pénétrante, déchirante
et passionnée, ranimait *Camille*, *Hermione*,
Émilie; l'ironie, l'indignation, les ressentiments
implacables n'ont jamais eu d'interprète plus
puissant. Au milieu du désert produit au Théâtre-
Français par la déclamation des chefs-d'œuvre
classiques, Janin avait découvert l'artiste de
génie. Le public, accouru à son appel, s'était pris
d'un enthousiasme qui grandissait à chaque création de la tragédienne inspirée. Renchérissant
sur la bourgeoisie, le faubourg Saint-Germain
l'avait adoptée; il l'invitait, l'adulait; de nobles

demoiselles recherchaient son intimité, et, comme
pour la duchesse de Berry, en 1823, des cham-
pions titrés répondaient de sa vertu.

Le jeudi soir, elle restait chez elle; Walewski
me présenta à ses réceptions. Seule femme, elle
faisait les honneurs; des académiciens, puis les
ducs de Noailles, de Fitz-James, de Richelieu,
le duc de Guiche s'empressaient autour d'elle. Ce
qui donnait alors un intérêt particulier à ces soirées, c'est qu'avant d'aborder au théâtre le rôle
de Phèdre, Rachel essayait sur ce public choisi
l'effet de ses études et de ses méditations. Elle
avait attendu l'entier développement de son talent avant d'aborder la plus osée, la plus humaine,
la plus forte des œuvres de Racine; elle récita
les deux premiers actes.

Elle possédait cette faculté maîtresse de n'a-
voir besoin, pour sentir et pour exprimer tous
les degrés de la passion, ni du prestige de la
scène, ni de l'aiguillon de la réplique. M. Menne-
chet, en habit noir, le livre à la main, tantôt
Œnone, tantôt *Hippolyte,* suffisait; mais en elle
tout concourait à l'illusion : sa longue robe
blanche convenait aussi bien à Phèdre qu'à Rachel; la noblesse de ses traits, son geste souverain, la grâce antique de ses attitudes, la majesté
de sa démarche, son front chargé de sombres
pensées, le feu noir de son regard, son teint
pâle et mat, ses lèvres brûlantes étaient de la

femme de Thésée en proie aux *novercales* amours, victime furieuse de Vénus.

Le lendemain, rencontrant le comte de ***, un de ses amis qui n'avait pu assister à la soirée, je lui exprimai mon admiration.

— Sans doute, dit-il, Rachel devait être sublime. Mais que pensez-vous de sa tenue, de son langage ? Est-elle vraiment du monde ?

— Sa tenue est irréprochable ; quant à son langage...

— Eh bien ?

— Quelqu'un blâmait madame de Girardin d'avoir, l'autre jour, trop insisté près d'elle pour qu'elle récitât dans son salon les imprécations de Camille. « Que voulez-vous, a répondu Rachel, elle s'y est cru obligée comme *dame de maison.* »

Il faut, quand elle prononçait ces mots, qu'un certain sourire ait traversé mon visage, car lorsque le comte de *** revit la tragédienne, l'ayant plaisantée sur ce reste de parler bohême, elle m'accusa d'avoir retenu la phrase suspecte ; mais on préféra lui dénoncer le duc de Richelieu.

Après la bataille livrée sur les fortifications de Paris, le calme était rentré dans la chambre des pairs ; des lois d'un intérêt secondaire donnaient lieu à de petites discussions. Plusieurs de mes collègues étaient en congé, de ce nombre Montalembert. Il m'écrivait le 1ᵉʳ mai :

« Mon cher ami,

« Ma femme, qui déclare qu'elle a une confiance très-grande dans votre intrépidité, et qui
tient au moins autant que vous et moi à l'honneur
de notre chambre, si souvent déshonorée, me
charge de vous communiquer une circulaire de
M. le duc de Marmier, député de la Haute-Saône,
à ses commettants. Vous y verrez comment il
traite le bruit qui avait couru en 1839, qu'il devait être nommé pair...

« Cette pièce rentre trop spécialement dans
l'étude savante que vous avez faite des catégories où l'on va recruter nos nouveaux collègues
pour qu'on ait le droit de vous en priver. Nous
espérons que vous en ferez bon usage, soit à la
tribune, soit dans la presse. Je regrette vivement de n'être pas là pour vous appuyer; mais
on est si bien, par le beau temps qu'il fait, dans
la douce solitude et le repos de la campagne !...

« Ne vous endormez pas sur la belle victoire
que vous avez remportée et qui a retenti jusqu'en
Allemagne; car j'ai lu aujourd'hui dans l'infaillible *Allgemeine Zeitung* que le discours de
Graf d'Alton avait été sans comparaison le plus
remarquable de tous ceux qu'on ait entendus sur
les fortifications.

« Tout à vous.

« Comte DE MONTALEMBERT.

« *P. S.* Si on vous donne la croix d'honneur pour le baptême, ne manquez pas de m'en informer, afin que je puisse vous féliciter à temps.»

Outre le plaisir de mériter les éloges de madame de Montalembert, j'étais fort aise de montrer que notre indépendance ne trompait personne, et de laisser tomber ces paroles de la bouche d'un des coryphées du parti conservateur. Pendant huit jours, je restai à l'affût, puis, à l'occasion d'une proposition Viennet sur notre règlement intérieur, je trouvai moyen de citer la dédaigneuse circulaire; de toutes parts on me demandait le nom de son auteur : je livrai enfin le duc de Marmier aux rancunes de la pairie. Depuis 1839, le pauvre duc avait réfléchi; il devait faire partie d'une prochaine fournée, et la lecture de sa circulaire rendit sa nomination impossible.

Le baptême en question dans le post-scriptum de Montalembert était celui du comte de Paris. Nous nous étions promis, lui et moi, d'échapper à la croix d'honneur; il avait déjà résisté à M. Thiers ; plus tard, je refusai à M. Guizot, qui se contenta de me répondre en souriant : « Je vous comprends. »

Aux derniers jours de la session, le 2 juin, je parlai à propos des crédits extraordinaires et supplémentaires légués par le précédent cabinet. La tâche était ingrate, car dans ce pays de par-

don et d'oubli j'avais à rappeler les fautes d'un
ministère mort muni des indulgences de l'opposition, qui avait recueilli et adopté pour chef l'ex-
président du 1ᵉʳ mars. Je restais ainsi isolé de la
gauche en refusant, pour ménager les personnes,
de sacrifier les principes; isolé du ministère, qui
ne m'offrait aucune garantie de liberté et de progrès, pour parler le majestueux langage de
M. Guizot, je me retirai dans ma force.

C'est à la campagne, dans le département de
l'Aisne, que j'appris la mort de Garnier-Pagès.
J'eus le regret de ne pouvoir rendre les derniers
devoirs à l'un des hommes que j'aimais et esti-
mais le plus. Comme moi, il s'était séparé du
Siècle et du *National* en combattant les fortifications. Il était digne de marcher à la tête d'un
parti, car il avait la force de lui résister. De
jour en jour, son génie pratique le rendait plus
précieux dans la discussion des affaires : sans
attendre l'avénement de la forme républicaine, il
s'appliquait aux progrès partiels, améliorant, dé-
mocratisant chaque loi autant qu'il était en lui. Au
privé, d'un esprit fécond en saillies, aimable et
gai; je l'avais amené chez ma sœur, et il y était
goûté : insensiblement ma ligne se rapprochait
de la sienne; je me sentais porté à le suivre.
On a pu voir, en 1848, combien sa perte fut immense, non-seulement pour les républicains, mais
pour le pays. En 1841, la disparition de ce re-

doutable adversaire venait encore accroître la
prépondérance du gouvernement du roi.

A l'extérieur, l'instigateur du traité du 15 juillet,
lord Palmerston, chancelait; sir Robert Peel ob-
tenait contre lui à la Chambre des communes un
vote de non *confidence* ; le Parlement dissous,
pendant la période électorale, le 13 juillet, il se
hâtait de signer le traité des détroits, par lequel
la France rentrait dans le concert européen, et
tombait, malgré les préférences avouées de la
reine, devant une majorité torie.

Le 3 septembre, l'arrivée au pouvoir de sir Robert Peel, lord Lindhurst, Graham, du duc de
Wellington, conservateurs imposés, poursuivant
la rigoureuse exécution du pacte constitutionnel
par la destitution des dames d'honneur de la
reine, en même temps qu'elle inaugurait une ère
de grandeur pour l'Angleterre, était un sujet de
satisfaction pour Louis-Philippe.

Ce n'est pas tout; je ne crois pas me laisser
aveugler par l'amitié en affirmant qu'à cette
époque le chef du parti légitimiste était le premier
de nos orateurs, et cependant la cause qu'il défendait perdait en vitalité. La génération des
ultra de 1815 à 1830 s'éteignait et ne se remplaçait pas; les fils, qui, par respect paternel,
avaient brisé leur carrière, le regrettaient tout
bas; beaucoup cherchaient l'occasion, en gar-
dant une certaine hostilité contre l'usurpateur,

de sortir de l'inaction, de servir leur pays. L'espoir commençait à leur manquer, et avec lui
l'esprit de sacrifice : est-il besoin de rappeler que,
tandis que la pauvre Irlande trouvait chaque année vingt mille livres sterling à offrir à O'Connell,
défenseur de ses libertés, le parti le plus riche
en France, malgré les généreux exemples des
Fitz-James, des Brézé, n'avait pu compléter,
une fois pour toutes, une souscription de trois
cent mille francs en faveur de Berryer, qui renonçait à un revenu de plus de cent mille francs
en désertant le barreau pour être l'avocat de la
légitimité. Malgré mon désir de ménager une
société qui me fut douce et indulgente, je dois
convenir que si plusieurs, parmi les femmes, con-
servaient la crédulité religieuse et monarchique,
les autres ne persistaient que pour se parer d'une
foi qui leur semblait une distinction, une preuve
de noblesse, une sorte de décoration. Chez les
hommes, sauf le cas assez rare des convictions
prolongées par delà l'espérance, à l'opposé des
augures de Cicéron, c'était surtout lorsqu'ils
étaient réunis, lorsqu'ils se regardaient, qu'ils
prenaient leur opinion au sérieux; séparément
plus d'un en faisait bon marché.

Au mois de septembre, j'étais invité à déjeuner
près de Laon, dans un château dont la délicieuse
architecture date de Henri II; la réunion était
nombreuse, et la *Branche cadette* n'y comptait

pas un partisan. Avant le repas, la causerie errait, on parcourait les journaux; le duc de Cérest, un géant, psalmodiait d'une voix d'enfant de chœur un article du *National;* le dernier paragraphe annonçait la mort de Henri V, à la suite d'une chute de cheval. Il s'arrête interdit; on lui fait répéter la nouvelle. Chacun s'observe : les simples comtesses fort émues... ma foi! la duchesse prend son parti : elle se trouve mal. On l'emporte, on la fait asseoir, on l'entoure; une cousine lui ôte ses gants, lui frappe dans les mains, et madame de Cérest, ouvrant un œil en quête de larmes, de s'écrier :

— Quelle horreur de songer que ceci va devenir légitime !

Je m'étais réfugié près d'une fenêtre afin de ne pas gêner l'expansion d'une douleur convenable.

— Franchement, me dit Charles de Saint-Vallier, la comtesse devait cette syncope à sa position.

Peu à peu, on convint de ne pas ajouter foi à la feuille républicaine, ce qui permit de déjeuner gaiement.

La chute du prétendant était réelle, mais ne détermina, au dire de ses partisans, qu'une imperceptible boiterie qui est une grâce de plus.

Je ne quitterai pas si bonne compagnie sans citer un joli mot du vicomte de Mérinville. A un dîner chez Hubart, avec Mouchy et plusieurs

blasonnés dont le moindre était comte, l'amphi-
tryon, formaliste anglomane, faisait offrir de
chaque plat, verser de chaque vin en commen-
çant par le duc, puis le marquis, puis le comte,
puis enfin l'infortuné vicomte, sans permettre
qu'une seule fois l'on intervertît dans le service
l'ordre des titres. Au sortir de table, Mérinville
s'approche de lui :

— Parbleu ! mon cher, vous nous avez fait
faire un excellent dîner, mais un simple baron
y serait mort de faim.

Ainsi les soins de la grande propriété, les
jouissances du luxe, l'élégance des manières,
l'esprit même consolaient l'élite des sujets de
Henri V de leurs illusions.

XII

PROCÈS DARMÈS. — TROUBLES CAUSÉS PAR LE RECEN-
SEMENT. — ATTENTAT QUÉNISSET. — DUPOTY. —
MON VOTE.

Le monarque français rentrant, par le traité
des détroits, dans le concert européen, lord Palmerston, hostile, cédant la place à un ministère
bien disposé ; à l'intérieur, la coalition dissoute,
le parti républicain privé de son chef, le parti légitimiste réduit à un chef à peu près sans armée,
telles étaient les circonstances favorables au milieu desquelles Louis-Philippe voyait finir l'année 1841. Ce moment peut être considéré comme
l'apogée de sa puissance.

Néanmoins, des agitateurs peu scrupuleux sur
le choix des moyens excitaient les masses populaires contre la royauté découverte par sa victoire, son ministre, M. Guizot, les doctrinaires
et la bourgeoisie censitaire. Tout devenait une
arme entre leurs mains : les prodigalités stériles

du précédent cabinet avaient creusé un déficit; pour le combler en partie, M. Humann avait ordonné le recensement général des impositions; ceux qui avaient échappé jusque-là seraient forcés de contribuer au budget ; mais on parvint à faire envisager cette mesure, qui n'était qu'une répartition plus régulière, onéreuse surtout aux riches, comme une aggravation de charges spécialement funeste aux pauvres. Des troubles éclatèrent à Lille et à Bordeaux, la lutte fut sanglante à Clermont-Ferrand; à Toulouse, par la pusillanimité du préfet, des magistrats, l'hésitation du général commandant la division militaire, l'insurrection resta quelques jours maîtresse de la cité. M. Mahul, directeur de la police générale du royaume, nommé préfet en remplacement de M. Floret, prenait la fuite; le procureur général Plougoulm, dont un zèle violent avait hâté l'avancement, se sauvait avec non moins de précipitation; le lieutenant général de Saint-Michel était mis en disponibilité; de nouveaux agents de la force publique, MM. Maurice Duval, le général Rulhières, Bocher, préfet d'intérim, rétablirent l'ordre.

Pourtant le succès, même éphémère, de la révolte avait accru bien des espérances. Dans le département de la Sarthe, Ledru-Rollin, avocat à la cour de cassation, républicain, avait été élu député en remplacement de Garnier-Pagès. Son

discours à la réunion électorale était poursuivi,
ainsi que le journal qui l'avait reproduit. Il com-
paraissait devant la cour d'assises de Maine-et-
Loire, assisté de MM. Marie, Odilon Barrot et
patronné par François Arago ; Berryer défendait
le rédacteur en chef du *Courrier de la Sarthe*,
Barthélemy Hauréau. Après des explications de
Ledru-Rollin, des discours de l'ancien chef de la
gauche et de l'illustre savant, Berryer prit la parole. Je ne citerai de son plaidoyer que quelques
mots, remarquables parce qu'ils expliquent la
conduite du partisan de la légitimité, non-seulement sous la monarchie de juillet, mais aussi sous
la république de 1848.

« Ah ! messieurs, ne désespérez pas des hommes qui professent des opinions autres que les
vôtres, ne les empêchez pas de faire entendre
leurs voix dans les colléges électoraux. Moi-
même, après avoir combattu en 1830 l'établissement nouveau, je n'ai pas désespéré du pays, et
j'ai usé du droit que me donnait la constitution
nouvelle pour essayer de faire prévaloir mes doctrines. Et vous-mêmes, hommes dévoués à la
monarchie de 1830, si la république venait à
triompher, renonceriez-vous, dites-le, à user des
droits que les institutions républicaines vous lais-
seraient pour préparer, par votre part d'action
publique, le retour du gouvernement auquel vous
vous êtes dévoués ? »

Acquitté par le jury sur le fait du discours prononcé, mais déclaré coupable pour en avoir autorisé la reproduction, Ledru-Rollin et le rédacteur Hauréau se virent condamner à la prison et à l'amende.

Au sein d'une prospérité réelle, les attentats se succédaient contre la vie du souverain. L'attention se fatigue au récit périodique des régicides jugés par la cour des pairs. J'ai noté, le 15 octobre 1840, le crime de Darmès ; il comparut devant nous au mois de mai 1841, ainsi que deux autres accusés, Duclos et Considère : tous trois appartenaient à la société secrète des *Travailleurs égalitaires*. La culpabilité de Darmès était flagrante ; mais, malgré une instruction prolongée, les preuves incomplètes à l'égard des autres prévenus. Duclos, sur qui pesaient les charges les plus graves, le compagnon habituel de Darmès, se trouvait-il à côté de lui, sur la place de la Concorde, à l'heure de l'attentat ? Cette question de vie ou de mort devait être tranchée par la déposition de deux témoins ; rien de terrible comme le front baigné de sueur, le regard éperdu de Duclos pendant la confrontation ; cette torture dura plusieurs minutes ; enfin, les témoins, tout en croyant le reconnaître, n'osèrent affirmer son identité ; il fut acquitté ainsi que Considère.

Darmès seul, condamné à la peine capitale, subit la sentence.

Jusque-là le roi avait été l'unique point de mire des assassins ; descendant plus bas dans le crime, ils conjurèrent de frapper ses fils.

Le 13 septembre, le duc d'Aumale, à la suite d'une glorieuse campagne en Afrique, rentrait à Paris à la tête de son régiment. Deux de ses frères, le duc d'Orléans et de Nemours allaient au-devant de lui. Les trois princes marchaient en tête des troupes, quand, à la hauteur de la rue Traversière-Saint-Antoine, des cris répétés de : *A bas les traîtres ! A bas les complices de Dumouriez ! A bas l'homme de Gand !* partirent d'un groupe nombreux. Un coup de pistolet fut tiré sur le duc d'Aumale sans l'atteindre, l'assassin, Quenisset, dit *Papart,* arrêté malgré les efforts de ses compagnons pour faciliter sa fuite. Le même jour, une ordonnance du roi constituait la Chambre des Pairs en cour de justice.

Dans une lettre de Berryer, écrite le lendemain, je trouve cette réflexion : « Il aurait été plus sage au gouvernement de pratiquer la maxime du cardinal de Richelieu : *Taire cette affaire.* » Avec l'arbitraire absolu, l'absence de publicité, la faculté de supprimer les coupables sans jugement, cela était facile au cardinal-ministre, impossible à Louis-Philippe, après le retentissement du coup de pistolet en plein jour, répété par tous les journaux, et sous un régime légal et constitutionnel.

J'espère avoir déjà montré que ces mémoires
ne sont pas une apologie, mais l'exposé sincère
de mes actes, bons ou mauvais, erronés ou justes,
applaudis ou impopulaires. J'en donnerai une
preuve plus éclatante en dévoilant une seconde
fois le secret de mon vote, et dans une affaire qui
a vivement préoccupé les esprits, et au sujet d'un
homme que sa position de journaliste républicain,
l'éloquence de son défenseur ont fait considérer
comme une victime des rancunes de la pairie contre la presse.

Il résultait du rapport de notre Commission,
que le crime du 13 septembre, se rattachant aux
neuf attentats qui l'avaient précédé, était non
l'acte isolé d'un fanatique en démence, mais le
signal d'un complot contre la vie des princes et la
constitution monarchique de l'État. Trois sociétés
secrètes, celle des *Travailleurs égalitaires*, qui
avaient déjà fourni Darmès, celles des *Communistes* et des *Réformistes*, avaient choisi des délégués, peu de temps auparavant, pour s'unir dans
un but commun ; des convocations, et parmi les
affiliés un redoublement d'activité avaient préparé le mouvement. Le 12 au soir, des arresta-
tions parmi lesquelles celle de Charavay, gérant
de l'*Humanitaire*, avaient eu lieu. Malgré cela,
le 13 au matin plusieurs membres s'étaient ren-
contrés dans le cabaret de Colombier, qui occu-
pait une position importante dans les trois asso-

ciations. Là on prit la résolution d'attaquer le
prince et son état-major, de ne frapper que les
officiers, de crier : *A bas les complices de Dumou-*
riez! A bas les traîtres! A bas les bastilles! et
aussi *Vive le* 17e *léger!* On distribua des cartou-
ches, et chez Launois, dit *Chasseur*, logeant dans
la même maison, délégué des *Travailleurs égali-*
taires et président de quartier du *Comité réformiste*,
plusieurs reçurent des armes.

On sait le reste. Il n'est heureusement pas rare
de voir des conspirateurs reculer au moment de
l'exécution; cette fois, Quenisset seul avait osé
frapper; s'il eût atteint le duc d'Aumale, il est à
présumer que ses complices, enhardis, auraient
suivi son exemple. Je ne m'étendrai pas sur la
part de culpabilité relative à chacun des dix-sept
prévenus, les uns accusés d'attentat, les autres
seulement de complot. Je ne veux traiter ici que
la question relative à Dupoty, gérant et rédacteur en chef du *Journal du Peuple*, dont le rapport de la commission et l'acte d'accusation semblaient établir la complicité au complot du 13 septembre. L'accusation de participation à l'attentat
étant écartée à l'égard de Dupoty, par quel lien
tenait-il au complot?

Le ministère public définissant le complot: *l'ac-*
tion arrêtée et concertée... ne réclamait contre Dupoty que l'application du droit commun, de l'article 60 du Code pénal.

« Seront punis comme complices d'une action qualifiée crime ou délit... les auteurs de complots ou de provocations attentatoires à la sûreté intérieure ou extérieure de l'État, même dans le cas où le crime qui était l'objet des conspirateurs ou des provocateurs n'aurait pas été commis. »

De l'article 102 du même Code :

« Seront punis, comme coupables de crimes et complots... tous ceux qui, soit par des discours tenus dans des lieux ou réunions publics, soit par des écrits imprimés, auront excité directement les citoyens à les commettre. »

Ce dernier article abrogé et remplacé par l'article 1ᵉʳ de la loi du 17 mai 1819, ainsi conçu :

« Quiconque, soit par des discours... soit par des écrits, des imprimés... aura provoqué l'auteur ou les auteurs de tout crime et de toute tentative de crime à les commettre, sera réputé complice et puni comme tel. »]

Il rappelait que le journal auquel Colombier était abonné, celui dont la lecture se faisait à haute voix dans son cabaret par les affiliés, était le *Journal du Peuple*; puis il citait l'article du 12 septembre, veille de l'attentat :

« ... Quant aux gardes nationaux indépendants, nous ne savons s'ils tiendront compte à l'avenir des ordres du jour de M. le maréchal; tout ce que nous pouvons dire, c'est que ce sera toujours avec un nouveau plaisir que nous les

verrons faire naître ou saisir légalement l'occasion de crier, comme ils l'ont fait aux funérailles
de Napoléon : *A bas l'homme de Gand! à bas les
ministres de l'étranger! à bas les traîtres! à bas les
complices de Dumouriez! à bas les bastilles !*

« Nous soumettons, en terminant, une simple
réflexion aux gardes nationaux : Si la suspension
peut frapper leurs officiers pour des manifestations légales, quelle peine peut atteindre leurs
épaulettes de laine, à eux? Est-ce la réprimande ?
Est-ce vingt-quatre heures de lecture et de tranquillité à l'hôtel du quai d'Austerlitz?

« Ce n'est pas chose sérieuse.

« En face de pareilles sanctions pénales, ils
peuvent donc toujours ce qu'ils veulent.

« C'est ce que nous tenions à leur rappeler. »

Puis l'article du 14, après l'insuccès du crime
de Quenisset, dit *Papart*, dans lequel le journaliste cherchait à en diminuer l'horreur, à écarter
l'idée du complot et à couvrir la retraite.

« ... Des personnes qui connaissent le maître
scieur de long chez qui travaillait *Papart* sont
venues m'informer ce soir que Papart était un
ancien soldat du 17ᵉ léger, qui, ayant été mis
dans le temps au cachot par ordre de M. le lieutenant-colonel Levaillant, avait déjà porté à ce
dernier un coup de baïonnette dans la cuisse, et
avait, malgré cela, conservé encore une profonde
rancune. Suivant le même renseignement, Papart

n'aurait point dissimulé cette rancune, et aurait annoncé devant son patron l'intention où il était de tirer une nouvelle vengeance. Suivant cette version, donc ce serait contre M. Levaillant et non contre le duc d'Aumale qu'aurait été dirigé l'attentat d'aujourd'hui.

« L'instruction commencée éclairera sans doute bientôt cette affaire, qu'une ordonnance royale, dit ce soir *le Messager*, vient de renvoyer à la cour des pairs.

Troisièmement, l'article du 16, écrit dans le même but d'égarer l'opinion.

« ... Par quelle étrange aberration, un coup de pistolet vient-il donc, sinon renverser, c'est chose impossible, du moins déranger un moment dans leur marche certaines nuances de l'opposition et les lancer sur une mer de divagations? Est-ce de la peur ou seulement de l'étourdissement?...

« ... C'est à qui fera retentir plus haut les grands mots d'attentats et les jérémiades ; c'est à qui proclamera et insinuera que cette tentative a pris naissance dans les associations populaires...

«Assez! Vous avez beau entonner vos doléances, le recensement n'en sera pas plus légal, le système du pouvoir n'en sera pas moins humble devant l'étranger, moins menaçant pour nos libertés à l'intérieur avec ses bastilles, avec la permanence de ses soixante mille baïonnettes, avec le bourrelet de fer qui comprime la tête du pays et sa législature.

« Nous concevons que vous déploriez le sang versé et même celui qui pouvait l'être ; mais, si vous êtes si prodigues de sensiblerie là où rien n'est arrivé, là où un cheval seul a été atteint, pourquoi donc avez-vous eu si peu de sensibilité pour les massacres de la rue Transnonain?

« Vous livrez de plein saut et sans réflexion à votre pairie cette nouvelle procédure, comme si une balle ne pouvait être adressée qu'à des princes !

« Quant à nous, voici un nouveau renseignement qui pourrait confirmer nos premières inductions. »

Et le rédacteur revenait sur la fable de *Papart* voulant se venger du lieutenant-colonel du 17e, lui qui n'avait servi que dans le 15e.

Le procureur général terminait en rappelant ces mots de Dupoty à l'occasion de l'attentat de Darmès :

« Oui, le canon qui vient d'abattre à Beyrouth le pavillon français, et les coups de hache qui préparent, autour de Paris, la place des bastilles nous empêchent d'entendre le bruit d'une carabine. »

Examinant la rédaction du *Journal du Peuple*, il la montrait composée de condamnés de toutes les insurrections : de Dourille, auteur du *Manuel du conspirateur*, de Blaise, neveu de La Mennais, actuellement détenus pour société secrète, dont les brochures incendiaires se vendaient à cinq centimes dans les bureaux du journal. Enfin il scrutait les antécédents politiques de Dupoty, successivement rédacteur de deux autres feuilles républicaines, toujours militant, présidant les banquets réformistes des *Vendanges de Bourgogne* et de *Belleville* ; il désignait à l'attention spéciale de la cour ses fonctions de secrétaire général du comité réformiste, et, par là, il établissait ses rapports naturels, presque nécessaires, avec un des principaux accusés du complot, Launois, dit *Chasseur*, président de quartier du même comité.

Malgré la logique serrée de l'accusation, son habileté à faire concorder les écrits, les paroles et les faits de Dupoty, il n'y avait encore que des inductions, des présomptions, et, pour parler le langage de la défense, une sorte de complicité morale, point de preuve légale. Mais deux lettres de l'accusé Launois, dit *Chasseur*, vinrent ajouter à la complicité morale l'évidence matérielle.

Le vendredi 1er octobre le garde municipal Frémaux était en faction à la Conciergerie dans le corridor Sainte-Marie ; le détenu de la chambre n° 5, après avoir cherché à entrer en conversation avec lui, lui remit une lettre pour un de ses amis en le priant de la mettre à la poste ; une heure après il lui en fit passer une seconde. Toutes deux ont été déposées entre les mains du chancelier et reconnues par Launois, dit *Chasseur*, comme étant de son écriture.

L'une des deux, portant pour suscription, *A Madame Defossé*, était adressée à son frère, et ainsi conçue :

« Cher frère,

« Je m'empresse de te faire passer quelques lignes en secret, ce qui n'est pas facile.

« Je te prie d'aller chez madame Poilroux ; tu lui diras, que si on allait chez elle s'informer si je faisais des réunions, de dire que non, et que, si on la faisait venir au tribunal, d'avoir bien soin de ne reconnaître personne. Tu auras soin de la tirer à l'écart pour lui communiquer cela, et qu'elle en prévienne sa demoiselle ainsi que son garçon. Tu iras de même chez mademoiselle Edmonde, à côté de ma chambre ; tu lui diras la même chose, ainsi qu'à Clemancy, dans la même maison. Tu diras à Clemancy qu'il en dise autant à Joret, parce que je les ferai citer devant le tribunal. Tu diras à mademoiselle Edmonde que j'aurai soin d'elle quand je serai sorti.

« N'oublie pas de dire à toutes ces personnes qu'elles gardent bien le secret, ou sans quoi je suis fini.

« Des compliments à toutes mes connaissances.

« Il y a des brigands qui nous ont tous vendus.

« Embrasse ta femme et ta petite.

« Ton frère,

« Paul Launois. »

On le voit, le malheureux Launois, dans cette
dangereuse lettre, dressait son acte d'accusation.
Il confirmait la réunion chez la veuve Poilroux,
racontée en détail par Quenisset et avouée par
Boggio dit Martin ; les réceptions dans sa
chambre ; recommandait à tous ses amis un secret d'où dépendait sa vie, et disait : « Il y a des
brigands qui nous ont tous vendus. »

L'autre lettre était écrite à Dupoty, rédacteur
en chef du *Journal du Peuple*, à Paris.

« Cher citoyen,

« Je m'empresse de vous apprendre que ce
traître de Papart nous a tous vendus pour échapper aux coups de la justice... Je vous prie donc,
citoyen, de prendre notre défense autant qu'il
vous sera possible, ainsi que *le National*. Ce
monstre a soutenu devant le juge d'instruction
qu'il avait été reçu dans une chambre en ma pré-

sence; c'est une chose dont je ne me rappelle pas.

« Nous sommes toujours au secret depuis notre arrestation.

« Adieu, cher citoyen; je vous serre à tous la main.

« En attendant un meilleur avenir.

« Le temps me manque.

« *Signé :* PAUL LAUNOIS, dit CHASSEUR. »

Le texte en est tellement clair, tellement compromettant, pour celui à qui il s'adresse, qu'en l'entendant, Dupoty ne trouva d'abord d'autre justification que de supposer Launois un agent provocateur. Comment admettre, en effet, qu'il eût répété à un inconnu les mêmes paroles qu'à son frère : « Ce traître de Papart nous a tous vendus, » et cette dernière phrase : « Je vous serre à tous la main en attendant un meilleur avenir. »

Le nouveau député du Mans, Ledru-Rollin, présenta la défense de Dupoty. Il conteste pour la forme la compétence de la cour, mais il s'attache par-dessus tout à prouver que l'accusation dirigée contre Dupoty n'est autre chose qu'un procès de tendance, un procès de presse, une complicité morale dans laquelle on pourrait englober également *le National*, *le Siècle*, et tous

les journaux qui avaient imprimé que l'acte de
Quenisset n'était qu'une vengeance particulière.
Opposant le rapport de la commission de la cour
au réquisitoire de M. Hébert, il s'efforce d'établir que la cour n'admet pas la participation de
Dupoty au complot. Il nous rappelle qu'en 1828,
la Pairie a repoussé par son vote la loi de *tendance* et d'*amour*.

« Que m'imputez-vous? Vous m'imputez des
articles de journaux. Pourquoi donc ne poursui-
vez-vous pas aussi *le National* et *le Siècle?* Est-ce
parce que Dupoty a des opinions radicales que
vous lui donnez la préférence?... Vous ne vous
demandez pas si ces articles sont de moi; j'aurais
le droit de vous prouver qu'ils ne sont pas de
moi... Vous me poursuivez comme responsable,
comme gérant. Vous dites qu'ils sont de moi,
parce que j'ai signé le journal...

« Or, voici mon argument, qui me paraît déci-
sif : Est-ce en vertu de l'*article* 60 *du Code pénal*
que vous me poursuivez? Alors il faut que vous
prouviez un fait direct, qui émane de moi, non
d'un autre; il faut prouver qu'il y a une coopéra-
tion qui émane de moi, non pas en tant que gérant du journal, mais comme individu responsable
de son fait. Il faut que vous prouviez que c'est
moi qui ai écrit les articles, et si vous ne le prou-
vez pas, alors vous vous retranchez derrière la
loi de 1819, et vous nous faites un procès de presse.

« Remarquez que cette distinction est capitale, qu'elle est écrite dans la loi. Remarquez que, si la presse est punissable comme élément de complot, il faut que ce soit pour un fait direct; ce n'est pas en tant que gérant que vous pouvez m'atteindre, mais comme écrivain.

« ... Dupoty a été poursuivi pour la lettre de Launois, à savoir pour un fait qu'on supposait lui être personnel.

« Vous nous dites : « Vous avez dû connaître « Launois. » N'est-ce pas à vous à en faire la preuve? Est-ce que ce n'est pas à vous à me dire : Vous avez connu Launois en telle et telle circonstance, et à me le prouver? Quand vous auriez prouvé que Dupoty et Launois se sont connus, il faudrait encore prouver qu'ils ont comploté ensemble...

« Le seul compte que vous ayez à me demander est d'un fait personnel, d'un fait qui vienne de moi. Aux termes du Code pénal, avez-vous démontré la participation directe?... Non.

« Voyons ce que vous avez dit sur la participation indirecte, sur ce que vous appelez la participation morale. Grand Dieu! pouvais-je m'attendre à défendre un *procès de tendance* en 1841?...

« Avez-vous dit : Je ramasse une foule d'articles; j'y vois le complot, arrêté, concerté, comme le veut la loi? Non. J'y vois, avez-vous

dit, une excitation à la haine et au mépris du gouvernement, quelque chose qui peut retomber sur
lui, un je ne sais quoi qui puisse rattacher ses
doctrines au bras qui s'est armé d'un pistolet.

« Et cela serait, il faudrait encore que vous re-
connaissiez que c'est là un procès de presse, de
tendance, que ce n'est pas un fait matériel personnel... qu'en supposant que j'aie excité d'une
manière vague, indéfinie, illimitée, je n'ai pas
dit à un homme : A un jour donné, prenez un pistolet, tuez tel homme. Je ne l'ai pas fait : vous
avez donc intenté un procès de *tendance*.

« Voulez-vous me permettre de vous citer sur
cette manière d'argumenter des paroles écrites
par un homme très-sérieux?

« Ces paroles sont de M. Guizot. Elles sont de
M. Guizot à une époque où il caractérisait le juge
qui avait inventé aussi les faits généraux en matière de complot; ce juge se nommait Jeffryes.
Ce juge reçut sans doute aussi ces éloges passa-
gers d'un cabinet plus ou moins passager;
« mais ce Jeffryes a laissé dans la postérité un
« nom flétri par les faits généraux, qu'il avait in-
« ventés. »

Pour innocenter son client, le défenseur con-
fond sans cesse l'attentat, auquel Dupoty n'est
nullement accusé d'avoir pris part, et le complot.
Il omet sa double qualité de gérant et de rédacteur en chef, qui le rend réellement responsable

des articles insérés dans son journal. Le rapprochement par lequel il termine, destiné à frapper au dehors les imaginations, dépasse le but; dans l'esprit des juges, il s'annule par son exagération.

Il faut se souvenir qu'en exerçant leurs redoutables fonctions judiciaires, redoutables pour eux comme pour les accusés, les pairs réunissaient ce double caractère de juré et de magistrat : jurés, ils décidaient, sans autre guide que leur conscience, la question de culpabilité; juges, ils prononçaient la peine.

En dehors de mes devoirs comme membre de la cour de justice, je n'étais ni ami ni ennemi de la royauté; mon indifférence garantissait mon impartialité. Mais la tentative d'assassiner des jeunes gens dont le premier acte public avait été d'exposer leur vie à la tête de nos soldats me soulevait le cœur.

Quant au complot, je recherchais avec passion la vérité.

La plupart des témoins, appartenant aux sociétés secrètes, plaçaient leur serment d'affiliés au-dessus de celui qu'ils prêtaient devant nous; leur connivence, leurs réticences, leurs fausses déclarations m'indignaient. En entendant l'un d'eux se couper et mentir avec un redoublement d'effronterie, je crus devoir avertir le chancelier. Je n'ai pas oublié sa réponse :

« Si l'on poursuivait tous les témoins qui nous mentent, nous n'en finirions pas ; il faudrait sévir contre tous. »

Enfin l'attitude même de Dupoty, sa mise, son affectation d'élégance : manchettes, jabot, gants blancs, le soin avec lequel il s'étudiait à marquer la distance qui le séparait des simples ouvriers ses complices, mon éloignement pour ceux qui poussent à l'action sans y prendre part, aggravaient moralement les preuves légales de sa culpabilité.

Juré, je le déclarai coupable ;

Juge, je le condamnai à cinq années de détention (1).

Mon vote se confondit avec celui de la majorité.

J'avais agi sous l'empire d'une conviction entière : les ardents reproches de la presse opposante, les violentes menaces des sociétés secrètes n'étaient pas faites pour inquiéter ma conscience. Depuis, ma foi politique a changé : de constitutionnel monarchique, je suis devenu républicain. Mais en me félicitant de n'avoir plus le pénible devoir de les juger, mon opinion sur les fauteurs de complots est restée la même ; car si, aux

---

(1) J'ai plaisir à constater ici qu'en dehors des passions politiques, Dupoty était un homme honnête et doux, étranger à tout ressentiment personnel : après la Révolution de Février, il m'est venu voir, et a voulu soutenir ma candidature de représentant.

yeux du républicain, la suppression du droit d'association produisait fatalement les sociétés secrètes, si la loi électorale avec le cens et l'exclusion des capacités ne représentait ni le nombre
ni l'intelligence, s'il fallait incessamment réclamer
la réforme par la presse, par les banquets, par
les innombrables pétitions de la majorité tenue à
l'écart, le complot, la tentative armée de quelques
centaines d'hommes de renverser le trône, ayant
pour moyen la guerre civile, pour but la dictature,
demeurait un crime de lèse-nation et de lèse-li-
berté; tout autre est l'insurrection d'un peuple
résistant pour le maintien d'un droit ou d'une liberté aux gouvernements violateurs des lois.

XIII

La session s'ouvrit le 27 décembre 1841.

Le discours de la couronne annonçait la conclusion du traité des détroits, et avec un avenir
de paix la diminution des charges publiques.
Dans les deux Chambres, la majorité en faveur
du ministère n'était pas douteuse; aussi l'adresse
ne fut-elle qu'une amplification du discours de la
couronne.

Chez nous, l'opposition s'augmentait de deux
nouveaux orateurs : La Moscowa, encore un peu
terne et hésitant; Boissy, mélange d'esprit et de
déraison, d'inconvenance et d'à-propos, em-
ployant bravement les mots au hasard; le *fou* de
la pairie, le fléau du chancelier.

A la suite de ces *Mayden Speeches*, Montalembert, en maintenant les aspirations libérales
de sa politique extérieure, son indulgence envers

le ministère tombé, recommandait la résistance à l'intérieur; il attribuait le mal des sociétés secrètes à l'absence de *foi* et à *l'instruction universitaire*, et faisait campagne en faveur du libre enseignement des corporations religieuses. J'essayai de lui répondre.

« ..... Je regrette, quant à la politique extérieure, de me trouver absolument opposé à la manière dont le comte de Montalembert apprécie le traité du 13 juillet. Il y a eu dans ces derniers temps de nombreuses transformations politiques.

«Ainsi, des hommes, qui, depuis 1830, avaient constamment prôné, recommandé la paix avec les puissances étrangères, même au prix des plus douloureux sacrifices, qui avaient voulu le respect et le maintien des traités de 1815, qui s'étaient le plus fortement opposés à la réunion de la Belgique à la France, à tout secours efficace porté, soit à la Pologne, soit à l'Italie révolutionnaire, ont éprouvé successivement de violentes mutations dans leurs idées : les uns, en 1836, sur la question d'Espagne, ont été grossir le parti de la guerre; d'autres, plus tardifs, ont rejoint seulement en 1839, à l'occasion du morcellement de la Belgique et de l'évacuation d'Ancône; d'autres enfin, à l'apparition de la convention du 15 juillet; et tous ensemble s'accordent aujourd'hui à déclarer humiliant et impolitique le traité du 13 juillet 1841.

« Tout au contraire, certains hommes, et je suis de ce nombre, partis du point absolument opposé, qui pensaient, au lendemain de notre révolution, l'occasion favorable pour briser les traités imposés par la Sainte-Alliance, qui croyaient la guerre non désirable par elle-même, mais préférable à une suite de concessions à l'égard des gouvernements étrangers, préférable à l'abandon de la Pologne, de l'Italie, de tous les alliés que le principe révolutionnaire nous avait conquis; ces hommes, après avoir vu passer devant eux, sans profit pour leur système, toutes les occasions de le réaliser; après avoir vu tomber, une à une, avec le temps et par la pratique persévérante du système contraire, toutes leurs espérances et jusqu'à ces illusions qui prolongent encore l'espérance, en sont venus, douze années écoulées, à regarder actuellement la paix (une paix honorable) comme le but vers lequel doit tendre notre politique, notre place comme marquée par notre intérêt bien entendu dans le concert européen; enfin le traité du 13 juillet comme honorable et avantageux pour la France; dans ce double revirement, de part ou d'autre, l'erreur est manifeste...

« Il y avait en 1830 deux systèmes contraires, mais tous deux alors également possibles, également praticables, entre lesquels il fallait opter : ou bien soutenir le principe révolutionnaire par-

tout où il serait tenté de se montrer, utiliser les
sympathies des peuples en reprenant nos anciennes limites, dédaigner les troubles intérieurs,
croire à notre union devant l'étranger, se fier
dans la nationalité de notre cause pour réunir à
la frontière les citoyens d'opinions diverses, mais
tous enfants de la même patrie, ou bien concen-
trer notre révolution, la garder chez nous et pour
nous, s'occuper avant tout d'organiser l'intérieur,
et quant à l'extérieur, détourner la colère des
rois, dissiper leur frayeur, gagner leur confiance,
recommencer le travail lent et patient de la restauration ; puis, après avoir fait nos preuves monarchiques, nos preuves d'ordre et de stabilité,
rechercher dans le concert européen d'utiles al-
liances...

« Ces deux systèmes sont-ils encore en présence ? Sont-ils encore aujourd'hui tous deux possibles et praticables ? Pouvons-nous encore quitter
l'un pour adopter l'autre ? Avons-nous encore à
choisir entre les sympathies des peuples et l'alliance des gouvernements ? En d'autres termes,
nous qui avons toujours combattu la politique de
la paix, pouvons-nous encore raisonnablement,
comme bons citoyens, comme amis de notre pays,
poursuivre le triomphe de nos anciennes idées ?
Je réponds non, sans hésiter...

« Le sentiment de fraternité qui s'était éveillé
chez tous les peuples a dépéri ; l'égoïsme natio-

nal, dont les premiers nous avions donné l'exemple
a repris ses droits. La conséquence logique, rigoureuse, inévitable du système préféré, a été de
tuer l'autre politique et de la rendre impossible
aujourd'hui... Le moment de la lutte a cessé ;
tous les éléments de force sur lesquels notre système s'appuyait ont disparu...

« Que dire maintenant des hommes qui, après
avoir rendu, par leurs constants efforts, notre système de guerre, de propagande révolutionnaire
impraticable, en demandent aujourd'hui l'exécution? Quoi ! c'est lorsque, grâce à vous, les
peuples se sont tendu vainement la main sans
pouvoir se joindre ; lorsque, grâce à vous, il n'y
a plus d'alliance possible que de gouvernement à
gouvernement ; lorsque, grâce à vous, la nationalité polonaise n'existe plus que par la mention
presque dérisoire que nous lui accordons chaque
année dans une phrase de notre adresse ; lorsque,
grâce à vous et par le secours des années, et par
une adroite amnistie, l'Autriche a pu consolider
sa domination en Lombardie ; quand les provinces rhénanes accueilleraient vos efforts pour
les rendre françaises par une *Marseillaise alle-
mande;* quand les Espagnols repousseraient votre
intervention par ce cri renouvelé de 1812 : *Mort
aux Français !* c'est alors que vous viendriez nous
demander sérieusement qu'à propos d'un dé-
mêlé entre le sultan et le pacha, pompeusement

qualifié par vous de question d'Orient, nous renoncions au système suivi jusque-là, que nous renoncions à tous les avantages possibles de ce système, pour entreprendre, seuls et sans alliés, la guerre contre l'Europe!

« En vérité, messieurs, mais il est trop tard. (Interruption.) La politique de paix était suivie avec constance depuis dix années, lorsqu'au 1er mars 1840, un ministère, qui se trompait de date, eut comme une velléité de changer le système; tentative funeste, car elle nous faisait perdre tous les bénéfices de la politique précédemment suivie, sans autre résultat que de créer un déficit et de nous réduire à l'isolement...

« A cette époque, on n'avait pas encore découvert tous les mérites, tous les charmes de la politique d'isolement; l'opposition n'avait pas encore imaginé, comme elle le fit plus tard, que c'était une belle position pour la France de se tenir à l'écart, de peser par son absence sur les conseils de l'Europe, de se retirer dans sa force, ou bien encore de faire le vide, et autres avantages de l'isolement tout aussi positifs, tout aussi saisissables, qui ne lui ont apparu que depuis que nous en sommes sortis.

« Le ministère a pensé, pour que le rapprochement fût honorable et durable, qu'il fallait que les avances fussent faites à la France par les

autres puissances; qu'aucune condition ne lui
fût imposée; qu'avant d'entrer en négociation,
le décret du 15 juillet fût déclaré éteint; qu'il
n'existât plus; enfin que notre union fût rendue
manifeste par un traité conclu en commun.
Y a-t-il là un oubli, une négligence qui doive
blesser même notre susceptibilité nationale exa-
gérée? Eh bien, le traité du 13 juillet a rempli
scrupuleusement toutes ces conditions.

« On demande ce que nous avons gagné : nous
avons gagné de pouvoir mettre de l'ordre dans
nos finances, de pouvoir désarmer. Mais on ne
se contente pas de ces avantages, on voudrait
qu'il y eût quelque chose de spécial et de particulier contenu en notre faveur dans le traité des
détroits. Mais, en vérité, vouloir que les fautes
de la politique du 1er mars nous tournent à profit, que d'une série d'imprudences résultent pour
nous de notables avantages, c'est vouloir l'impossible.

« Le comte de Montalembert éprouve un sentiment pénible à la vue de ce traité. Qu'il me permette de le dire, dans son esprit logique, mais
surtout généreux, dans son esprit judicieux, mais
délicat, trop délicat peut-être à l'endroit de l'honneur, il a commis, je crois, une légère injustice.
Il éprouve un sentiment de regret et d'amertume
contre les événements qui se sont passés depuis
deux ans; puis, ne pouvant se résoudre à pour-

suivre de sa critique un ministre déchu, il trans-
porte le blâme à celui qui est au pouvoir. Il
entoure d'indulgences celui qui nous a jetés dans
des embarras inextricables ; il combat celui qui
arrête le compte de nos pertes. Il pardonne celui
qui a commis la faute et s'indigne contre celui
qui y porte remède. Cela est sans doute fort
noble, fort chevaleresque, mais à coup sûr cela
n'est pas juste...

« Il y a enfin d'autres adversaires du traité,
partisans aveugles, amis bien dangereux du ministère du 1er mars, qui, dans un esprit d'opposition, veulent trouver à tout prix dans ce traité
du 13 juillet un échec pour la France. Dans ce
but, les documents français ne sauraient leur suf-
fire ; ils s'adressent à l'étranger, à l'Anglais,
comme ils disent, à lord Palmerston, qui, après
avoir déployé contre nous cette funeste habileté
que donne la passion, s'est laissé aller à cette
vanité puérile de publier les plus secrets témoi-
gnages de son antipathie. C'est de lui qu'ils at-
tendent les preuves de notre honte. Ce n'est pas
dans des pièces officielles qu'ils les puisent, c'est
dans ces correspondances intimes où tour à tour
lord Palmerston et lord Ponsonby se livraient à
des épanchements de haine contre la France,
c'est de lord Palmerston qu'ils mendient un certificat d'infamie pour le gouvernement de leur
pays. »

En somme, au dehors, je combattais le système guerroyant après coup du 1er mars, tel que l'opposition l'avait adopté ; au dedans, sans attendre plus de M. Guizot que de M. Thiers en faveur de la réforme électorale, j'espérais d'un ministère conservateur l'économie dans les finances, la réduction de l'armée, la satisfaction des intérêts matériels du pays.

XIV

CHAMBRE DES DÉPUTÉS; QUESTION DE PRÉSIDENCE; MM. SAUZET ET LAMARTINE. — DISCUSSION DE L'A-DRESSE. — LOI DES INCOMPATIBILITÉS. — RÉFORME ÉLECTORALE. — FONDS SECRETS. — LOI GÉNÉRALE DES CHEMINS DE FER. — CONCESSION DIRECTE DE LA LIGNE DU HAVRE. — AJOURNEMENT DE LA QUESTION DES SUCRES.

A la Chambre des députés, sur la question de présidence, le cabinet commit, selon moi, une faute qui devait entraîner de graves consé-quences : pour se concilier l'appui de MM. Passy et Dufaure, il porta M. Sauzet avec le centre pur, le préférant à Lamartine, que soutenaient les conservateurs progressistes. Faut-il attribuer uniquement ce choix de M. Guizot à une consi-dération de tactique ou à une ombrageuse antipa-thie ? Ce qui est certain, c'est que le poëte ora-teur, blessé dans son ambition légitime, ne tarda pas à se souvenir qu'il n'avait accordé au gouver-

nement personnel le service un peu dédaigneux
de sa parole que par horreur pour une guerre
injuste, intempestive, et parce que les chefs de la
coalition ne lui promettaient à l'intérieur la conquête d'aucune réforme libérale ou sociale. L'é-
vénement le plus remarquable de la session fut sa
transformation, son passage à l'extrême gauche
de l'assemblée.

Dans la discussion de l'adresse, le ministre des
affaires étrangères se présentait à la Chambre
comme réalisant la belle devise de 89 : « Paix et
Liberté. »

Après des attaques assez vives de MM. Duvergier de Hauranne et de Valmy, M. Thiers, affec-
tant la modération, s'efforce, malgré le traité
des détroits, de montrer l'Europe toujours hostile, et quittant les ministres pour s'adresser à la
couronne :

« Non, je le dis franchement, toutes mes opinions (et les gens qui me connaissent le savent
bien) ne me portent pas à l'opposition; mais je
suis convaincu que si vous n'avez pas un jour la
force d'une grande résolution, ce gouvernement
que j'aime, ce gouvernement auquel je suis dévoué aura la honte ineffaçable d'être venu au
monde pour amoindrir la France. »

M. Passy, rallié, lui réplique avec une supériorité de raison qui compensait et au delà la
différence du talent.

Le paragraphe II traitait des finances. M. Humann eut peu de peine à justifier du reproche
de fiscalité la mesure du recensement, et nota
d'infamie les dangereuses calomnies à l'aide desquelles des agents de désordre avaient soulevé
les crédules habitants des campagnes, leur persuadant qu'on allait faire l'inventaire des moin-
dres meubles de leurs maisons et compter tous
les animaux, parce que meubles et animaux devaient être frappés d'une taxe nouvelle.

Pour la première fois un jeune avocat député,
ambitieux et éloquent, M. Billault, entama devant
les Chambres la discussion du *droit de visite;* ce
droit consacré par le traité de 1831, développé
par la convention de 1833, ayant pour objet de
rendre impossible, par une surveillance réciproque,
la traite des noirs, venait de donner lieu entre la
France et l'Angleterre à la signature d'un traité
complémentaire en 1841. M. Billault le combattit :

1° Comme portant une atteinte profonde aux
principes fondamentaux du droit international
maritime ;

2° Comme abattant la fierté de nos marins ;

3° Comme dépouillant la France de sa position
de tête de colonne des marines secondaires
contre l'Angleterre ;

4° Comme préjudiciable à nos intérêts commerciaux.

M. Guizot, après avoir sommairement rappelé l'historique des traités, essaya de repousser sur ce point l'accusation d'égoïsme adressée à la po- lique anglaise.

« Je ne contesterai jamais la présence, le mélange des intérêts personnels, temporels, au milieu des plus nobles, des plus désintéressés sentiments. Cela existe, c'est la condition de notre nature, la condition de la société humaine; mais ne croyez pas qu'il ait jamais été donné à des intérêts égoïstes d'exciter dans le monde un mou- vement pareil à celui qui a déterminé de grands peuples à s'imposer de grands sacrifices pour abolir la traite des nègres. Ne croyez pas qu'il ait été donné à une prétention ambitieuse d'im- primer une telle impulsion aux hommes et d'at- teindre de tels résultats. Non, messieurs, quel qu'ait été le mélange des intérêts personnels, de l'ambition ou de l'égoisme national, c'est un mou- vement moral, c'est l'ardent désir de mettre fin à un commerce honteux; c'est ce désir d'affranchir une portion de l'humanité (Très-bien! très-bien!) qui a lancé et accompli cette œuvre. »

L'occasion était trop belle de faire la guerre à l'Anglais en incriminant la condescendance du gouvernement français, pour que MM. Thiers, Odilon Barrot et Berryer la laissassent échap- per. Mais à la surprise du ministère et de l'oppo- sition, un banquier conservateur, M. Jacques

Lefebvre, renchérissant sur les amendements de MM. Billault et Lacrosse, en proposa un qui infirmait le principe même du droit de visite. Ce dernier ayant été adopté à une immense majorité, M. Guizot réserva néanmoins au ministère la faculté de ne pas s'y conformer sous sa responsabilité.

Un court débat s'engagea au sujet de l'Espagne. La reine régente, Christine, avait été chassée, Espartero investi à sa place des fonctions de régent pendant la minorité d'Isabelle, l'ambassadeur de France avait reçu l'ordre de ne remettre ses lettres de créance qu'à la reine, et sur le refus d'Espartero, il était revenu sans avoir rempli sa mission.

Le ministre des affaires étrangères soutint qu'au point de vue monarchique il n'avait pu agir autrement.

« La minorité dans une monarchie, ce n'est pas la mort, ce n'est pas l'éclipse du monarque : il est inactif, il n'est pas absent. Il y a des devoirs qui s'adressent à lui : si cela n'était pas, vous verriez bientôt dans les minorités placées au milieu des révolutions, vous verriez bientôt disparaître la monarchie. »

M. Barrot se chargea de lui répondre que la constitution espagnole transportait au régent, sans aucune restriction, l'exercice et l'autorité du pouvoir royal.

« Vous faites un nouveau pas dans la réaction
de notre politique extérieure, qui va se rabais-
sant, s'éloignant de son principe, de son origine :
ce n'est pas cette politique révolutionnaire et nationale qui faisait notre force et notre gloire;
c'est une politique d'étiquette et de personnes ;
une politique concentrée dans quelques intérêts
ou dans quelques prétentions de famille. »

Paroles parfaitement justes dans la bouche
d'un radical, non de la part d'un membre de l'opposition dynastique. On verra que, dès lors et jusqu'à la fin du règne de Louis-Philippe, M. Barrot a
constamment joué le rôle du *républicain sans le savoir*.

Après le vote de l'adresse, à une imposante
majorité, la Chambre fut saisie de la proposition, renouvelée à chaque session, sur les incompatibilités. Cette fois elle était l'œuvre d'un député conservateur, M. Ganneron. Combattue par
le ministère, elle échoua, surtout par les critiques
de Lamartine. Il la jugeait mesquine, insuffisante,
incompatible avec la dignité de l'électeur et de
l'élu. Néanmoins, dans le portrait qu'il trace de
ces hommes qui parviennent par l'absence de
conviction politique, on pressent l'orateur de l'opposition.

« Me croyez-vous donc un homme assez ima-
ginaire pour me refuser à voir ce qui entre dans
tous les yeux? Est-ce qu'il n'y a pas partout et

toujours une race d'hommes amphibies qui exploitent non-seulement leur parti quand il triomphe, mais qui exploitent à la fois le ministère et
l'opposition? Hommes dont La Bruyère a oublié
le portrait; hommes dont le nom, si on les nommait, deviendrait le type, le hiéroglyphe de l'a-
vancement; qui ont un pied sur l'échelle que leur
tend l'opposition, un autre pied sur l'échelle que
le pouvoir leur prête, et qui, en se portant tantôt
sur un échelon, tantôt sur l'autre, selon que le
pouvoir chancelle ou que l'opposition triomphe,
s'élèvent de complaisance en complaisance et
de défection en défection! Que les ministères ou
que les oppositions s'écroulent, que nous importe!
Le degré est franchi: tout le monde tombe; et
nous, nous montons toujours! Voilà ces hommes.»

La proposition fut rejetée à la faible majorité
de huit voix.

M. Ducos présenta un projet de réforme électorale; il consistait dans l'adjonction des listes
du jury et de ce qu'on appelait les capacités. Le ministre de l'intérieur, M. Duchatel, fit tout d'abord
du rejet de la question une affaire de cabinet.

A la suite d'une longue discussion, M. Guizot,
élevant la question, la colorant de son optimisme
philosophique, à la grande joie du centre, déclara
pour longtemps prématurée une modification de
la loi électorale, traita de superficiel, de menson-
ger le mouvement de la presse et des pétitions

en faveur de la réforme; signala comme déjà
faites les trois grandes choses à fonder : une société nouvelle, la grande démocratie moderne,
jusqu'ici inconnue dans l'histoire du monde; des
institutions nouvelles, le gouvernement représentatif, jusqu'ici étranger à notre pays, et enfin une
dynastie nouvelle. Attribuant à une poignée de
brouillons et de factieux les signes sanglants de
division entre les prolétaires et la bourgeoisie, il
se félicite au contraire de leur union, de l'égalité
des droits, de la similitude des intérêts, et résume les besoins actuels de la politique en stabilité et en bonne conduite des affaires de chaque
jour. Il voyait le véritable but de la proposition
dans l'espoir de renverser le cabinet, et il s'étonnait qu'on ne le dît pas tout haut.

Cette fois, Lamartine, se séparant des centres
parce qu'ils refusent de marcher, a la satisfaction de combattre dans M. Guizot le chef de la
politique stationnaire. Il l'accuse d'abaisser le
débat au niveau d'une question de portefeuille,
d'effrayer à tort la majorité sur les dangers de la
réforme proposée.

« Il en a toujours été ainsi, disait-il, toutes les
fois que la liberté la plus mûre, la plus mesurée,
la mieux préparée, a voulu faire un pas : on lui
a prédit un abîme et une chute. Cependant toutes
les institutions libérales, la société démocratique,
la liberté de la presse, la garde nationale se sont

établies sans amener les tristes conséquences qu'on leur présageait. Les libertés dangereuses sont celles que le peuple arrache, ce ne sont pas celles qu'on lui donne; ce sont celles qu'on accorde un jour de faiblesse, ce ne sont pas celles qu'on prépare et qu'on mesure avec justice quand l'heure de les livrer a heureusement sonné. Pourquoi les journaux et les comités ont-ils été chercher cette question au sein du pays? C'est qu'elle y était.

« Je suis un obscur ouvrier de ce travail des nations et des siècles, qui consiste à déplacer les vieilles choses pour faire place aux nouvelles, pour introduire lentement, laborieusement, prudemment quelques idées de plus dans la masse compacte et immobile des idées acceptées et des faits stationnaires. »

Puis il établissait que le vrai sens, le sens tout entier de la révolution de 89 avait été d'enlever les élections aux corps, aux priviléges, aux corporations, aux castes, pour les individualiser. Il y avait un grand danger à laisser dans la main et dans la cause des factions un droit légitime et incontesté par la raison du pays : c'est avec ce droit, qu'on leur dispute, qu'ils se font une arme pour attaquer et ensuite pour renverser plus tard le gouvernement.

Et il terminait :

« Mon Dieu! il y a eu de tout temps et partout des hommes bien honorables, bien intentionnés, mais bien aveugles dans les corps politiques, dans les majorités : ce sont ceux qui se refusent à tout examen des choses nouvelles, quoique bonnes, mûres et préparées. (Murmures au centre.)

« C'est en vain que les pouvoirs s'altèrent, se décomposent, se dénaturent, abdiquent sous leurs yeux; ils ne veulent pourvoir à rien : ils se cramponnent, immobiles et toujours tremblants, à quoi que ce soit; *ils saisiraient même le fer chaud d'un despotisme pour se préserver de la moindre agitation;* ils ne voient qu'un seul mal pour eux : le mouvement; qu'un seul danger pour les institutions : le mouvement. On a beau avoir loyalement servi ces hommes intimidés dans tous leurs intérêts légitimes... on a beau s'associer à eux, on a beau les défendre et périr avec eux pour préserver ou la paix du monde ou les prérogatives du pouvoir autour duquel ils se réfugient, tout cela est perdu! (Longs applaudissements à gauche.)

« Vous pouvez avoir leur estime; mais du jour où vous leur proposerez une mesure d'innovation, la plus prudente selon vous, la plus sage, la plus avantageuse au parti conservateur (Réclamations au centre.), de ce jour-là vous êtes leur ennemi. (A gauche, oui! oui! c'est cela!)

« Eh! mon Dieu, il y en a eu à toutes les

époques : en 1789, en 1815, en 1830, aujour-
d'hui. C'est de l'histoire que je raconte, ce n'est
pas de la personnalité que je fais. (Bravos aux
extrémités.)

« S'il y avait de pareils hommes ici, et plût à
Dieu qu'il ne s'en retrouvât jamais de ces hommes
que l'on pourrait marquer de quelque chiffre sinistre à cause de leurs fautes! (A gauche, très-
bien! très-bien!) Oui, s'il y avait de ces hommes
dans le pays, s'il y en avait même ici, c'est à
eux que je m'adresserais surtout, c'est à eux que
je dirais : Daignez me croire, daignez ajouter
quelque foi aux grands intérêts d'ordre, de famille, de propriété, de conservation que nous
avons en commun. Ne vous refusez pas aujour-
d'hui à l'amélioration bien modérée qu'on vous
demande, ou plutôt offrez-la vous-mêmes!

« On dirait, à les entendre, que le génie des
hommes politiques ne consiste qu'en une seule
chose, à se poser là sur une situation que le hasard ou une révolution leur a faite, et à y rester
immobiles, inertes, implacables... (Vive appro-
tion à gauche.)

« Oui, implacables à toute amélioration. Et si
c'était là, en effet, tout le génie de l'homme
d'État, chargé de diriger un gouvernement, à
quoi bon le génie d'un homme d'État? Une
borne y suffirait. »

Dès lors, une borne devenait le symbole de la

politique servie par M. Guizot et les ministériels pétrifiés dans l'inertie.

L'illustre orateur avait frappé trop fort et trop juste sur les ingrats qui, pendant deux ans, s'étaient glorifiés de son éloquence ; ils en conçurent une irritation profonde.

La proposition fut repoussée à plus de 40 voix de majorité.

Le 10 mars, la loi des fonds secrets donnait lieu à un dernier vote de confiance en faveur du cabinet ; transmise à la Chambre des pairs, elle était adoptée, le 2 avril, presque sans discussion. Toutefois, je saisis cette occasion de formuler nos plaintes sur l'inégale répartition des projets de loi entre les deux Chambres, qui depuis trois mois paralysait nos travaux. J'accusai un ministère conservateur de suivre à cet égard la routine de ses devanciers, routine coupable, car elle avait pour conséquence de frapper de stérilité le double examen des lois : en effet, apportées d'abord presque toutes à la Chambre des députés, elles nous arrivaient si tard que le moindre amendement équivalait à un rejet.

« Ah ! sans doute, il est commode, pour un ministère, de n'avoir sur chaque loi à redouter qu'une discussion et qu'un vote ; mais ce succès facile a les inconvénients les plus graves. Comment, vous, ministres conservateurs, ne les voyez-vous pas ? Comment n'ont-ils pas déjà

frappé vos regards ? Comment ne savez-vous pas
qu'en évitant le concours réel de la Chambre des
pairs dans la confection des lois, en éludant sa
discussion, en paralysant son vote, vous apprenez
au pays à se passer de nous, vous lui apprenez
à regarder la Chambre des pairs comme un ornement de la charte, comme une superfluité,
comme un pouvoir parasite! Déjà, dans la langue
politique, dans la presse, on en est venu à dire :
la Chambre. La Chambre, c'est-à-dire celle qui
agit, celle qui fonctionne, qui fait et défait les
ministres, et aussi les lois.

« Ne savez-vous donc pas que ce repos que
vous nous imposez, ce sommeil que vous nous
demandez sans cesse, c'est la mort? car l'inaction prolongée pour un pouvoir politique, c'est la
mort...

« On trouvera peut-être ces doléances injustes,
adressées à un ministère si bien disposé pour
nous, si respectueux, si conservateur. Eh! qu'importe la manière de nous assoupir, si la mort
doit venir à la suite de cet assoupissement?
Qu'importent les apparences? Qu'importent les
égards? Les égards, je sais bien qu'on ne nous
les épargne pas. Les Anglais vendent l'opium
aux Chinois; nous, on nous le donne pour rien.
(On rit.)

« Ah! l'on fait bien les choses! On nous
choye, on nous gâte, notre salle est splen-

dide (1), et le jour où, à la suite d'une extase
léthargique, la Chambre des pairs ne se réveillera
plus, on lui fera, j'en suis sûr, de magnifiques
funérailles. »

En mai, la discussion s'ouvrit au Palais-Bour-
bon sur un projet de loi générale pour la construction des chemins de fer. Il combinait ingé-
nieusement les ressources limitées de l'État avec
le crédit naissant des compagnies, et afin d'attirer
les capitaux individuels aux associations de souscripteurs, il proposait de leur livrer les chemins
pour un certain nombre d'années, ne laissant à
leur charge que l'achat et la pose des rails, le
matériel et les frais d'exploitation. De la sorte, le
réseau des grandes lignes commençait partout;
ni la ligne du Nord, ni celle de Paris à la Médi-
terranée n'étaient l'objet d'une préférence exclusive; la France entière avait part aux bienfaits
des voies nouvelles. Mais une opposition systématique ne vit dans ce mode que l'inconvénient
de commencer sur beaucoup de points à la fois,
sans rien achever; elle donna au projet le nom de
Loi des tronçons. M. Thiers, opposé aux progrès
matériels dès qu'il n'était plus au pouvoir, alla
jusqu'à demander, comme en 1838, si l'œuvre
des chemins de fer valait bien l'immense effort
que l'on imposait au pays.

---

(1) Une nouvelle salle des séances, chargée d'or et de velours, venait d'être achevée.

La loi fut adoptée par l'une et l'autre Chambre.

L'année précédente, le ministère s'était engagé à résoudre la question des sucres, cependant, sans opinion arrêtée, craignant de mécontenter, à l'approche des élections, telle ou telle fraction de la majorité, il se résigna sans peine à l'ajournement.

Une dernière loi de concession directe du chemin de fer du Havre ayant été votée, la session fut close le 13 juin, et le même jour fut prononcée la dissolution de la Chambre élective.

XV

MON ENTRÉE DANS LA CARRIÈRE INDUSTRIELLE; AD-
MINISTRATEUR DU CHEMIN DE FER DU HAVRE. —
ÉLECTIONS GÉNÉRALES. — MORT DU DUC D'ORLÉANS.
— LOI DE RÉGENCE.

Revenant à ce qui m'est personnel, à l'extérieur, j'avais approuvé le traité des détroits et
notre rentrée dans le concert européen; à l'intérieur, l'ordre dans les finances, l'économie, la
diminution de l'armée. Si je n'attendais du ministère aucune réforme, aucun progrès politique,
depuis le funeste passage de M. Thiers aux affaires, je n'en espérais pas davantage de l'opposition qu'il dirigeait. La loi générale des chemins
de fer avait été une grande mesure d'intérêt matériel, je pouvais donc raisonnablement compter
qu'après les élections les ministres du 29 octobre apporteraient à la session suivante la solution des principales questions commerciales et
industrielles.

J'ai dit qu'une voie ferrée de Rouen au Havre avait été votée. J'en devais être un des administrateurs. Je voyais souvent Adolphe Thibaudeau, secrétaire de la compagnie de Rouen ; mon intimité avec Gustave Delahante, employé supérieur du chemin de fer d'Orléans, me tenait au courant des progrès de la nouvelle industrie ; enfin Charles Laffitte, banquier, un des fondateurs du Jockey-Club, administrateur de la ligne de Rouen, avait préparé, avec ses collègues anglais, la souscription et la demande de concession du prolongement de Rouen au Havre. Par la position que j'avais acquise à la Chambre et une certaine connaissance de l'anglais, il lui parut que j'apporterais un concours utile à l'entreprise : j'acceptai les fonctions d'administrateur qu'il me proposait. Je me croyais nommé, mais quelque temps après, il m'apprit qu'ayant jugé à propos de soumettre la liste des membres du conseil à M. Guizot, celui-ci avait ratifié son choix ; désigné par Ch. Laffitte, approuvé au ministère des affaires étrangères, en janvier 1843, l'assemblée générale des actionnaires me confirma définitivement.

Mais que de graves événements dans cet intervalle !

Aux élections, M. Guizot s'était flatté d'obtenir une majorité formidable et presque compacte : cette fois encore ses illusions furent déçues ; le cens électoral lui rendit la même majorité, va-

riable et facile à désunir. A Paris, sur douze députés, dix étaient élus par l'opposition.

Un fait à consigner est la division qui se mani-
festa parmi les légitimistes : les uns, avec l'abbé
de Genoude et *la Gazette de France*, prêchant le
suffrage universel à deux degrés, la démocratie
catholique sous un roi légitime, avaient pour représentants le duc de Valmy et le marquis de
Larochejaquelein, tandis que Berryer, à la tête
des députés royalistes du Midi, maintenait la doctrine pure du droit divin.

Le gouvernement parlementaire avait sombré ;
depuis le 29 octobre, la question était pratique-
ment résolue ; mais les animosités politiques, plus
ardentes que jamais, grossissaient les obstacles,
les créaient au besoin, irritaient la fibre nationale
et révolutionnaire.

C'est alors qu'un prince aimable, distingué,
brave et populaire, étudiant depuis douze ans
sous son père le métier de roi, périt à trente-
deux ans. Le matin du 13 juillet, le duc d'Orléans
se rendait à Neuilly, dans une voiture très-basse
attelée à la d'Aumont ; les chevaux s'emportèrent,
il eut l'imprudence de sauter à terre, et tomba si
malheureusement qu'il ne reprit plus connaissance. Je ne décrirai pas la douleur des siens. Sa
mort fut un deuil pour la grande majorité de la
nation, qui n'était ni légitimiste ni républicaine.
Il laissait deux fils, et quatre princes ses frères

pouvaient, après Louis-Philippe, porter une régence.

Pourtant, devant cette espérance perdue, tous
ceux qui étaient attachés à la dynastie se serrè-
rent autour du trône.

Le 26 juillet, il y eut une session extraordinaire pour l'adoption d'une loi de régence. En
annonçant le projet, le roi prononça quelques paroles interrompues par les sanglots, qui émurent
l'assemblée.

La loi présentée par le gouvernement, sans em-
brasser toutes les éventualités de l'avenir, posait
cependant un principe organique, le principe de
l'hérédité appliqué à la régence; elle statuait que
la régence appartient au prince le plus proche
du trône, dans l'ordre de succession établi par la
déclaration de 1830, et âgé de vingt et un ans
accomplis. Elle lui conférait le plein et entier
exercice de l'autorité royale au nom du roi mineur, et par suite l'inviolabilité. Elle lui imposait
le serment de fidélité au roi, d'obéissance à la
charte et aux lois du royaume. Si les Chambres
étaient assemblées au moment du changement de
règne, le régent prononçait le serment devant les
Chambres, sinon il le faisait insérer au *Bulletin
des Lois*, avec promesse de le renouveler devant
les Chambres, qu'il devait convoquer au plus
tard dans le délai de quarante jours. La garde et
la tutelle du roi mineur appartiendraient à la reine

ou princesse sa mère, non remariée, et à son défaut, à la reine ou princesse son aieule paternelle,
également non remariée; la majorité du roi était
fixée à dix-huit ans.

Immédiatement après la vérification des pouvoirs, M. Dupin ayant déposé son rapport, la
discussion s'ouvrit. Toutes les opinions du dehors
eurent leur représentant à la tribune.

Dans un discours d'une éloquence sévère,
Ledru-Rollin, au nom des républicains, s'expri-
mait ainsi :

« Le pouvoir constituant ne saurait être invo-
qué, dites-vous; ce pouvoir n'est qu'une vaine
utopie, un souvenir suranné de la fin du dernier
siècle ; né dans un temps orageux, son existence
a été éphémère. La révolution de Juillet, ajoute-
t-on, a tout simplifié; depuis la charte de 1830,
la question est nettement posée.

« Plus de pouvoir constituant qui soit supérieur
aux Chambres ; elles seules et le roi ont le droit
d'accommoder les institutions au cours des événements.

« Vous osez dire que le pouvoir constituant
n'existe pas, qu'il vous faut des textes. Je prie
la Chambre d'écouter un moment l'analyse rapide des lois qui justifient l'existence de ce pouvoir.

« Je ne parlerai pas de la loi de 1791, vous
savez, mieux que moi, que l'Assemblée consti-

tuante avait reçu mandat spécial, son nom l'indique, et qu'elle n'eut pas besoin de soumettre la déclaration des droits à l'approbation du peuple. La Convention avait été investie du droit de faire une constitution, et cependant elle la fit ratifier par le peuple.

« La constitution de 1795 fut également soumise à l'assentiment du peuple, et vous n'ignorez pas que celle de l'an VIII reçut aussi la consécration des suffrages populaires.

« Le consulat à vie fut soumis au vote de la nation, et quand Bonaparte voulut revêtir la pourpre impériale, quand il voulut disposer d'une régence et instituer un régent (notez bien ceci), il déféra cette loi constitutive qui le saluait empereur, et prévoyait les cas possibles d'une régence, aux suffrages du peuple. (Réclamations au centre.)

« Relisez la loi du 28 floréal, an XII, le texte est formel.

« Si donc, messieurs, nous jetons un regard sur le passé, depuis 1791 jusqu'en 1814, toutes les lois constitutives, toutes sans exception, ont été ratifiées par le peuple, soumises à l'assentiment du peuple.

« Ce droit de la souveraineté directe du peuple, que vous contestez aujourd'hui, nos ennemis les plus implacables l'ont reconnu. Cette Europe coalisée, qui, pendant vingt ans, avait combattu

sur tant de champs de bataille les principes de
notre immortelle révolution, cette Europe, maîtresse de Paris, foulant le sol de la grande et
noble cité, oh! douloureux souvenir de ma jeunesse! déclarait, en 1814, par l'organe d'A-
lexandre, que le peuple français serait libre de *se
donner la constitution qui lui paraîtrait préférable*,
tant ce peuple était encore redoutable et majestueux dans sa défaite. (Mouvement prolongé.)

« En effet, le sénat de 1814 décréta une constitution, et déclara, par l'article 29, qu'elle serait soumise aux suffrages du peuple français,
qu'elle ne pourrait pas être acceptée si elle ne recevait le vœu du peuple légalement exprimé d'a-
près les constitutions antérieures. Voilà la
constitution faite en 1814 par le sénat au milieu
des baïonnettes étrangères. Sans doute cette
constitution ne fut pas exécutée par les Bour-
bons, mais vous savez aussi comment succomba
la branche aînée...

« Nous touchons à 1815 : Napoléon est ramené triomphalement du golfe Juan aux Tuile-
ries. Permettez-moi de mettre sous les yeux de
la Chambre, puisqu'on demande des textes, la
déclaration qui, à ce moment, est faite par le
conseil d'État :

« *La souveraineté réside dans le peuple; il est
la seule source du pouvoir, etc.*

« *Les adhésions données par des individus et par*

des fonctionnaires sans mission ne peuvent anéantir, ni suppléer LE CONSENTEMENT DU PEUPLE.

« Vous n'avez pas oublié que Napoléon fit un appel au peuple français et lui proposa l'acte additionnel.

« *Le Moniteur de Gand* soutenait que l'acte additionnel, n'ayant été revêtu que de quinze cent mille signatures, n'avait pas été suffisamment accepté, parce que la volonté nationale aurait dû être constatée par huit millions de votes au moins. Nouvel hommage rendu à la sanction du peuple par le JOURNAL DE L'ÉTRANGER.

« Quand Napoléon partait pour la bataille de Waterloo, l'assemblée des représentants lui faisait entendre ce langage :

« *La Chambre est appelée à se faire une constitution, et cette constitution devra être ratifiée par le peuple.* »

« Le canon gronde aux barrières, le palais de la Chambre est déjà entouré de soldats étrangers, et la Chambre décrète un programme des droits du peuple, testament suprême qu'elle lègue à l'approbation, à la sanction du peuple. Écoutez, messieurs, les termes mêmes de cette déclaration :

« *La Chambre déclare qu'un monarque ne peut offrir de garantie réelle, s'il ne jure d'observer une constitution délibérée par la représentation nationale et acceptée par le peuple. Ainsi, tout gou-*

vernement qui n'aurait d'autres titres que des ACCLAMATIONS et les volontés d'un parti n'aurait qu'une existence éphémère, etc. »

« De 1791 à 1830, les droits souverains de la nation ont été permanents, continus, consacrés sans interruption...

« Deux monarques y ont failli, Napoléon et Charles X : le premier a été abandonné par le peuple, le second a été chassé par lui.

« Et vous demandez encore où est le pouvoir constituant ?

« Je demande, moi, où il n'est pas. (Agitation dans l'assemblée.)

« Vous me demandez où est le pouvoir constituant, je crois vous l'avoir montré avec ses profondes et impérissables racines.

« Quoi ! depuis quarante ans, tant de sang aurait été versé, nous aurions amassé tant de gloire et éprouvé de si immenses revers pour un mot, pour une abstraction, pour une frivolité ! Non, non, que le peuple se rassure ; ses droits sont imprescriptibles ; parler autrement, c'est blasphémer. (Mouvement. — Extrême gauche, très-bien ! très-bien !)

« Vous prétendez que le pouvoir de modifier les institutions existe aujourd'hui dans le vote des deux Chambres réunies et dans l'assentiment de la couronne. En 1830, comment cette harmonie des trois pouvoirs se serait-elle rencontrée ? Où était la couronne? Elle était dans les rues, sur le pavé de Juillet, où la Chambre de 1830 l'a ramassée. Où était la Chambre des pairs? Vous la proscriviez, vous la décimiez... »

Le principe de la souveraineté du peuple une fois admis, il était plus facile de murmurer que de briser un seul chaînon de cette vigoureuse dialectique.

Après lui, Larochejaquelein lut un violent factum légitimiste : par deux fois rappelé à l'ordre, il descendit de la tribune.

« ... Chacun de nous a à examiner non-seulement quels sont ses devoirs, mais aussi quels sont ses droits. Le gouvernement monarchique a été renversé en 1830. (Réclamations nombreuses.)

« LE PRÉSIDENT. La France a conservé le gouvernement monarchique constitutionnel.

« LAROCHEJAQUELEIN. Si l'on voulait soutenir que nous vivons sous l'empire des principes anciens, la révolution de Juillet serait une révolution de palais : ma place ne serait pas ici. (Rumeurs.)

« LE PRÉSIDENT. Je ferai observer à l'orateur (Bruit.) qu'on ne peut appeler une révolution de palais le gouvernement que la France a légitimement fondé en 1830.

« LAROCHEJAQUELEIN. On vient demander un acte constituant. Moi qui n'aurais pas participé à la création d'une royauté nouvelle, je ferais une royauté temporaire ! Non, je n'ai pas reçu une pareille mission.

« Je comprends qu'on ait voulu voir l'expression de la volonté nationale dans une insurrection triomphante. (Murmures violents. — Plusieurs voix : A l'ordre ! à l'ordre !)

« Le Président. Il m'est impossible de laisser comparer la révolution de Juillet à une insurrection triomphante : en conséquence, je rappelle l'orateur à l'ordre.

« Larochejaquelein... Je comprends qu'on ait voulu voir l'expression de la volonté nationale dans le concours de la garde nationale de Paris, et, il faut le dire, dans le silence des provinces étonnées de cette chute d'un trône... (Murmures; cris : A l'ordre !)

« M. Dufaure. Il n'y a pas eu silence de la part des provinces; il y a eu adhésion, et adhésion éclatante.

« Le Président. Je serai forcé de rappeler de nouveau l'orateur à l'ordre.

« Larochejaquelein. J'explique l'origine du gouvernement de Juillet. Laissez-moi compléter ma pensée... (A gauche : Continuez ! continuez !) Tenir aujourd'hui ces faits comme non avenus, voir uniquement la volonté nationale dans la déclaration de 219 députés. (Bruyantes réclamations au centre.)

« Le ministre des affaires étrangères. Il n'est pas possible de tolérer un tel langage.

« Larochejaquelein. Telle ne peut être votre pensée, messieurs, le bon sens s'y refuse...

Après un deuxième rappel à l'ordre, l'orateur descend de la tribune :

« Je proteste contre la loi qui vous est présentée. J'ai voulu parler au nom du droit monarchique, vous m'avez interrompu au nom du droit révolutionnaire. »

Il est difficile de démêler le but précis du discours de Lamartine ; cependant, à travers les oscillations de sa pensée, il fait une critique amère de la loi :

« ... Non, dit-il, la loi que vous proposez n'est ni conservatrice ni dynastique... On l'appelle conservatrice, et elle est grosse de révolutions ; on l'appelle dynastique, et elle est grosse d'usurpations. Elle chasse la mère du berceau, et y place le compétiteur et le rival. »

Après de longs circuits historiques, il conclut contre la régence du duc de Nemours, à laquelle il préfère celle de la princesse Hélène.

« ... Une régence de femme, c'est le pouvoir au pays, c'est le gouvernement dans le parlement, c'est la dictature de la nation à la place d'un dictateur royal. »

Sans aborder nettement, comme Ledru-Rollin, la question du pouvoir constituant, il marchait au radicalisme et terminait par cette apostrophe aux amis trop zélés de la dynastie.

« ... Ainsi vous donnez prétexte aux malveillances : vous faites dire que le pouvoir est insatiable de dons à offrir à la dynastie que vous voulez fortifier; vous faites dire que l'on saisit les émotions, les peurs, les afflictions même du pays pour le dépouiller, pièce à pièce, des droits, des facultés, des attributions que lui ont conquis et légués cinquante années de révolutions, de marche, de progrès vers la liberté. »

Répondant à tous les adversaires du projet, M. Guizot, dans un noble langage, imposait confiance à la majorité :

« ... Oui, la dynastie de Juillet a essuyé un affreux malheur; mais de son malheur même est sortie à l'instant la plus évidente démonstration de sa force (Mouvement.) la plus éclatante consécration de son avenir. Plus l'épreuve qu'elle subissait a paru grave, plus la nécessité de sa présence et la grandeur de sa mission ont été vivement et universellement senties. Elle a reçu partout chez nous, hors de chez nous, le baptême des larmes royales et populaires; et le noble prince qui nous a été ravi a appris au monde en nous quittant combien sont déjà profonds et assurés les fondements de ce trône qu'il semblait destiné à affermir. (Mouvement.) Il y a là une joie digne encore de sa grande âme et de l'amour qu'il portait à sa patrie.

« ... Non, nous n'avons pas besoin d'apporter à la dynastie que nous soutenons des forces extraordinaires, des forces d'emprunt contraires aux intérêts et aux libertés du pays. »

S'autorisant de ce qui avait déjà été fait en 1830, il écartait comme pleine de danger l'idée de recourir à un pouvoir constituant.

« ... Les pouvoirs constitutionnels ont suffi pour fonder la royauté de Juillet, et aujourd'hui nous n'aurions pas le droit, nous, pouvoirs constitutionnels, établis, éprouvés depuis douze ans, nous n'aurions pas le droit de fonder une loi de régence, quand ils ont fait une royauté en 1830! Cela choque le simple bon sens, cela est contraire aux plus évidentes leçons de l'expérience du monde et de la nôtre.

« Si l'on prétend qu'il existe et qu'il doit exister au sein de la société deux pouvoirs, l'un ordinaire, l'autre extraordinaire, l'un constitutionnel, l'autre constituant, l'un pour les jours ouvrables (permettez-moi cette expression), l'autre pour les jours fériés, en vérité, messieurs, ont dit une chose insensée, pleine de danger et fatale...

« Hors de nous il n'y a, je le répète, qu'usurpation et révolution. »

Tocqueville contesta la légitimité de l'applica-

tion du principe héréditaire à la régence. Dans
ce système, le hasard peut faire tomber le pouvoir aux mains d'un enfant. Pourquoi donc placer
à côté de ce hasard de la naissance, qui rend le
roi incapable de régner, un autre hasard de la
naissance qui crée, à côté de ce pouvoir, un régent incapable de tenir sa place? M. de Tocqueville voulait que l'on conférât à la législature le
droit d'élection.

La diatribe sans tact et sans mesure de Larochejaquelein avait soulevé les colères de la
Chambre; elle rendait plus difficile la tâche du
chef légitimiste : aussi Berryer eut-il quelque
peine à faire admettre que son opinion sur la loi
de régence fût dégagée de toute arrière-pensée.
Il ne demandait pas pour la loi la sanction du
peuple, dont il n'admettait pas la souveraineté,
mais il combattait, comme contraire à l'esprit des
institutions de l'ancienne monarchie, le principe
de l'hérédité de la régence, comme une nouveauté
sans exemple l'exercice entier de l'autorité royale
confiée au régent; à toutes les époques, ce pouvoir avait été limité soit par les lois, soit par
l'existence d'un conseil. Selon lui, la loi réunis-
sait les principes de la constitution de 1791, qui
avait tué la royauté, aux principes de la constitution de l'an XII, qui avait tué la liberté. Il se
prononça pour la régence, en tout cas élective,
et souvent confiée aux femmes avec avantage.

On le voit, fidèle à la doctrine du droit divin, il repoussait également et le pouvoir constituant et le suffrage universel. Tribun de la classe moyenne et des électeurs censitaires, vis-à-vis d'une royauté usurpée, ses efforts tendaient à l'affaiblir et à fortifier contre elle le gouvernement parlementaire. Pour la première fois depuis des années, son discours, habile, n'exerça qu'une influence secondaire sur les résolutions de l'Assemblée.

Avec une égale habileté, le ministre de l'instruction publique, M. Villemain, suffit à la réplique.

Plus dynastique que jamais, M. Odilon Barrot protesta de son adhésion à la royauté de 1830 : aucun établissement politique dans ce monde n'avait été plus légitime, plus national, plus environné de tous *les droits qui créent le droit sur cette terre.* Il repoussait toute discussion relative au pouvoir constituant; il s'associait sincèrement à un grand acte de prévoyance nationale; mais il se séparait du gouvernement lorsqu'on lui demandait d'établir la légitimité de la régence au détriment du droit d'appréciation parlementaire, de se prononcer pour les effets du hasard aveugle au mépris des pouvoirs intelligents de l'État. Il blâmait les paroles si imprudentes, si dangereuses, si téméraires du ministre des affaires étrangères : « Nous avons fait un roi, nous pouvons bien faire un régent. »

Et il ajoutait : « Nous avons fait une Charte, prétendez-vous avoir le droit d'en faire une autre? »

Il reproduisait ensuite la plupart des arguments de Berryer et de Lamartine, et concluait comme eux à la régence éventuelle de la veuve du duc d'Orléans.

M. Thiers, par une démarche d'une apparente grandeur, se séparant de tous ses anciens alliés de la coalition, apporta son puissant concours au ministère, ou, pour mieux dire, à la monarchie de Juillet. Sa parole, d'une rare habileté, frappa impitoyablement et Ledru-Rollin, l'orateur du pouvoir constituant, et Lamartine, la nouvelle conquête du parti radical, et Berryer, le dangereux conseiller du gouvernement parlementaire, et M. Barrot, le chef inconséquent de l'opposition dynastique. Les amitiés personnelles, les souvenirs d'une campagne faite en commun, d'une victoire perdue par sa faute, la reconnaissance envers ceux qui l'avaient recueilli après sa chute, tout fut immolé à sa foi monarchique.

« Ce que je fais ici, ce n'est pas un discours, c'est un acte... Et fussé-je seul, s'écria-t-il, je persisterai à soutenir la loi telle quelle, sans modification, sans amendement. »

Fidèle à ses antécédents, il proclamait qu'il avait peu de respect, point de respect pour le ouvoir constituant, qui serait la violation immé-

diate de la Charte. La loi actuelle était une
simple loi, révocable comme toutes les lois, et
pouvant être modifiée au gré des législateurs à
venir. Après avoir montré l'inviolabilité royale,
instituée non dans l'intérêt du roi, mais dans celui du pays :

« Croyez-vous que je sois effrayé, alarmé, de
voir donner au régent les pouvoirs de la royauté ?
Eh! messieurs, je ne suis pas effrayé de les voir
donner au roi, à un roi tel que la charte l'a fait ;
je n'en connais pas d'autre, je n'en ai pas servi
d'autre et je n'en servirai jamais d'autre. Je ne
suis pas effrayé de les voir donner au roi, et vous
croyez que je serais effrayé de les voir donner à
un régent, qui aura cent fois moins de puissance
que le roi ? »

Il repoussait le principe de l'élection, non
comme un danger, mais comme contraire à la dignité du gouvernement parlementaire; il avait été
humilié que l'on pût espérer le triomphe de ce
que l'on appelait l'esprit parlementaire, le jour
où l'individu chargé de la régence serait une
femme trop faible pour résister au parlement,
c'est-à-dire le jour où le parlement pourrait lui
imposer ses volontés.

« L'opposition bien conduite, savez-vous ce
qu'elle doit faire? Au lieu de faire ce qu'ont fait
toutes les oppositions depuis cinquante ans, au
lieu de se détacher vite et vite des gouvernements

qui ne réalisaient pas leurs espérances, pour courir à des gouvernements qui ne les réalisaient pas davantage, savez-vous ce que doit faire une opposition sage? Au lieu de se décourager, de se retirer, elle doit s'appliquer davantage à corriger le gouvernement existant; s'il se trompe, tâcher de le relever; quand elle n'a pas pu se former une majorité, elle doit s'y mieux appliquer une autre fois. On améliore, on redresse et l'on ne déserte pas un gouvernement...

« Si, malgré quelques mécontentements personnels, je n'ai pas cessé de vouloir notre gouvernement autant qu'il y a douze ans, c'est que, pour moi, derrière le gouvernement de Juillet, il y a la contre-révolution, je l'appelle par son nom, et que devant il y a l'abîme de l'anarchie...

« Je vois derrière nous la contre-révolution; je ne suis pas la dupe de son langage, je sais bien ce qu'elle nous dit; je sais bien qu'elle prétend s'être corrigée; (On rit.) je sais qu'elle prétend qu'il lui fallait une grande expérience, et il faut convenir que ç'a a été une cruelle expérience que celle des *ordonnances*. Elle ajoute qu'elle serait libérale aujourd'hui, patriotique, qu'elle ne s'appuyerait plus sur l'étranger, qu'elle n'arriverait plus par l'étranger. Messieurs, quand on a trompé un pays aussi gravement qu'on l'a fait il y a douze ans, il ne faut plus prétendre à lui inspirer de confiance. Je sais ce que c'est que la contre-révolution. Elle a donné la charte en promettant de l'observer, et quand la charte est devenue sérieuse, elle l'a violée. Elle a dit qu'elle serait patriote? comment donc! On appelait Masséna le fils chéri de la victoire, et on faisait fusiller le maréchal Ney aux portes d'un des grands palais de Paris. Des promesses, on ne m'y prendra plus, on ne m'y a jamais pris. (On rit.)

« On dit qu'on ne veut plus de l'appui de l'étranger, savez-vous quand je croirai qu'on n'en veut plus? C'est quand je verrai qu'on en a un autre; et comme je suis convaincu qu'on n'en trouvera pas dans le pays, je suspecterai toujours la contre-révolution de vouloir celui qui lui a donné le pouvoir en 1815...

« Je croyais en 1830, et je le crois encore aujourd'hui, que ce qui est en avant est incapable de se gouverner soi-même et de gouverner le pays. J'ai cru et je crois encore qu'en avant il n'y avait que l'anarchie, et voici ce que j'appelle l'anarchie : des hommes incapables (je ne veux faire aucune application personnelle, à Dieu ne plaise!) des hommes incapables de s'entendre pour faire un gouvernement, de maintenir l'ordre dans un pays, et de faire autre chose que ce qu'ils ont fait il y a quarante ans, peut-être avec la gloire de moins... (Sensation.)

« Je reste sur le terrain où la charte nous a placés. Je conjure mes amis de venir faire sur ce terrain un travail d'hommes qui savent édifier, et non pas un travail d'hommes qui ne savent que démolir. »

J'ai réduit les citations de ce remarquable discours à ce qui était strictement nécessaire pour en résumer la portée. Son effet fut immense ; il détacha de M. Barrot la plupart des membres de l'opposition dynastique. Avec le double appui de M. Guizot et de M. Thiers, la loi de régence fut votée par 310 voix contre 94.

Il sera curieux de voir, six ans plus tard, la régence de la duchesse d'Orléans, soutenue par MM. Thiers et Odilon Barrot, renversée par Lamartine.

XVI

Dans le chapitre précédent, j'ai usé de nombreuses citations; mon excuse est la nécessité de faire connaître les hommes nouveaux, leurs qualités d'orateurs; d'indiquer les transformations, les positions prises par les membres les plus considérables du Parlement. Depuis lors et jusqu'à la fin du règne, la ligne adoptée par chacun d'eux varie peu : les radicaux affirment et développent en toute occasion l'idée républicaine; les légitimistes, empruntant ses armes à la liberté, battent en brèche le trône constitutionnel; des amis maladroits le sapent et le minent en voulant l'amender; les ambitieux mécontents travaillent sans relâche à un changement de ministère, tandis que M. Guizot s'immobilise à la tête des satisfaits.

Malgré la majorité imposante qui vota la loi de régence, malgré les efforts combinés des amis de la dynastie pour l'affermir, le mal causé par la mort du duc d'Orléans fut incurable.

Je n'ai guère connu de ce prince que les apparences : séduisant, réservé, capable de commander aux autres et à lui-même, formé, pétri par son père, en admettant qu'il n'en dût être que la continuation, il avait sur lui l'incontestable supériorité de la jeunesse; au roi, qui lui communiquait son expérience, il communiquait à son tour les idées de l'heure présente; l'influence était réciproque. En le perdant Louis-Philippe resta seul livré à ses soixante-neuf ans, car le duc de Nemours n'eut sur lui aucune action, et une trop grande différence d'âge lui fit dédaigner plus tard comme inconsidérés et presque irrespectueux les avis de ses plus jeunes fils. A cette époque commence, selon moi, le déclin de sa royauté. Je ne puis que m'associer aux réflexions de mon ami Dupont White, lorsqu'il remarque que, « si les rois meurent vieux, on voit dans le même homme une succession d'hommes et d'esprits du degré le plus inégal, l'impéritie qui vient des années étant un fait naturel et physiologique, » et les partisans de la monarchie devraient au moins adopter sa proposition d'une limite d'âge.

(1) *Le Progrès politique en France,* par Dupont White.

Sans avoir été de son intimité, j'ai connu le duc de Nemours, que la loi venait de désigner comme régent. Rarement l'opinion publique s'est plus complétement trompée qu'à son égard : après la Révolution de juillet, les légitimistes, l'opposant à son père et à son aîné, le réclamaient comme un des leurs ; ils lui supposaient des regrets, même des remords de ce qu'ils appelaient *l'usurpation de la branche cadette*. De ces faux bruits lui vint une réputation d'aristocratie, de morgue, de roideur. La vérité est que, n'étant porté d'aucune passion vers l'exercice de la puissance, il n'avait senti aucune joie à être rapproché du trône : sa roideur était de la timidité, sa morgue de l'embarras ; une fois la glace rompue, on le voyait bienveillant, facile, enjoué, désireux de loisir et de liberté.

« Que vous êtes heureux ! me disait-il un jour, vous pouvez circuler, vivre à votre guise ; vous n'êtes pas sans cesse reconnu, observé, épié. »

Et d'un accent vrai, il déplorait sa servitude, le supplice d'être prince partout, toujours. Dépourvu d'ambition, il aurait accompli sans peine ses devoirs de régent constitutionnel, et le gouvernement aurait sous lui fonctionné régulièrement.

Ainsi que je l'ai dit, j'allais de temps à autre au ministère des affaires étrangères. Un soir, la conversation étant tombée sur une question de politique extérieure, M. Guizot me prit à part :

« Vous parlez bien, me dit-il; mais, comme tous les hommes d'opposition qui n'ont pas été aux affaires, vous ne savez jamais le vrai, le fond des choses. Voici ce que je vous offre : je mettrai à votre disposition les correspondances confidentielles aussi bien que les pièces destinées aux débats publics; quand vous les aurez lues, vous me ferez connaître le sens, le canevas de votre discours. Si, des armes que je vous aurai fournies, devait résulter un dommage sérieux pour ma politique, je vous le ferai connaître; en tout cas, j'ai confiance dans votre loyauté. »

J'étudiai de la sorte les questions d'Espagne, de Grèce, etc. J'appris beaucoup, et j'ai plaisir à en marquer ici ma reconnaissance.

Je ne crois pas manquer à la discrétion que je m'étais imposée en extrayant de ces correspondances un curieux exemple de vanité folle, mais inoffensive. Le comte de Salvandy, nommé ambassadeur extraordinaire près de la jeune Isabelle, écrivait à son entrée en Espagne : « Rien ne peut rendre l'accueil enthousiaste des populations; mais leur enthousiasme s'adresse bien moins à l'envoyé de la France qu'à l'auteur d'*Alonzo* (1). »

Par suite de ces travaux, je déjeunais souvent à l'hôtel des Capucines, avec le ministre, sa mère,

_____
(1) Roman oublié du comte de Salvandy.

ses deux filles, sa belle-sœur, madame de Meulan, tantôt le baron de Barante ou quelque célébrité européenne, comme le comte de Humboldt,
l'auteur du *Cosmos*, causeur spirituel et infatigable.

La noble figure de madame Guizot est gravée
dans la mémoire de tous ceux qui l'ont connue :
un petit bonnet de veuve, des vêtements sombres,
la dignité du maintien ; ses traits semblaient
taillés dans un marbre antique légèrement jauni
par le temps ; l'énergie, la foi indomptée, l'indépendance, la résignation, la sérénité après la
souffrance se lisaient sur sa physionomie. Au
terme d'une longue vie, ses qualités, à l'état pur
et natif, n'avaient pas été usées par le frottement
du monde ; la société ne lui avait rien enlevé de
son individualité : elle était ce que son fils aurait
voulu être, la chose la plus rare en France, un
caractère. Je ne doute pas que ses conseils n'aient
été maintes fois utiles à l'homme public : elle devait l'encourager à donner ou maintenir une démission, à ne pas joindre à ses fautes la responsabilité de mesures qu'il savait être des fautes, à
ne pas condescendre aux volontés obstinées d'un
vieillard, fût-il le roi.

Madame de Meulan, autrefois blonde, une laide
négligée, instruite, bonne, aimable, de jugement
droit, assidue, dévouée, dirigeait le *home*. Con-
fiées à ses soins, ses nièces, deux jolies têtes

entre l'enfance et la jeunesse : l'aînée au regard doux, rappelant sans doute la mère qu'elle avait perdue; l'autre plus vive, plus animée, plus semblable à son père, tempéraient l'austérité de cet intérieur. En créant leurs corps distingués, frêles et délicats, on aurait dit que la nature avait voulu économiser la matière ; la prédominance des facultés intellectuelles et morales, trop cultivées au détriment du physique, intéressait et inquiétait.

J'ai toujours attaché un grand prix à l'équilibre, à l'égalité de développement et de soin entre ces deux parties indivisibles de notre être, que le christianisme a arbitrairement séparées et opposées l'une à l'autre. Comme j'exprimais d'une manière générale mes idées à ce sujet, je trouvai dans M. Guizot un contradicteur absolu : c'est un des traits les plus accusés de sa personnalité que le mépris des qualités physiques, surtout de la force musculaire. La prétention des spiritualistes est de dominer la matière : l'ancien chef de l'école doctrinaire, Royer-Collard, janséniste impitoyable, a fourni de fréquentes applications de la rigidité de ses principes; son successeur, plutôt que son ami, le calviniste M. Guizot, n'a pas eu moins d'aptitude à refouler les affections terrestres. Son stoïcisme a éveillé une admiration que je ne partage pas. Si le dix-huitième siècle a commis des excès de sensibilité,

s'il a prodigué les larmes, il ne faut pas trop
s'enorgueillir de les avoir taries ; une certaine
sécheresse m'a toujours paru, au milieu des afflictions, le plus puissant auxiliaire d'une parfaite
possession de soi-même. M. Guizot fait mentir la
belle image de Montaigne, comparant aux épis
vides la tête droite et creuse des sots, aux épis
pleins et mûrs le front courbé des savants, chargé
de connaissances et de réflexions, car il porte la
tête non-seulement droite, mais penchée en arrière. Cette attitude tient à deux causes : son
optimisme et sa passion de l'autorité. Personne
n'a contesté la beauté de son regard ; son sourire
est indulgent et fin ; son rire, au contraire, dé-
range et vulgarise la noble expression de ses
traits. Sa conversation, la confiance qu'il me té-
moignait, mes progrès dans son intimité m'atta-
chaient à lui de plus en plus : je jouissais de sa
supériorité, car son talent à la tribune a constamment grandi jusqu'en 1848, et ce n'est qu'à l'user
que je me suis rendu compte des qualités essen-
tielles qui manquaient à l'homme d'État. Son
ambition était juste et méritoire, mais on doit lui
reprocher d'avoir trop aimé le pouvoir, d'en
avoir eu la vanité, d'en avoir fait un but, non un
moyen ; d'avoir exagéré jusqu'à la bravade le
courage de l'impopularité, affrontant l'opinion
non seulement pour faire prévaloir ses convictions, mais pour défendre des idées qu'il avait

combattues au sein du conseil et qu'il avait eu le tort de se laisser imposer; d'avoir ainsi inutilement grossi, amoncelé les haines qui l'ont rendu dangereux, puis impossible. Il consumait son énergie dans la résistance au mouvement, redoutait l'initiative, l'action, la décision; enfin tout ce luxe d'impopularité, ses défis, ses superbes dédains, autant d'expédients à l'aide desquels il faisait illusion, autant de protestations contre le défaut qu'il aurait voulu se cacher à lui-même, sa faiblesse. Oui, l'homme inflexible au milieu des orages parlentaires cédait, cédait sans cesse au souverain; il le sentait, et sa réputation d'inébranlable fermeté le consolait à peine de sa complaisance. Aussi l'étendue des connaissances, l'élévation des idées, la majesté du langage, l'honnêteté personnelle, le désir du bien n'ont pas suffi à en faire un grand citoyen : il a été l'orateur du roi, non le ministre de la nation. Témoin des grandes choses accomplies en Angleterre par un ministère conservateur, quand à la voix de sir Robert Peel le Parlement substituait l'échelle mobile au droit énorme sur l'entrée des céréales, supprimait les droits prohibitifs, réduisait à 5 pour 100 les tarifs sur tous les objets de consommation, et, pour ramener l'équilibre dans les finances, votait la taxe proportionnelle sur le revenu au-dessus de 150 livres sterling; quand, grâce à ce génie simple et pratique, la liberté

commerciale était fondée, M. Guizot devait naturellement être tenté de l'imiter; il le fut en effet
et conçut de vastes desseins d'amélioration des
intérêts matériels; il les annonça, il y crut; seulement il les remit, et, de session en session, ne
les réalisa jamais.

J'ai toujours jugé l'instruction primaire non
moins indispensable que l'enseignement supérieur,
et les progrès matériels nécessaires aux classes
laborieuses non moins urgents que les réformes
libérales, profitant d'abord à la bourgeoisie;
j'avais donc suivi avec admiration les discussions
de la Chambre des communes et les résultats économiques obtenus par sir Robert Peel. Je me
trouvais tout disposé à partager les espérances
du ministre français, et, pendant plusieurs années,
j'ai vécu sur ses promesses.

Les questions des sucres, linière, vinicole, demandaient une solution; l'union douanière avec
la Belgique était proposée, mais des obstacles
politiques arrêtaient les projets du gouvernement.
Une fraction de la majorité était composée de
députés des bassins houillers et de maîtres de
forges, conservateurs non-seulement du *statu quo*
politique, mais avant tout des droits prohibitifs ou
protecteurs de leurs industries. Comment avec de
tels alliés, faire un pas vers le libre échange? Et
M. Thiers qui, dans la loi de régence, s'était
montré si profondément dynastique, n'était-il pas

là, lui l'administrateur des mines d'Anzin, le défenseur constant, acharné, des priviléges du travail national, prêt à devenir le représentant au
pouvoir de ces mécontents qui auraient déplacé la
majorité? Situation inextricable. En supposant
que le chef du ministère la voulût, une réforme
libérale lui eût aliéné le roi, une réforme, économique, la Chambre. Il ne pouvait sortir de son
inertie qu'au prix du pouvoir; mais s'il avait con-
sommé volontairement le sacrifice, si avec les
ressources de son magnifique talent d'orateur il
avait fait voter, à l'assemblée surprise, par une
majorité temporaire, une grande mesure d'intérêt
général, qu'il eût été beau de tomber ainsi, et
quelle force il eût puisée dens sa chute ! Il devait
encore sur ce point recevoir de sir Robert Peel
une glorieuse leçon. Au lieu de cela, M. Guizot
répondait aux représentations des chambres de
commerce : « Nous aviserons » ; aux plaintes des
6 millions de travailleurs vivant de la culture de
la vigne : « Soyez forts, nous vous soutiendrons» ;
aux partisans de l'union douanière : « Patience,
sachons attendre ». Il serait injuste, en condam-
nant son système de temporisation, de ne pas
tenir compte de l'indifférence routinière des
masses, et, dans la Chambre, de l'ignorance des
uns, de la partialité intéressée des autres. Mais
les remèdes à ces maux s'appelaient : la gra-
tuité de l'instruction primaire, la liberté de réu-

nion, l'esprit d'association. Comment son plus beau titre, l'honneur d'avoir commencé l'organisation de l'instruction primaire, d'en avoir doublé le budget en 1833, ne l'a-t-il pas encouragé à persévérer ?

C'est avec répugnance et contraint par la vérité que je me résigne à amoindrir les hommes considérables de notre pays ; pourtant il est un défaut commun en France à tous ceux qui se succèdent au pouvoir, funeste héritage de plusieurs siècles de monarchie : c'est la coutume de couvrir, de pallier, de justifier les erreurs et les méfaits des agents de l'autorité. Que le chef d'une association de malfaiteurs en lutte contre la société les soutienne, rien de plus naturel ; mais conçoit-on que le gouvernement prenne fait et cause pour des fonctionnaires qu'il a dû choisir dans l'élite des honnêtes gens, quand l'un d'eux trompe sa confiance par un acte d'improbité ? N'importe, l'autorité ne doit jamais avoir tort, voilà le dogme ; dangereux anachronisme, erreur mortelle au respect de l'autorité, mortelle plus tard à la monarchie de Juillet.

L'affaire Hourdequin est la première en date d'une succession de procès et de scandales, symptômes d'une corruption qui n'avait chance d'être guérie que par la sévérité du gouvernement sollicitant la rigueur des magistrats.

Au lieu de cela, nous voyons l'administration

en majorité recommander l'indulgence envers les
employés dont le déshonneur la gagne, et se
plaindre de la courageuse fermeté du président de
la cour d'assises, M. de Froidefond des Farges.
Ce procès révèle de graves enseignements : la
généralisation de l'immoralité et de l'improbité
chez les employés subalternes, la connivence ou
l'insouciance coupable de leurs supérieurs. La
préfecture de la Seine est seule en cause, néanmoins déjà une partie du ministère voudrait, dans
l'intérêt fort mal entendu du pouvoir, étouffer ces
débats. Le président, M. de Froidefond des
Farges, est blâmé, menacé, tombe en disgrâce ;
sa conduite, déférée au conseil des ministres pré-
sidé par le roi, trouve des censeurs, mais aussi
des apologistes, je les nomme avec joie :
MM. Guizot et Villemain ; tous deux ont compris
cette fois qu'une politique habile autant qu'honnête devait pousser au châtiment de tout fonc-
tionnaire atteint de prévarication. Pourquoi,
avec un sentiment si net des devoirs de l'homme
d'État, le chef moral du 29 octobre n'a-t-il pas
persévéré ?

Quelques lignes, empruntées aux journaux
de 1842, donneront une idée de l'émotion publique pendant ces débats. On lit dans *le Commerce* du 15 novembre :

« Les séances de la cour d'assises de la Seine
continuent à préoccuper vivement l'esprit public.

Tout le monde comprend qu'on ne peut plus conserver à la tête de l'Hôtel de Ville les administrateurs qui, pendant des années entières, ont pu ignorer tant de malversations et ont fermé les yeux sur elles...

« ... Il semble que ces premiers scandales ne soient que les avant-coureurs de beaucoup d'autres. On ne s'aborde plus dans Paris sans entendre raconter une foule de détails qui tendraient à prouver que la corruption et la fraude ont fait des progrès qui remonteraient haut et loin.

« ... Les paroles sévères et nobles du président de la cour d'assises, sa conduite digne et ferme pendant tous ces débats sont déjà d'heureux symptômes des alarmes que ces progrès du mal jettent dans le cœur de tous les hommes honnêtes...

« Nous avons remarqué en effet que le président de la cour d'assises avait plusieurs fois laissé percer la pensée que la sévérité n'était pas partout également applaudie... Cela est tout simple d'ailleurs : un gouvernement corrupteur ne peut pas voir avec tranquillité flétrir la corruption. »

Le même journal, dans son numéro du 20 novembre :

« Ces débats, ces désordres, ces révélations scandaleuses resteront comme un des symptômes,

comme une des manifestations les plus graves de
ce mal profond qui, par l'administration, décompose la société. »

Enfin, j'emprunte à la *Gazette des Tribunaux*
une partie du résumé du président à l'audience
du 19 novembre :

« ... A l'occasion des soustractions de plans
dont sont accusés plusieurs de ceux que vous allez juger, il était de toute nécessité, et dans leur
intérêt et dans celui de la société, de révéler le
désordre criminel du bureau des plans, la dilapidation des deniers publics et les manœuvres frauduleuses de certains employés et d'agents d'affaires au sujet de la confection et de l'emploi de
ces plans. Il fallait que vous sussiez qu'en peu
d'années, comme le disent les trois chefs de division de la préfecture, neuf cent mille francs
avaient été absorbés pour le travail et la confection des plans, et qu'un résultat peu satisfaisant
avait été obtenu ; que, d'après le dire de ces
mêmes hommes, le matériel de ce bureau était
comme une proie jetée aux agents d'affaires.

« A l'occasion des accusations de suppression
de pièces et de corruption portées contre certains
employés, il fallait vous prouver l'organisation
d'un système arrêté depuis longtemps dans le bureau de la grande voirie, par des employés de
connivence avec des agents d'affaires, pour décourager les citoyens, les conduire à leur ruine

et les forcer à vendre à vil prix leurs propriétés ou leurs droits.

« Il fallait vous faire entendre leurs plaintes restées impuissantes, et sur lesquelles, d'après la déposition et l'aveu d'un témoin important par sa position, on s'était blasé. Il fallait vous représenter le riche comme le pauvre, le puissant comme le faible, victimes de ce système odieux et ruineux.

« Il était du devoir du magistrat de porter les plus sévères investigations sur ces faits : dans l'intérêt de l'administration, pour corriger les abus et maintenir la confiance ; dans l'intérêt des particuliers, pour assurer la garantie de leurs droits et de leurs propriétés. »

Deux accusés furent acquittés.

Trois condamnés :

Morin, à trois ans de prison ;

Boutet, à trois ans de prison ;

Hourdequin, à quatre ans de la même peine.

Le comte de Rambuteau, préfet de la Seine ; M. Alexis de Jussieu, chef de division, ont été maintenus dans leurs fonctions.

Le 15 novembre de cette même année, madame Berryer, mon excellente amie, mourut à Augerville. Elle se faisait saigner de temps en temps, et soit que la lancette employée eût gardé le virus de quelque plaie, soit toute autre cause, une phlébite l'enleva en deux jours. La douleur de son mari fut extrême ; il perdait en elle la compagne des bons et des mauvais jours, le conseiller prudent et résolu, la femme d'ordre et de dévouement. A cette perturbation violente de son existence venaient se joindre la lassitude, le découragement politique, l'amertume des ingratitudes dont il souffrait dans son parti. Il revint à une pensée de sa jeunesse, celle de quitter le monde pour le cloître, la tribune pour la chaire. En effet, élevé à Juilly par les Pères de l'Oratoire, il s'était senti, au moment de s'en séparer, un désir d'entrer dans les ordres que sa famille avait eu quelque peine à combattre. Un an plus tard, travaillant chez l'avoué, il passait au théâtre les soirées qu'il pouvait dérober à l'étude, se prenait d'enthousiasme pour la Comédie-Française et la belle Contat à son couchant ; je l'ai entendu parler du charme de cette intimité passagère, qui avait fait naître un instant en lui comme une velléité d'aborder la scène, et dont il n'avait gardé que l'art incomparable de bien dire. On sait quels furent dès le début l'avocat et plus tard l'orateur ; mais au travers des préoccupations d'affaires, des bouleversements politiques, des triomphes oratoires, des jouissances mondaines, une idée dominante le ramenait toujours vers la carrière du prédicateur ; des dégoûts, un cuisant chagrin lui inspiraient la résolution de renoncer aux luttes des partis, car sa foi était plus religieuse que politique. J'ai déjà dit comment, après la révolution de 1830, le catholicisme lui avait paru un obstacle à la proposition de Chateaubriand de devenir ensemble les guides d'une France républicaine; comment, à toutes les époques, il faisait sa lecture favorite des sermons de Bossuet et de Bourdaloue; je citerai encore le résumé d'une causerie de Berryer notée en 1841; il racontait :

« En 1837, un soir, chez le prince Paul de Wurtemberg, la conversation tourna sur la religion; le prince parlait en faveur du protestantisme. Tout à coup Thiers se tourna vers moi et me dit : « Je voudrais bien que quelqu'un pût me « démontrer d'une façon persuasive le droit divin « du christianisme; vous seul, mon cher, y eus- « siez réussi, et je vous y attends; car vous étiez « né prêtre, vous aviez au suprême degré le ta- « lent de la chaire, et qui sait?... » Cette apostrophe était d'autant plus singulière qu'à cette époque je n'avais encore eu aucune intimité avec Thiers, et il ignorait complétement les agitations d'esprit que ma vocation pour l'état de prêtre a apportées dans toutes les phases de ma vie. »

La mort de madame Berryer l'avait porté d'un élan qui semblait définitif vers la conversion et la retraite. Informé de sa détermination, je me mis à son point de vue, ne songeant qu'à sa gloire. Dès la fin du dix-septième siècle, l'éloquence sa-

crée n'avait plus eu de représentant; la chaire
était vide : franchissant l'abîme de nos croyances
opposées, je l'imaginai quittant un parti sans
avenir pour propager la foi qui vivait dans son
cœur, prêchant la parole sainte, entraînant de la
voix et du geste, attendrissant par ses larmes
les âmes rebelles : c'est de lui que Jean-Jacques
aurait pu dire : *Sa voix sonnait au cœur;* aux
premiers mots qui tombaient de ses lèvres, on
l'aimait, on pensait avec lui. Dans mon zèle ami-
cal, je lui écrivis pour le féliciter. Je m'étais
trop hâté ; il devait donner de longues années
encore à la chose publique. Toutefois, de ce jour
jusqu'en 1848, son génie est moins fier, moins
sûr de lui-même, il exerce moins d'empire sur
l'assemblée.

XVII

L'Europe était calme à l'ouverture de la session de 1843 : les deux cabinets d'Angleterre et de France s'étaient rapprochés ; le maréchal Soult et sir Robert Peel, lord Aberdeen et M. Guizot suivaient en Orient et en Espagne la même politique.

Le droit de visite seul restait en suspens. Se conformant à la volonté du parlement exprimée dans l'amendement de M. Jacques Lefebvre, le gouvernement avait dû refuser la ratification du traité complémentaire signé par notre ambassadeur à la fin de 1841. Du passage aux affaires de lord Palmerston et de M. Thiers il était resté en France une animosité qui s'attaquait au principe même du droit de visite; on demandait l'abrogation des conventions de 1833 et 1831; c'est dans ce sens que parlèrent à la Chambre des pairs la plupart des orateurs.

Seul, j'osai déclarer injuste et impolitique le dessein de rompre ou d'éluder ces traités : je remontai à leur origine ; elle avait été une concession à l'esprit libéral né de la révolution de Juillet; Lafayette, de Tracy, Odilon Barrot en étaient les parrains ; proposés par le duc de Broglie et M. Thiers, ministres, l'opposition à la Chambre et dans la presse les avait obtenus de la majorité conservatrice. Dans la pratique, jusqu'en 1837, ils n'avaient donné lieu de part et d'autre à aucune réclamation; c'est seulement lorsqu'il y avait eu refroidissement entre le comte Molé et lord Palmerston que celui-ci rédigea des instructions spéciales dont l'exécution avait éveillé la susceptibilité de nos marins. Depuis sa chute, ces instructions, examinées, sur la demande de lord Aberdeen, par le conseil de l'amirauté, avaient été déclarées illégales et annulées. La pensée du traité de 1841 appartenait-elle au ministre actuel des affaires étrangères? Non, le projet s'était élaboré lentement depuis cinq ans; il avait reçu l'approbation de tous les ministères, y compris celui du 1er mars. D'où venait donc l'acharnement avec lequel l'opposition, mêlée à une fraction considérable de conservateurs, l'avait combattu?

« La question d'Orient était close, la question d'Espagne stagnante, l'Europe était au calme; mais l'ouverture de la session des chambres approchait; l'opposition de toutes nuances était en quête d'une idée, elle cherchait vainement un thème à discussion sur la politique extérieure contre un ministère déjà vieux d'un an. (Mouvement.)

« ... Ce sont deux journaux conservateurs, *la Presse* et *le Globe*, qui ont soulevé les objections contre le droit de visite... Sans hésitation et presque sans réflexion, l'opposition tout entière se jeta sur cette idée... Que dire de plus? elle eut la main heureuse. (Murmures d'approbation.)

« ... Il fallut bien, pour se servir utilement de cette machine de guerre, que l'opposition se résignât à de durs sacrifices, comme par exemple de renier tout son passé, d'abandonner ses plus chères théories, de méconnaître ses enfants d'adoption, ses créatures, ses traités de 1831 et 1833. N'importe! Les revirements brusques n'ont d'inconvénients que pour ceux qui sont au pouvoir... Enfin elle avait cet immense avantage de marcher de concert avec une portion notable des conservateurs; mêlée dans leurs rangs et confondue avec eux, elle pouvait espérer renverser le ministère sans trop effrayer le pays. »

Le ministère, éclairé lui-même par la discussion sur les inconvénients de l'extension des zones, ne crut pas devoir faire de l'adoption du traité une question de cabinet ; fort de la volonté des Chambres, il refusa d'abord de le ratifier, et plus tard demanda à s'en retirer.

« Il pouvait arriver qu'une rupture s'ensuivît entre les deux gouvernements. Cependant telles étaient les bonnes dispositions du cabinet anglais que sir Robert Peel et ses collègues passèrent outre, et malgré l'expression du mécontentement des associations des amis des noirs, si puissantes en Angleterre, sans aigreur, sans récrimination, il laissa d'abord ouvert, pendant un an, le protocole du traité de 1841, puis il consentit à l'annulation du traité.

« Cette conduite du ministère anglais, j'ignore si elle a frappé tous mes collègues autant que moi. Cependant je n'hésite pas à dire hautement que, dans cette conduite de sir Robert Peel et ses collègues, je vois une compensation, une réparation envers la France du mauvais procédé de lord Palmerston au 15 juillet.

« A l'opposition, l'année dernière, l'annulation de ce traité suffisait; mais c'était à une condition, c'est que le ministère ne l'obtiendrait pas. Forcée d'exiger davantage aujourd'hui pour continuer d'être opposition, elle demande l'abrogation des traités de 1831 et 1833.

« Quelle conduite devons-nous conseiller au gouvernement? Sans doute il y aurait injustice à exiger de lord Aberdeen ce que nous n'avions pas cru devoir exiger de Palmerston; mais laissons ces considérations d'équité.

« J'oserai dire qu'au point de vue de notre intérêt, nous restreignant à l'égoïsme national, nous aurions tort d'exiger aujourd'hui la modification des traités de 1831 et 1833. Et en effet, depuis que nous avons conclu ces traités, toutes les marines secondaires ont adhéré, à notre exemple, au droit de visite.

« Or, quelle a été la politique constante de la France, la bonne, la sage politique? C'est de rester à la tête des marines secondaires, pour faire contre-poids à la puissance navale de l'Angleterre.

« Eh bien, que ferions-nous par une modification actuelle de ces traités?

« Nous nous retirerions, il est vrai, nous nous affranchirions du droit de visite, mais nous laisserions exposées à ce droit toutes les marines secondaires; nous les y laisserions exposées, quand leurs seules garanties, en adhérant aux traités, étaient dans le droit de visite réciproquement exercé par la France. Par une retraite inconsidérée, nous les abandonnerions sans défense au joug de l'Angleterre. (Mouvements divers.) »

Après avoir combattu un à un les arguments de ceux qui demandaient la rupture des traités comme attentatoires au grand principe de la liberté des mers :

« Enfin les plus habiles, les plus retors parmi nos adversaires nous disent : Laissez-nous faire, nous trouverons bien moyen, par l'article 5, d'arriver, sans les rompre, à l'abolition des traités.

« L'article 5 est ainsi conçu :

« Des bâtiments de guerre réciproquement au-
« torisés à exercer la visite seront munis d'une
« autorisation spéciale de chacun des deux gou-
« vernements. »

« Il est certain que, si l'on tirait de cet article la conclusion que nous avons le droit de ne délivrer aucun brevet, nous arriverions tout naturellement à l'annulation des traités. Mais évidemment cette interprétation est purement littérale, contraire à l'esprit des traités, et je ne crains pas de le dire, si le gouvernement suivait l'avis de ces subtils conseillers, il perdrait dans l'estime des peuples à se faire ainsi procureur ou casuiste, et il ne gagnerait rien comme éloignement des chances de guerre, à amortir, au moyen d'un sophisme, une résolution injuste, mais grande du moins par son danger.

« Ainsi, au bout de tous ces moyens, il y a rupture et peut-être guerre.

« Je dirai, en terminant, à l'opposition : Libre
à vous de tenter la chute du ministère sur cette
question ; mais je vous mets au défi d'élever au
pouvoir un ministère qui serve votre politique à
l'égard des traités ; je vous mets au défi de former un ministère qui remplisse au pouvoir les
engagements qu'il aura pris dans vos rangs ; et
si, par un hasard qui, je l'espère, n'aura pas lieu,
vous parvenez à rencontrer une telle combinaison d'ambitions désespérées, je vous mets au
défi surtout de trouver une majorité qui l'appuie. »

Après moi, le marquis de Brézé fit entendre,
au nom de l'extrême droite, des récriminations
amères contre la politique du cabinet.

Le ministre des affaires étrangères, résumant
les débats, se félicita de l'amélioration de notre
situation au dehors, en Égypte, en Syrie, à Constantinople, en Espagne. Quant au droit de visite, refuser au bout de dix ans l'exécution des
traités de 1831 et 1833, c'était une faiblesse ou
une folie ; il n'y consentirait jamais. C'était sur la
demande, par les efforts de la France que les
traités de 1831 et 1833 avaient été généralisés,
acceptés par les autres puissances ; se retirer,
c'était livrer les autres puissances au droit de
visite de la seule Angleterre. Était-ce à dire
qu'il n'y eût rien à faire ? Non, il fallait en exiger
l'exécution, négligée depuis dix ans ; mais leur

révocation ne pouvait avoir lieu que s'ils deve-
naient sans objet, par la cessation absolue de la
traite des noirs, ou si des faits nouveaux venaient révéler des dangers inaperçus.

M. de Broglie, rapporteur, ayant eu la plus
grande part autrefois, comme ministre, aux mesures adoptées pour la suppression de la traite
des noirs, prit également la défense des traités.

L'adresse fut votée à une immense majorité.

A la Chambre des députés, la commission, favorable au ministère, avait néanmoins introduit
un paragraphe au sujet du droit de visite, dans
lequel elle se reposait sur la vigilance et la fermeté du gouvernement de la stricte exécution
des traités ; mais, frappée de leurs inconvénients,
elle appelait de tous ses vœux le moment où le
commerce de la France serait replacé sous la
surveillance exclusive du pavillon national. Le
débat fut long et animé, mais ne produisit de
part et d'autre aucun argument nouveau. M. Guizot, au nom du ministère, déclara que, quand le
cabinet croirait que les traités pourraient se dé-
nouer d'un commun accord, il l'entreprendrait,
pas auparavant, mais alors certainement.

Lamartine accentua encore davantage son opposition, motivée non sur telle ou telle faute,
mais sur le système du gouvernement, dont il
faisait remonter la responsabilité plus haut que
le ministère.

L'adresse obtint une énorme majorité.

Dans l'intervalle qui précéda le vote des fonds secrets, MM. Dufaure, Passy et leurs amis s'étaient détachés du ministère, et l'opposition entra en lutte avec ces nouvelles forces. Mis en demeure par M. Desmousseaux de Givré d'expliquer la cause de sa défection, M. Dufaure répliqua, au nom de ses amis, qu'aucun engagement ne les liait au cabinet du 29 octobre, et qu'ils croyaient arrivé le moment de réformes sages et modérées.

En vain Lamartine s'écria :

« Oui, je vous le dis avec l'accent du découragement le plus réfléchi, il est temps que ce jeu finisse, car il n'y a plus de milieu, il faut que la France cesse d'être la France, ou que vous cessiez de la gouverner. »

Une majorité de 45 voix accorda sa confiance au cabinet.

Il est à remarquer que dès lors, à part quelques concessions que Lamartine fit encore à son passé, Ledru-Rollin et lui tiennent le même langage, et dirigent tous deux leurs attaques non contre le ministère, mais contre le système imposé à tous les ministères.

A plusieurs reprises, le chef moral du 29 octobre s'était annoncé comme le protecteur éclairé des intérêts matériels du pays, et il avait évidemment le désir de leur venir en aide, mais le

talent de M. Guizot, élevé, généralisateur, supérieur dans les débats de la politique ou de la
diplomatie, manquait d'aptitude aux questions
commerciales; les connaissances économiques
lui faisaient défaut; il n'avait pas ce goût des
chiffres, cette facilité applicable à tous les sujets
qui permettait à M. Thiers d'être le *maître Jacques* d'un cabinet. M. Cunin-Gridaine était insuf-
fisant; ne pouvant différer plus longtemps d'apporter une solution à la question des sucres, il
présenta un projet de loi contenant une échelle
mobile de tarifs pour le sucre indigène et le sucre
des colonies. Ce système eut le malheur d'être
rejeté par la commission, qui lui substitua un
droit fixe annuel, augmenté d'année en année,
jusqu'à égalité d'impôt entre les deux sucres;
c'est ce projet, amendé quant aux chiffres, par
MM. Garnon, Passy et Muret de Bord, qui fut
adopté.

Le ministre s'était vu contraint d'ajourner
l'union douanière avec la Belgique.

Un échec non moins grave est celui du traité
de commerce négocié avec l'Angleterre, par lequel, en échange d'une diminution considérable
des droits d'entrée sur nos vins, eaux-de-vie,
articles de modes, etc., nous accordions un dé-
grèvement égal sur les houilles et les fers. Ce
traité, annoncé par sir Robert Peel à la chambre
des communes, fut différé, puis retiré par M. Gui-

zot. Sans doute il recula devant la crainte de diminuer sa majorité, et, dans l'état d'animosité du
sentiment national, de donner prétexte aux accusations de condescendance envers l'Angleterre ;
mais il n'aurait pas faibli s'il s'était senti de force
à démontrer tous les avantages du double abaissement des droits pour la masse des consomma-
teurs. Il possédait la conviction nécessaire pour
approuver la mesure, non les connaissances spéciales pour la défendre et la faire triompher dans
le parlement. A son défaut, cet ensemble de lois
et de traités, dont il devinait l'utilité pour le pays,
dont il pressentait l'avantage pour la durée de sa
politique, auraient dû être soutenus par un ministre du commerce d'un grand talent et d'une
grande volonté : c'est ce second qu'il lui aurait
fallu trouver, il ne le chercha même pas.

XVIII

OUVERTURE DES CHEMINS DE FER DE PARIS A ORLÉANS,
DE PARIS A ROUEN. — UTILES CONSÉQUENCES DE
L'ASSOCIATION DES CAPITAUX ANGLAIS. — CHEMIN
DU NORD AJOURNÉ. — CONCESSION DES LIGNES
D'ORLÉANS A TOURS ET D'AVIGNON A MARSEILLE. —
CLOTURE DE LA SESSION.

Le 2 mai eut lieu l'ouverture du chemin de fer
de Paris à Orléans; les fils du roi, ministres,
pairs et députés, tout un monde officiel, les journalistes, quelques hommes de plaisir, presque
tous membres du Jockey-Club, assistaient à
l'inauguration. Arrivés à Orléans, pendant que le
canon et les cloches accompagnaient la voix de
l'évêque bénissant les locomotives, à table, nous
portions gaiement la santé de G. Delahante. Ce
jour-là il fut décoré, et c'était justice; car avec
M. Banès il avait accompli la tâche difficile d'organiser pour la première fois dans notre pays le
service et l'exploitation d'une grande ligne. Le

conseil d'administration, mêlé de Génevois et de
nationaux, banquiers en majorité, se distinguait
par le puritanisme de son désintéressement : aucun traitement, mais toutes facilités offertes à la
spéculation. L'établissement de la voie n'avait pas
rencontré de sérieuses difficultés : plusieurs ponts,
mais ni tunnels ni viaducs. L'entreprise était émi-
nemment française : l'ingénieur sortait du corps
des ponts et chaussées, et parmi les employés,
conducteurs, mécaniciens, chauffeurs, dans les
ateliers de réparation et de construction, on ne
comptait pas un étranger.

L'ouverture du chemin de Paris à Rouen, qui
se fit le lendemain, présentait un contraste frappant. D'abord la composition du conseil : le président, à peu près honoraire, Jacques Laffitte,
âgé de soixante-seize ans, déchu de son ancienne
splendeur, était retenu par la maladie ; sous son
patronage, son neveu, Charles Laffitte, Edward
Blount et Cie, à la tête d'une honorable maison
de banque de second ordre, avaient créé l'entreprise. Le premier avait épousé la charmante
miss Cunningham ; Blount, cadet de noblesse catholique, tenait par lui-même et par la famille de
sa femme à l'aristocratie anglaise. Leurs relations de l'autre côté de la Manche les avaient
mis à même de lancer une affaire appelée à des
bénéfices certains, pourvu qu'elle fût bien conduite. Comme gage de sécurité, les souscrip-

teurs exigèrent pour ingénieur Williams Locke, le plus capable après Stephenson, pour entrepreneurs Mackensie et Brassey, et le droit de fournir la moitié des membres du conseil d'administration. Naturellement, les plus gros porteurs, MM. Chaplin, Attwood, Lawrence, Uzielly, le directeur du *Morning Chronicle*, sir John Easthope, composèrent cette moitié; du côté français, outre les trois que j'ai déjà nommés, MM. de L'Espée, de Kersaint, Alban de Villeneuve, député, et Williams Reed. On réussit à faire accepter ce dernier comme notre compatriote; vrai tour d'adresse, car je n'ai jamais connu d'échantillon plus fortement estampillé de la race britannique. Adolphe Thibaudeau, également spirituel et disert en anglais et en français, était le secrétaire de la compagnie. Les administrateurs recevaient un traitement.

La cérémonie présenta peu d'incidents: des croix d'honneur distribuées à l'ingénieur Locke et au nouveau chef d'exploitation Dussart, ex-rédacteur du *National;* le clergé s'efforçant par des démonstrations publiques en faveur de l'industrie nouvelle de reprendre son rôle de *religion d'État.* Mais le parcours avait offert un puissant intérêt: de grandes difficultés vaincues à travers un pays riche et pittoresque, la Seine suivie et passée d'une rive à l'autre sur une série de ponts élégants et hardis, cinq tunnels, dont un, celui de

Rolleboise, de 3,600 mètres, avaient provoqué l'admiration.

Et pourtant les obstacles moraux avaient été encore plus ardus à surmonter : ce fut, dès l'origine, une lutte continue, acharnée, entre la théorie et la pratique, entre l'esprit de corps dés ponts et chaussées et l'indépendance des ingénieurs séculiers, entre la réglementation et la liberté, entre les partisans traditionnels des travaux d'art méthodiquement, longuement, coûteusement édifiés, destinés à devenir des monuments, et les novateurs étrangers, uniquement préoccupés de l'intérêt commercial, terminant en hâte des travaux utiles, hardis, économiques, parfois peu durables ; joignez à tout cela, des deux parts, les rivalités, les jalousies, les préjugés nationaux, et vous comprendrez la tâche lourde et délicate de conciliation accomplie par les administrateurs et le secrétaire du conseil.

Sur les plans et sous la volonté de fer de Locke, sous la direction des entrepreneurs Brassey et Mackensie et la surveillance de sous-ingénieurs libres, dix mille ouvriers anglais avaient achevé, en deux ans, ces immenses travaux. Les fêtes que leur donnaient les entrepreneurs présentaient le spectacle curieux des mœurs britanniques : des repas homériques, des bœufs entiers rôtis, entourés comme par un édifice ardent de charbon de terre, dépecés et mangés en un seul festin, des

tonnes de bière, de vin, d'eau-de-vie, des chants
moins harmonieux que patriotiques.

Le côté essentiel et grave, c'est que ces ouvriers anglais étaient bientôt imités par des milliers de terrassiers français; c'est que MM. Bud-
dicom et Cᵉ, établissant à Sotteville des ateliers
de construction de locomotives, wagons, etc.,
chargés de la traction, et, dans ce double but,
transportant de leur pays 1,500 mécaniciens,
les remplaçaient peu à peu, si bien qu'un jour
il ne resta plus que trois Anglais dans leur
usine.

Au-dessus de cet enseignement mutuel, de cette
initiation des Français par leurs voisins à l'industrie des chemins de fer, je signalerai des
résultats d'un ordre plus élevé et d'une importance capitale. En nous apportant leur argent,
leur crédit, leur puissance d'association, les souscripteurs n'avançaient pas seulement d'un quart
de siècle l'achèvement de nos voies ferrées; ils
faisaient mieux pour ramener l'union entre les
deux peuples que toutes les conventions, les plus
éloquents discours contre la guerre, et les plus
beaux morceaux de rhétorique humanitaire.
C'était déjà beaucoup de les rapprocher par le
temps, mais plus encore de les mêler par l'intérêt.
Quand les capitalistes anglais sont devenus actionnaires pour des centaines de millions de nos
chemins de fer français, ils ont rendu sincères,

presque forcées les protestations de leurs ministres du désir de vivre avec nous en bonne intelligence; ils sont venus en aide à l'esprit de
modération et de sagesse de sir Robert Peel et
de ses collègues; ils ont contribué autant que
Cobden et Bright à grossir la ligue du *libre échange*
et des *amis de la paix.*

A qui revient l'honneur de l'heureuse conception qui a déterminé le premier essai?

Adolphe Thibaudeau, esprit ingénieux, sagace, observateur, réfugié républicain de 1834,
avait vécu à Londres jusqu'à l'amnistie; il y avait
étudié l'industrie des chemins de fer. De retour
à Paris, la tête pleine de projets, il avait été le
promoteur infatigable, l'écrivain et l'orateur de
la compagnie de Rouen (tracé des plateaux);
mais nos principaux financiers, après l'avoir ap-
puyée de leur nom et de leurs souscriptions quand
de fortes primes semblaient inévitables, l'avaient
honteusement abandonnée dans la crise de découragement de 1838, suite des spéculations in-
sensées sur le cul-de-sac de Saint-Germain et les
deux lignes de Versailles.

Impuissant chez nous, l'esprit d'association
florissait chez nos voisins. Thibaudeau porta à
Charles Laffitte et Blount ses plans, ses idées, ses
espérances, mit à leur service son talent de rédaction et d'exposition, et ceux-ci, avec le concours de leurs correspondants de Londres,

MM. Devaux et Uzielly, formèrent le noyau de la compagnie anglo-française.

Le succès fut éclatant.

Depuis plusieurs mois, notre administration de Rouen au Havre offrait un second exemple de la fusion des mêmes éléments.

Après les ouvertures d'Orléans et de Rouen, trois projets furent soumis aux chambres : celui du chemin de fer du Nord subit l'ajournement; on vota la ligne d'Orléans à Tours, construite, selon la loi de 1842, en partie par l'État, et concédée à une compagnie dont le duc de Mouchy était le président, et Mackensie et Brassey les entrepreneurs; elle continuait l'association d'hommes et de capitaux entre les deux nations. Enfin, on adopta la ligne d'Avignon à Marseille, ayant pour directeur M. Talabot.

La session fut close.

XIX

Le 2 septembre, sur l'invitation du roi des Français, la reine Victoria, accompagnée de lord
Aberdeen, traversait la Manche à bord de son
yacht et descendait au Tréport. Louis-Philippe
et le prince de Joinville, lord Cowley et M. Guizot
étaient allés au-devant d'elle; Marie-Amélie,
avec le reste de la famille d'Orléans, le comte
de Saint-Aulaire, le maréchal Sébastiani, les
aides de camp, l'attendaient au rivage, et tous
ensemble se rendaient au château d'Eu. Entre
les deux souverains l'entrevue avait été cordiale,
et, de la part du roi, tendre et presque paternelle. Le séjour se prolongea: entre les chefs
des deux États et les ministres des deux pays,
des rapports s'établirent, des conversations utiles,

libres, amicales, s'échangèrent; mais le cabinet anglais, respectant d'anciennes prescriptions, n'osa pas autoriser sa souveraine à visiter Paris. Cette fâcheuse circonspection empêcha le voyage de porter ses fruits; il fut un grand événement pour le roi et son gouvernement, moindre pour la nation. La présence de la jeune reine dans notre capitale aurait peut-être apaisé au sein des masses les souvenirs irritants, ravivés depuis le traité du 15 juillet.

Quoi qu'il en soit, dans le monde politique européen, l'effet fut considérable; le parti légitimiste surtout s'en émut, et essaya d'en faire oublier l'importance par une contre-manifestation.

Pendant les années précédentes, le duc de Bordeaux avait successivement habité Vienne, Dresde et Berlin, accueilli avec égards, mais avec prudence par les souverains, surveillé par nos ambassadeurs, qui usaient de leur influence pour empêcher un séjour trop prolongé. Au mois d'octobre, le duc de Lévis prévint lord Aberdeen de l'intention du prince de visiter l'Angleterre; le ministre anglais informa le gouvernement français, qui, de son côté, ne tarda pas à apprendre qu'à Paris les plus zélés partisans de Henri V s'agitaient pour aller en troupe porter leurs hommages à leur roi. Une correspondance diplomatique s'ensuivit, et le chef du *foreign office* ayant fait savoir que, reconnaissante de

l'hospitalité reçue, et mécontente du rôle que le
duc de Bordeaux s'apprêtait à jouer dans la libre
Angleterre, la reine serait disposée à ne pas lui
donner audience, notre ambassadeur requit l'exécution de cette preuve d'amitié; elle était, d'ailleurs, la seule que la souveraine constitutionnelle
pût donner, car le prétendant jouissait du droit
d'asile commun à tous les étrangers. Il tint une
petite cour à Belgrave-Square, reçut foi et hommage de trois cents jeunes légitimistes, la fleur
du parti, qui avaient choisi pour interprète le nouveau duc Jacques de Fitz-James. Le salon retentit
des cris de : *Vive Henri V!* Cette démarche,
qui ne devait être suivie d'aucun acte, et qui, par
le dénombrement des pèlerins, ne servait qu'à
constater l'impuissance du parti, encourut d'abord
le blâme des hommes plus expérimentés; malheureusement, après l'avoir déconseillée, désap-
prouvée, Berryer s'y laissa entraîner; le chef
obéit aux soldats.

En somme, deux mille personnes des deux
sexes s'étaient rendues en pèlerinage à Belgrave-
Square; il y avait eu des effusions et des larmes;
un enthousiasme de bonne compagnie. Tant que
les réceptions avaient duré, au faubourg Saint-
Germain on se communiquait les correspondances
racontant les *mots* de Henri V, les protestations
de ses sujets fidèles; on s'animait, on se montait
jusqu'au délire. Quelqu'un m'écrivait, au sortir

d'une de ces réunions : « ... Madame de Crève-
cœur, renchérissant sur les plus exaltés, a proposé
d'envoyer de Paris douze ouvriers à Belgrave-
Square pour y prendre l'amour du roi et le rap-
porter au peuple. ».

Deux ou trois fonctionnaires, victimes de leur
dévouement à la *branche aînée*, furent destitués;
jusqu'à l'ouverture des chambres, la persécution
n'alla pas plus loin.

En 1842, la mort ayant frappé M. Humann,
M. Lacave-Laplagne avait été nommé ministre
des finances. Après la clôture de la session de
1853, M. Guizot m'avait annoncé comme certain
le remplacement du ministre de la justice, Martin
(du Nord) et de Teste, ministre des travaux publics. Sa prévision ne se réalisa qu'à demi :
Louis-Philippe ayant désiré garder Martin (du
Nord), Teste seul reçut sa démission, et encore,
comme compensation, fut-il élevé à la pairie et
au poste de président à la cour de cassation.
C'est ainsi que les intentions de M. Guizot et de
ses collègues mollissaient devant la volonté
royale, ou n'obtenaient satisfaction qu'au prix de
coupables complaisances.

Le successeur de Teste, M. Dumont, ami particulier des ministres de l'intérieur et des affaires
étrangères, orateur plein de talent, une force à
la tribune, manquait également de résistance dans
le conseil.

Comme on s'y attendait, le 27 décembre, à l'ouverture de la session de 1844, le discours de la couronne contenait l'expression de la *cordiale entente* entre les deux gouvernements de France et d'Angleterre, cimentée par le voyage de la reine et des preuves réciproques de bon vouloir.

Un paragraphe relatif à la liberté de l'enseignement portait :

« Un projet de loi sur l'instruction secondaire satisfera au vœu de la Charte pour l'enseignement, en *maintenant l'autorité et l'action de l'Etat* sur l'éducation publique. »

Aucune allusion n'était faite aux manifestations de Belgrave-Square : sur ce point l'adresse de la Chambre des pairs et celle de la Chambre des députés, qui partout ailleurs n'étaient que la reproduction en d'autres termes de la pensée du Gouvernement ne gardèrent pas le silence.

Au Luxembourg on disait :

« Les factions sont vaincues, et les pouvoirs de l'État, en dédaignant leurs vaines démonstrations, auront l'œil ouvert sur leurs manœuvres criminelles. »

Le duc de Richelieu se justifia personnellement, en déclarant que son voyage, non politique, avait été déterminé par la religion des souvenirs.

Au palais Bourbon, ce furent deux membres de l'opposition, MM. Bethmont et Ducos, qui firent adopter par la majorité conservatrice et vo-

ter à l'unanimité au sein de la commision la phrase
suivante :

« La conscience publique flétrit de coupables
manifestations ; notre Révolution de juillet, en
punissant la violation de la foi jurée, a consacré
chez nous la sainteté du serment. »

Après ce que j'ai raconté de l'adhésion tardive
et presque involontaire de Berryer au pèlerinage
de Belgrave-Square, on comprendra qu'il n'ait
pas abordé ce point sans embarras dans la discussion générale : sa parole fut terne, son argumentation manqua de netteté et de force; c'est
qu'en effet, à cette époque, le serment politique
était debout ; la république de 1848 ne l'avait
pas encore aboli pour tous les citoyens, le président excepté ; celui-ci ne l'avait pas violé.

Le chef moral du cabinet répondit au chef légitimiste dans un langage ferme et modéré, à la
suite duquel l'incident fut clos.

Mais quand, dix jours plus tard, la discussion
se rouvrit sur le paragraphe, un changement
considérable s'était opéré dans les esprits : non-
seulement les légitimistes, mais des conservateurs,
avaient été blessés du mot *flétrit*, employé par la
commission et que le ministère lui-même avait
hésité à accepter. La gauche dynastique avait été
la première à le proposer; mais telle était son
animosité contre un homme que, du moment où
il avait adhéré à sa pensée, elle n'eut pas honte

de s'unir aux *sujets* de Henri V pour en voter la suppression.

Ce n'est pas tout : Berryer, deux fois vaincu à la tribune, forcé sous d'humiliantes interprétations de préciser son serment, exaspéré, poussé à bout, indigné de sa défaite, eut le malheur d'emprunter à MM. Taschereau et Odilon Barrot une arme qui éclatait dans la main d'un royaliste; il osa, lui aussi, reprocher à M. Guizot son voyage à Gand.

La verité méconnue, la justice outragée fournirent au ministre une des plus belles inspirations de sa carrière oratoire. En vain, accouplés dans la haine, les extrêmes tentèrent d'étouffer sous les imprécations et les injures une justification trop facile; dominant un instant le tumulte, il s'écriait :

« On pourra épuiser mes forces, on n'épuisera pas mon courage. Quant aux injures, aux calomnies, aux colères extérieures, on pourra les multiplier, les entasser tant qu'on voudra, on ne les élèvera jamais au-dessus de mon dédain. »

On vota la flétrissure sans amendement; mais cette qualification excessive dépassait le but; les cinq députés qu'elle atteignait, ayant donné leur démission, furent tous cinq réélus.

Le paragraphe relatif à l'instruction secondaire fut voté presque sans discussion, chacun se réservant pour le moment où la loi annoncée serait soumise à l'examen des Chambres; l'adresse fut adoptée à 30 voix de majorité.

Une proposition de M. Gustave de Beaumont sur la corruption électorale, après avoir constaté bien des scandales, avoir suscité des débats orageux, fut repoussée.

Un écrivain somnifère, connu par d'estimables travaux dans la *Revue des Deux Mondes*, le comte de Carné, un parvenu de l'ennui, s'était constitué l'organe du parti clérical à la Chambre des députés; il adressa des interpellations au ministère sur les événements de Taïti. Il demanda si les conventions du protectorat avaient été exécutées par la reine Pomaré; quels étaient les faits que l'amiral Dupetit-Thouars, dans sa lettre au ministre de la marine, du 3 novembre 1853, qualifiait de provocateurs et insultants pour notre nationalité, et il insista sur les manœuvres des missionnaires anglicans qui avaient décidé la reine Pomaré à substituer un pavillon offert par eux à celui qui avait été salué d'abord par l'escadre française.

M. Guizot exposa que le gouvernement, en établissant le protectorat des îles Marquises, n'avait eu en vue que d'assurer à notre marine marchande et militaire une station commode et sûre, nullement d'établir une prise de possession ou de fonder une colonie; que sans doute l'influence des missionnaires anglicans avait été

hostile, mais que ce n'était là qu'une rivalité religieuse avec les missionnaires catholiques; qu'on
ne pouvait dénier à la reine Pomaré le droit de
choisir son pavillon; que la conduite de l'amiral
Dupetit-Thouars lui avait paru, ainsi qu'à ses
collègues, brusque et précipitée, dangereuse en
ce qu'elle substituait la prise de possession au
protectorat; que, du reste, ces événements sans
portée ne pouvaient altérer en rien les rapports
des deux gouvernements.

MM. Billault et Dufaure apportèrent à l'opposition leur ardeur et leur talent. Ducos formula
une proposition d'ordre du jour qui entraînait un
blâme pour le ministère. L'ordre du jour fut rejeté à une forte majorité.

Les mêmes thèmes d'attaque contre la politique
ministérielle reparurent dans la discussion des
fonds secrets; seulement, pour Ledru-Rollin et
Lamartine, c'était la politique immuable qu'ils
combattaient.

Quelques paroles de Lamartine caractérisent
mieux que tous les commentaires l'état de l'opinion : jamais, sous une apparence plus calme, la
situation n'a présenté plus de gravité réelle, des
symptômes plus inquiétants.

« Laissons l'intérieur, disait-il; le sens de deux
révolutions faussé, les idées apostasiées une à
une, comme si le sort de la Révolution française
était d'être successivement désavouée par tous

ceux qui sortent de ses flancs et qu'elle élève à la puissance; laissons la représentation rétrécie, les masses refoulées hors du droit représentatif, l'intérêt national absorbé dans les préoccupations dynastiques, l'ancien régime sous de nouveaux noms : ce n'est pas cela qui me préoccupe...

« Ce qui m'alarme, ce qui ne se corrige pas à volonté, c'est une situation mal prise au dehors.

« C'est le sentiment de la subalternité de la France, sentiment tellement aigri que tout devient danger pour la paix, ombrage pour la liberté, que vos actes les plus innocents, les plus louables souvent, deviennent des sujets d'accusation contre vous.

« Vous vous hâtez de proclamer ici à toutes les tribunes, le lendemain de votre retour de Londres, la paix, la paix, la paix toujours ! Eh ! oui, sans doute la paix ! mais quand on la veut digne et solide, on la prépare, on ne la demande pas !...

« Et qu'en est-il résulté ? Il en est résulté que, si un de vos officiers, à quatre mille lieues d'ici, a eu à tirer un coup de canon, la France, avant que l'affaire soit instruite, avant l'arrivée des documents qui doivent le juger, lui vote son enthousiasme, et à vous son blâme et son indignation, avant de savoir si vous les méritez. »

Quoique la loi sur la liberté d'enseignement n'eût aucun rapport avec celle des fonds secrets, telle était l'impatience des esprits qu'il y eut comme un prélude à la discussion de cette loi.

M. Isambert, au nom des libertés gallicanes, accusa le ministre des cultes, Martin (du Nord), d'abaisser le pouvoir en se soumettant par de continuelles concessions aux exigences du clergé.

Martin (du Nord) s'excusa en rappelant qu'il avait déféré l'écrit de l'évêque de Châlons au Conseil d'État, et en blâmant doucement les intempérances de langage d'une fraction du clergé, que M. Dupin tança à son tour avec rudesse.

Le comte de Carné, interprète des néo-catholiques, déclara l'influence et la grandeur de la France en Europe intimement liées à celle du catholicisme.

Le comte de Montalembert, à la Chambre des pairs, également à propos des fonds secrets, portant un défi à l'esprit du siècle, termina son ardent réquisitoire en s'écriant :

« Nous, catholiques, au milieu d'un peuple libre nous ne voulons pas être des ilotes ; nous sommes les successeurs des martyrs, et nous ne tremblerons pas devant les successeurs de Julien l'Apostat ; nous sommes les fils des croisés, et nous ne reculerons pas devant les fils de Voltaire. »

Dangereusement malade au moment où mon éloquent et spirituel ami hasardait ces singulières paroles, je refusais d'y croire. Quelle puissance d'illusion ne lui fallut-il pas pour parler sans rire de l'ilotisme des catholiques, se présenter en successeur des martyrs, et comparer Louis-Philippe, leur obséquieux protecteur, à Julien l'Apostat !

XX

AGITATION DU CLERGÉ; LES JÉSUITES. — DISCUSSION
DE LA LOI D'ENSEIGNEMENT SECONDAIRE A LA CHAM-
BRE DES PAIRS.

La loi de l'enseignement secondaire fut d'abord
soumise à notre examen. En apparence, c'était
une heureuse dérogation à la routine, une satisfaction aux justes plaintes de la pairie, en réalité
une déférence envers le clergé. On savait le parti
catholique plus nombreux, plus influent parmi
nous, et l'on avait espéré que la loi sortirait de
cette première épreuve atténuée, amendée, et
pourrait ensuite, sans que le gouvernement se
trouvât compromis, être acceptée par la Chambre
des députés.

Afin de faire bien comprendre l'importance de
la question, il nous faut remonter en arrière.

J'ai esquissé l'état et la marche du clergé
jusqu'en 1839. Habile à se faire oublier pen-

dant le succès éphémère de la coalition, quand
MM. Thiers et Cousin étaient au pouvoir, depuis l'installation d'un ministère conservateur, le
29 octobre 1840, il avait dépouillé sa fausse modestie et repris ses plus envahissantes prétentions. La première était le retour à la *religion
d'Etat*, la seconde, non moins persévérante, non
moins obstinée, celle de soustraire la jeunesse
à l'enseignement universitaire. Dans ce but,
dès 1842, l'archevêque de Paris s'adressait au
roi, à l'occasion de sa fête.

« ... Nous avons l'espoir que, dans un avenir
peu éloigné, il sera possible au gouvernement de
Votre Majesté de faire cesser les travaux publics
pendant les jours consacrés à Dieu, et qu'en-
traînés par ce puissant exemple, tous les Français respecteront les saints jours...

« Travailler *plus librement* à former le cœur et
l'esprit de la jeunesse est un autre vœu que
j'exprimai au roi lorsque j'eus l'honneur de lui
adresser la parole pour la première fois; qu'il
me soit permis de le déposer de nouveau à ses
pieds!»

L'exemple est suivi par d'autres prélats; mais
aussitôt ils passent de l'humble prière à la satire
de mauvaise foi. L'évêque de Chartres s'attaque
à l'Université, la personnifie dans le philosophe
Jouffroy, qualifié d'*athée* et d'*impie;* pour le rendre odieux, il tronque, il dénature sa pensée.

Celui-ci, cherchant la méthode propre à prouver la spiritualité de l'âme humaine, a dit :

« Il est évident que la science des faits intérieurs de la conscience est la route ; mais il n'est pas moins évident que, dans l'état actuel de notre science, *cette question est prématurée.* »

Le prélat en conclut que si l'on demande : « Puis-je en conscience enlever le bien d'autrui, piller les héritages? le philosophe répondra : — *Question prématurée.* — Puis-je me plonger dans les voluptés les plus infâmes, bouleverser la société? — « *Question prématurée.* » — Enfin, étouffant le cri de la nature, puis-je égorger mon vieux père, dont les jours retardent la félicité des miens? — Encore et toujours, *question prématurée.* »

A cette honnête appréciation succède, en 1843, l'ignoble pamphlet du chanoine Desgarets contre le monopole universitaire, qu'il accuse, en termes cyniques et grossiers, de dresser la jeunesse à tous les crimes. Il dénonce le ministre Villemain à l'exécration publique, et salit en l'invoquant le nom de la liberté.

Le ministre de l'instruction publique opposa aux calomnies du clergé un remarquable rapport au roi sur l'enseignement secondaire. Non-seulement il justifiait l'Université, c'est-à-dire l'État enseignant, de l'accusation de monopole, puisqu'à côté des 362 colléges fonctionnaient plus de

1,100 établissements, sur lesquels 1,000, à peine
soumis à une surveillance incomplète, et 125 séminaires exemptés de toute surveillance; mais il
avouait avec une sincérité triste et louable le
nombre décroissant des enfants admis à recevoir
l'instruction secondaire. Les chiffres méritent
d'être cités : en 1789, 72,000 élèves sur 25 millions de Français; en 1843, 69,000 sur 35 millions, auxquels il est juste d'en ajouter 20,000
instruits dans les séminaires, tandis qu'autrefois
ils recevaient l'éducation laïque jusqu'au moment
d'entrer dans les ordres; la diminution du nombre
des bourses, dues à des fondations particulières
ou instituées par l'État, c'est-à-dire la diminution
des élèves instruits gratuitement a quelque chose
d'effrayant : en 1789, 40,000 bourses, en 1843,
6,000 laïques, et 20,000 au clergé.

Seule l'instruction primaire a été créée, a suivi
un développement lent et partiel; mais il semble
qu'on n'ait pu donner au peuple un commencement de connaissances qu'en restreignant celles
de la bourgeoisie; en somme, il y a eu déplace-
ment dans l'application des fonds du budget de
l'instruction publique, il n'y a pas eu de sérieuse
augmentation : quelle dépense plus nécessaire a
été constamment votée par les Chambres avec
une plus inepte avarice !

Dans un autre pamphlet ultramontain, l'abbé
Védrine, curé de Lubersac, imprime que l'Uni-

versité *protestantise* la France, et il revendique l'enseignement pour le clergé, *auquel il appartient de droit divin.*

Puis vient une brochure de Mgr Affre, l'archevêque de Paris, pleine d'onction, de prudence, désavouant les Védrine et les Desgarets, mais au fond réclamant les mêmes choses, poursuivant le même but en termes modérés.

La controverse s'échauffe. Desgarets proteste, écrit à *l'Univers* et est soutenu par des prélats dans son insubordination. Prilly, évêque de Châlons, encourt la censure dérisoire du Conseil d'État; M. de Bonald proclame la suprématie du clergé sur les écoles de l'État. Ce n'est plus seulement au nom de la liberté, c'est au nom de l'égalité que le comte de Montalembert veut que le gouvernement accorde au clergé d'iniques priviléges; il s'attendrit sur les jésuites légalement exilés, se fait leur champion, et voit dans leur institution, dans leur enseignement et leur influence, l'antidote souverain aux doctrines impies, républicaines et communistes. Enfin l'ardent désir d'accaparer les jeunes générations décide le clergé à avancer d'un pas : si le gouvernement résiste à ses exigences, il sera traité en ennemi, il le combattra politiquement et se ralliera logiquement au roi *de droit divin.*

De l'autre côté, les droits de l'enseignement laïque eurent d'éminents défenseurs. Dans ses

Lettres sur l'État, le clergé et l'enseignément, Lamartine eut l'honneur de signaler le vrai remède : la *séparation de l'Église et de l'État*, vérité mûre aujourd'hui, mais dont l'audace faisait alors reculer les universitaires. Michelet et Quinet, appuyés sur la science et la raison, discutèrent les principes et tracèrent l'historique de la question.

Il y avait division parmi les membres du cabinet.

Par sa forme, vive, brillante, par les habitudes voltairiennes de son esprit, M. Villemain était naturellement avec les laïques.

M. Guizot souriait de la fureur débile des pieux pamphlétaires et de la turbulence des prélats; il n'aurait plus traduit Gibbon, mais il n'était pas encore l'ultramontain protestant converti par la Révolution de février, imitateur du Pape, fondant l'orthodoxie du libre examen. Son tort consistait à ne pas s'inquiéter assez.

Les deux illustres professeurs d'histoire et de littérature suspendus en 1827, retenus par un glorieux passé, restaient universitaires.

L'homme du roi, Martin (du Nord), se confondait en avances au clergé, rachetait les sévérités de la loi par des amendements qui en énervaient l'efficacité, caressait en ayant l'air de frapper.

Duchâtel gardait une sorte de neutralité.

Le projet de loi présenté par le ministre de

l'instruction publique reposait sur le grand principe de l'État dirigeant ou surveillant l'enseignement. Le degré de liberté politique ne faisait que
rendre l'intervention de l'État plus nécessaire;
il fallait l'exercer en assurant les droits de la
conscience et de la famille, faciles à distinguer
des exagérations du faux zèle et des spéculations
des partis.

Rappelant l'histoire des universités sous l'ancienne monarchie, l'exposé des motifs constatait
qu'à mesure que la société civile s'était dégagée
de l'Église, elle avait exigé de tous les établissements destinés à l'instruction publique la collation
des grades et l'autorisation spéciale : tel avait été
le terrain de la lutte entre les universités et la
société des jésuites jusqu'à leur expulsion. La
révolution avait toujours maintenu ces garanties;
l'empire en créant l'unité universitaire, avait
fondé le monopole de l'éducation, comme par les
tribunaux le monopole de la justice; la Restauration l'avait respecté, et, par les ordonnances
organiques de 1828, avait limité à 20,000 le
nombre des élèves des petits séminaires, restreint
leurs priviléges, et fermé cinquante-trois établissements tenus par des corporations interdites par
la loi. L'article 69 de la Charte de 1830, en promettant la liberté d'enseignement sous la surveillance de l'État, avait pour corollaire la suppression de l'autorisation préalable et l'égalité dans

le droit commun. Aussi, en 1836, un premier projet soumettait les petits séminaires au droit commun; celui de M. Villemain, en 1841, leur accordait, avant de rentrer dans le droit commun, un délai de cinq ans; enfin, celui de 1844 dérogeait, article 17, sur un point essentiel, par une concession aux petits séminaires, aux ordonnances de 1828.

Ainsi à mesure qu'on s'éloignait de la révolution de Juillet on faiblissait.

Le titre I déterminait l'enseignement secondaire et ses variétés.

Le titre II, à quelles conditions tout Français pouvait ouvrir un établissement particulier; ces conditions excluaient l'autorisation discrétionnaire en y substituant des grades, un brevet spécial d'aptitude, et une déclaration conforme au droit public du pays.

Une seule disposition nouvelle : l'affirmation écrite de n'appartenir à aucune association ni congrégation religieuse non légalement établie en France.

Le 12 avril, le duc de Broglie déposait son rapport, dont les conclusions avaient été adoptées à l'unanimité par la commission. Moins timide que le projet ministériel à l'égard du clergé, sans aller jusqu'à l'égalité absolue, il supprimait le deuxième paragraphe de l'article 17 devenu article 30 du projet, qui accordait aux petits sémi-

naires le droit de présenter leurs élèves au baccalauréat, en les affranchissant des obligations
imposées aux établissements laïques. Sous un
langage froid et impartial, on y sentait cependant
un profond désir de venir en aide au développement de l'esprit religieux.

Quoique le souvenir de ces débats ait plus que
jamais aujourd'hui son utilité et son application,
je m'efforce d'en condenser le résumé.

Le vrai champion, ferme, éloquent, résolu de
l'État enseignant, fut le philosophe Cousin.

« L'esprit de notre Révolution veut un enseignement philosophique dans toutes les écoles secondaires, respectueux pour toutes les religions
sans appartenir à aucune ; du moment où il repo-
serait uniquement sur le culte catholique, il ne
pourrait plus être donné au nom de l'État, mais
au nom de la société catholique ; il deviendrait
absurde que des laïques fussent juges d'un enseignement autorisé donné par l'Église. Or, l'Université étant la société tout entière, l'unité des
écoles ne confirmait-elle pas l'unité de la patrie ?
S'il y avait un enseignement reposant sur les
principes d'un culte particulier, les enfants des
autres cultes en seraient exclus ; il faudrait des
colléges catholiques, luthériens, calvinistes,
juifs, etc.

« Dès l'enfance, nous apprendrions à nous
fuir les uns les autres, à nous renfermer comme

dans des camps différents, des prêtres à notre
tête : merveilleux apprentissage de cette charité
civile qu'on appelle patriotisme. »

L'article 17 inaugurait un principe nouveau,
celui d'établissements exempts des conditions
communes imposées à tous les autres, à ce titre
seul qu'ils seraient établissements ecclésiastiques.

Ainsi : 1° les directeurs et professeurs des
petits séminaires n'auraient pas besoin de brevet
de capacité ;

2° Les petits séminaires ne seraient point sur-
veillés, c'est-à-dire qu'on y pourrait enseigner
tout ce qu'on voudrait, dans des ténèbres où l'œil
de l'État ne pénétrerait jamais.

De tels priviléges surpassaient ceux que pos-
séda jamais aucune congrégation religieuse en-
seignante sous l'ancien régime : ils créaient le
plus redoutable des monopoles. Ainsi se trouvait
renversé le principe de la sécularisation de l'instruction publique et celui non moins sacré de
l'égalité devant la loi.

« Quels appuis moraux se veut-on ménager
pour de tels sacrifices? Quelle est cette étrange
politique, au milieu des difficultés qui commen-
cent à paraître, de décourager des amis certains
dans l'espoir d'acquérir des amis douteux, toujours prêts à devenir des ennemis inexorables?

« Écoutez ce qu'ils demandent et voyez ce

qu'ils osent... On soutient qu'une société fameuse, abolie par tant de lois, n'a pas même besoin d'une loi nouvelle pour reparaître à la face du jour et de nos institutions, sous le rempart d'une liberté indéfinie... Vous avez interdit toute association politique, et il se trouve des hommes pour prendre ouvertement l'habit et le nom de congrégations religieuses qui semblaient à jamais éteintes. Je me demande où est le respect dû à la loi, ce qu'est devenu l'œil et le bras de l'État, et si le gouvernement est aveugle et sourd devant de pareilles prétentions et de pareils actes!...

« Aux timides remontrances d'un gouvernement incertain, on répond par la menace d'une rupture ouverte.

« S'il reste la moindre trace du privilége et du monopole déposé dans l'article 17, je voterai contre la loi. »

Après MM. de Saint-Priest, Rossi, Mérilhou, défenseurs de la loi amendée par la commission, et MM. du Terrage, de Fréville, Beugnot, qui l'attaquaient comme ne faisant pas assez pour l'enseignement clérical, le ministre des affaires étrangères exposa la pensée politique du gouvernement.

Il déclarait la situation nouvelle et inattendue; jusqu'en 1842, les rapports de l'Église avec l'État étaient non-seulement paisibles, mais bons et harmonieux. Le clergé gagnait tous les jours en ascendant moral sur les esprits, le gouvernement le secondait hautement.

Qu'était-il donc survenu pour expliquer la lutte présente?

Aujourd'hui comme avant, la majorité du clergé ne songeait qu'à accomplir sa mission religieuse et morale.

Mais une grande question, la liberté de l'enseignement, avait été posée. Elle avait excité dans une partie du clergé une grande opposition contre l'enseignement laïque; opposition sincère chez quelques-uns, systématique chez d'autres, qui, sans s'enrôler sous le drapeau d'aucun gouvernement, d'aucune dynastie, conservent pour le clergé des espérances inconciliables avec la situation actuelle de la société : c'était ce qu'il appelait l'opposition ecclésiastique.

Enfin, une faction politique faisait de grands efforts pour attirer à soi une portion du clergé, pour s'en faire un instrument de ses desseins, et jusqu'à un certain point, y avait réussi.

Ces diverses oppositions avaient usé et abusé de la presse et de toutes nos libertés pour faire prévaloir leurs idées.

Qu'avait à faire le gouvernement? Il devait éclairer l'opposition sincère sur le véritable caractère de l'éducation laïque, dissiper les calomnies, les préventions; il fallait prouver que l'État a besoin qu'une institution laïque, profondément unie à la société, exerce l'influence morale sur la jeunesse.

Quant à l'opposition ambitieuse ecclésiastique :

« Nous sommes chargés au nom de la société, au nom du pays (je ne dis pas l'Université, mais nous, Gouvernement), nous sommes chargés de défendre d'abord trois grands intérêts fondamentaux de notre temps : la liberté de la pensée et de la conscience, qui est la première de nos libertés, celle avec laquelle nous avons conquis toutes les autres. La liberté de la pensée et de la conscience, ce ne sont pas les influences religieuses qui l'ont conquise au profit du monde : ce sont des influences civiles, des pouvoirs civils. C'est au nom de la société civile que la liberté de la pensée et de la conscience a été introduite dans le monde ; ce sont des idées laïques, des pouvoirs laïques qui ont fait pour le monde cette grande conquête. Eux seuls peuvent la garder, comme eux seuls ont pu la conquérir.

« On s'est servi d'une expression très-fausse, à mon avis, et très-inconvenante quand on a dit : L'État est athée. Non, certainement l'État n'est point athée, mais l'État est laïque et doit rester laïque pour le salut de toutes les libertés que nous avons conquises. »

Malgré l'état de lutte le gouvernement ne changera ni de sentiment ni d'attitude ; on ne s'inquiétera point, on ne s'irritera point de l'usage prudent ou imprudent, convenable ou inconvenant qu'on pourra faire de telle ou telle liberté ; on ne se laissera engager dans aucune polémique, on fera son devoir de gouvernement et rien de plus. Il s'agissait pour la société nouvelle de s'accoutumer à l'influence de la religion, pour la religion de s'accoutumer aux mœurs, aux tendances, aux libertés de la société nouvelle.

On le voit, l'esprit généralisateur de M. Guizot posait les principes, mais évitait de toucher à aucun des points en discussion dans le projet de loi.

Montalembert fit entendre l'apologie du clergé et la critique violente de l'Université : selon lui, « il est à peine un élève sur dix qui sorte chrétien de ses écoles. » Le fait peut être exact, mais est-ce une raison suffisante de fausser l'histoire et de supprimer les études philosophiques ?

Le ministre de l'instruction publique répondit, allant au fond de la question, qu'il ne s'agissait pour M. de Montalembert et ses amis ni d'un meilleur enseignement, ni de la liberté d'enseignement, mais de relever la domination du clergé, de remettre la Compagnie de Jésus à la tête de la société européenne absolutiste.

MM. de Kératry et Lebrun acceptaient le projet amendé de la commission.

Avec autant de chaleur que Cousin, M. Passy vint en aide à l'Université.

La discussion générale close, deux articles passionnèrent le débat :

L'article 1er, qui, en fixant le programme de l'enseignement secondaire, imposait l'étude de la philosophie.

M. de Ségur-Lamoignon formula un amendement, qui restreignait le cadre de cette étude à la logique et à la psychologie ; puis il en prit occasion d'attaquer comme impies les doctrines philosophiques de Cousin.

Après d'éloquentes réfutations de Cousin et de Villemain, le comte de Montalivet, s'associant à la pensée de l'amendement qui ôtait à la philosophie son caractère obligatoire, rappela la déclaration de la charte : que la religion catholique était celle de la *majorité* des Français, et en conclut qu'il fallait faire une concession au clergé de la majorité.

Le duc de Broglie, tenant compte des scrupules de MM. de Ségur et de Montalivet, vint, au nom de la commission, proposer un amendement qui déférait au gouvernement la fixation du programme du baccalauréat ès-lettres au moyen d'une ordonnance royale.

Le comte Portalis, allant plus loin dans sa défiance de l'Université, proposa que ce programme fût réglé par le Conseil d'État.

Le ministre de l'instruction publique combattit pour la forme un amendement qui le dépouillait de son droit, en déférant la fixation du programme au Conseil d'État, et finit par l'accepter.

M. Cousin fit remarquer que la Commission, par son amendement, démentait tout à coup et les conclusions de son rapport et ses précédentes résolutions. Il s'étonnait de la concession faite par le ministre à une mesure qui abaissait le conseil royal de l'instruction publique. Il craignait qu'elle ne compromît la haute signature apposée au règlement du programme, et qu'elle ne vouât au ridicule le Conseil d'État, chargé de délibérer sur chacune des questions de la métaphysique et de la logique.

L'ancien collègue de M. de Montalivet au 15 avril, l'ex-carbonaro Barthe appuya l'amendement: « Il fallait dans un enseignement qui s'adresse à l'adolescence retrancher toutes les matières trop élevées, toutes les questions qui pourraient inquiéter de jeunes consciences. »

L'article 1er, avec l'amendement de la Commission, fut adopté à une forte majorité.

L'article 17, devenu l'article 30 de la Commission, renfermait les conditions spéciales aux petits séminaires ; il ne supprimait pas, mais il limitait par son amendement les concessions du ministre au clergé en dehors du droit commun.

Montalembert, maudissant la loi dont il profitait, parce qu'elle ne donnait pas assez, déclara se retirer de la discussion ; il accompagnait sa retraite de la menace d'une résistance lente, mais invincible de la part de l'Église.

M. Guizot, après lui avoir rappelé que personne n'avait le droit de se retirer d'une discussion parce que son opinion n'avait pas prévalu, se livrait à un examen comparé de l'éducation du prêtre avant 89 et de nos jours, et il ne pouvait se défendre d'un profond sentiment de tristesse.

« Comment se recrutait, comment s'élevait autrefois le clergé ?

« Il se recrutait dans toutes les classes de la société, dans les plus élevées comme les plus humbles. Il s'élevait au milieu de toutes les classes de la société, en commun avec elles, sous le même toit, respirant le même air, nourri du même lait. Il recevait une éducation aussi forte, plus forte que celle des classes laïques.

« Comment se recrute-t-il et s'élève-t-il aujourd'hui ?

« Il se recrute à peu près exclusivement dans les classes les plus obscures de la société ; il s'élève, depuis le début jusqu'au terme de sa carrière, séparément, isolément, loin de tout contact avec le reste du pays. Il n'ose pas, il ne croit pas pouvoir accepter, pour sa propre éducation, les garanties, les conditions, les épreuves de capacité exigées pour l'éducation commune des classes laïques.

« Quel changement ! quel déclin !

« Cela ne vaut rien à coup sûr pour l'Église ; je suis profondément convaincu que cela ne vaut pas mieux pour l'État.

« L'État a besoin que le clergé vive en commun avec la société civile, que le clergé connaisse bien la société civile et en soit bien connu, qu'il la pénètre et en soit pénétré, que l'esprit national s'unisse en lui, s'unisse profondément à l'esprit religieux. Cela est bon, cela est nécessaire, non-seulement dans l'ordre moral et social, mais dans l'ordre politique même, pour le jeu facile et régulier des ressorts du gouvernement. »

Après avoir si bien parlé, le ministre concluait en acceptant comme des nécessités transitoires les concessions de l'article 30 en faveur des petits séminaires. Nul n'a poussé plus loin que lui l'art de céder avec noblesse, de reculer avec dignité. Il terminait en disant :

« Le gouvernement du roi aime la religion, aime l'Église, aime le clergé, mais il ne le craint pas. »

Cousin, sans se rebuter par la certitude de l'insuccès, livra un dernier assaut à l'article 30, qui établissait deux poids et deux mesures, abrogeait les ordonnances de 1828, et autorisait l'inégalité par une loi. Il en prévoyait les dangers : le clergé n'aimait pas les jésuites, il les redoutait même, mais il leur livrerait les petits séminaires transformés en maisons générales d'instruction,

parce qu'il les haïssait et les craignait moins
encore que l'Université.

« Ce corps, qui demande l'enseignement public
au nom du droit divin, est condamné, le sachant
et le voulant, à s'appuyer sur un autre corps
mystérieux qui enseignera dans l'ombre, tandis
que l'autre se présentera seul au public et à l'État,
couvrant tout ce qui se fera de son altière infail-
libilité. De là, à la longue, non plus comme
aujourd'hui des éducations diverses et mélangées,
entre lesquelles l'esprit du pays et du siècle finit
aisément par établir un niveau commun, mais
deux éducations essentiellement contraires : l'une
cléricale et au fond jésuitique, l'autre laïque et
séculière. De là deux générations séparées l'une
de l'autre dès l'enfance, imprégnées de bonne
heure de principes opposés et un jour peut-être
ennemies. Prenez-y garde ! Nos pères ont vu
des guerres civiles politiques ; qui sait si l'avenir,
préparé par une législation téméraire, ne réser-
verait pas à nos enfants des guerres de religion. »

L'article 30 de la commission fut adopté, et
ensuite la loi elle-même.

Les belles paroles de Cousin, de MM. Guizot
et Villemain semblent d'hier. On essayerait en
vain de tracer une peinture plus saisissante des
maux produits par l'éducation et l'instruction
cléricale ; mais l'éloquence des deux ministres

est en contradiction avec leurs actes ; elle entretient les colères du clergé, qui, fort de leur faiblesse, poursuit ses avantages ; elle déplaît au roi. Soit que, depuis la mort de leur fils bien-aimé, la dévotion de la reine ait gagné sur son esprit, ou, ce qui est plus vraisemblable, qu'il espère trouver dans le clergé le meilleur allié de ses efforts vers une légitimité de la *branche cadette,* Louis-Philippe favorise sous main ses empiétements ; les dépositaires de sa pensée intime, les anciens membres de son ministère de prédilection : Martin (du Nord), Montalivet, Barthe parlent et agissent en ce sens, en même temps qu'ils préparent une reconstitution du 15 avril.

XXI

PROTESTATION DES ÉVÊQUES DE LA PROVINCE DE PARIS.
— DISCOURS DE MONSEIGNEUR AFFRE A LA FÊTE DU
ROI. — LA LOI D'ENSEIGNEMENT A LA CHAMBRE DES
DÉPUTÉS ; M. THIERS, RAPPORTEUR. — DÉMISSION
VILLEMAIN. — PROJET DE RENVERSEMENT DU
MINISTÈRE.

Enhardis par ces symptômes, les évêques de la
province de Paris publient une protestation. Le
ministre des cultes est forcé de leur adresser une
réprimande ; mais, peu de jours après, l'un des
signataires, l'évêque de Versailles, est promu à
l'archevêché de Rouen, et, de tous les siéges du
royaume pleuvent des adhésions aux protestations épiscopales de Paris. Enfin, à l'occasion du
1er mai, Mgr Affre, s'adressant directement au
roi, insiste sur la nécessité de confier librement
l'enseignement au clergé.

Cette fois la mesure était comble.

Sa Majesté répondit qu'elle croyait avoir donné

assez de gages de sa volonté de maintenir la
liberté de la religion, d'entourer le clergé de tout
le respect, de toute la vénération qui lui sont dus,
pour qu'il fût peut-être inutile de le lui rappeler de
cette manière.

Le contre-coup de ces menées et de ces scandales se fit sentir lorsque la loi, le 10 juin, fut
portée à la Chambre des députés : dans la commission nommée, six membres sur neuf appartenaient à l'opposition ; M. Odilon Barrot fut élu
président, M. Thiers rapporteur, et, bien que la
session se trouvât trop avancée pour procéder à
la discussion, l'assemblée entendit le rapport et
applaudit à ses conclusions. Elles se formulaient
ainsi :

La promesse de l'article 69 de la Charte est
entièrement réalisée ; nous supprimons l'autorisation préalable directe et indirecte.

La concurrence est libre : quiconque aura
prouvé sa science et sa vocation sera instituteur
de plein droit.

L'étendue et les objets de l'enseignement
secondaire sont maintenus, savoir : les langues
anciennes, l'histoire, les sciences, la religion et
la philosophie. Les études philosophiques ne
seront pas restreintes, et le programme sera fixé
par le conseil royal de l'instruction publique, sous
la responsabilité du ministre de l'instruction publique.

Enfin, les ordonnances organiques de 1828, applicables aux petits séminaires, restent entières et deviennent lois de l'État.

M. Thiers accompagnait cette transformation de la loi de réflexions remarquables par leur justesse et leur netteté.

« A cette heure, si les principes souffrent, ce ne sont point ceux qui protégent l'Église, ce sont ceux qui protégent l'égalité des cultes...

« On commence à discuter dans les écoles, et la discussion ne consolide pas toujours la foi...

« Si le clergé, comme tous les citoyens, sous les mêmes lois, veut concourir à l'éducation, rien de plus juste, mais comme individu, à égalité de conditions et pas autrement...

« L'Église a triomphé des persécutions, mais elle ne triomphera pas de la raison calme, respectueuse, mais inflexible. »

Aux travaux politiques s'étaient jointes mes occupations industrielles, j'avais surmené par l'étude une constitution robuste sans vouloir renoncer aux plaisirs : aussi, frappé d'une cécité momentanée, retenu par de cruelles souffrances, je n'avais pris aucune part aux débats de la session. Au bout de quatre mois, encore chancelant, je fis une visite au ministre des affaires étrangères. Il m'accueillit comme si je l'avais quitté la veille.

— Eh bien, me dit-il, vous avez été indisposé.

Et nous causâmes de la question du jour. Il m'eût semblé ridicule de me plaindre à M. Guizot de son oublieuse sérénité ; mais, dès lors, je résolus de garder une amitié qu'on ne me demandait pas, et qu'on songeait moins encore à me rendre.

Les bénéfices de l'exploitation des chemins de fer d'Orléans et de Rouen suivaient une progression croissante. A la Bourse on escomptait l'avenir ; les autres lignes déjà votées et en cours d'exécution jouissaient de primes considérables ; on commençait à se passionner pour le jeu des placements industriels ; on spéculait non d'après l'étude réfléchie des produits de telle ou telle ligne, mais sur le nom des banquiers qui la lançaient, sur l'avis des intermédiaires les moins autorisés.

Cependant, à travers ce mélange de bon et de mauvais, de raisonnable et d'insensé, le capital se mobilisait, l'esprit d'association se formait en France aux mêmes conditions qui lui avaient acquis en Angleterre un si immense développement. Les chambres discutèrent et votèrent un grand nombre de projets de lois relatifs aux voies ferrées. La ligne de Paris à la frontière du Nord, construite conformément à la loi de 1842, ne fut concédée à aucune compagnie ; les ingénieurs de l'État chargés de la pose des rails, on remit encore une fois la solution. L'ensemble du réseau qui

devait couvrir la France fut arrêté, et pendant
six ans une allocation annuelle de soixante millions
devait subvenir à leur construction pour la part de
l'État.

Ainsi finit la session.

En septembre, Louis-Philippe, avec deux de
ses ministres, MM. Guizot et de Mackau, l'ambassadeur comte de Sainte-Aulaire et une suite
nombreuse, arriva à Windsor : il rendait sa visite
à la reine d'Angleterre. L'événement le plus
important de ce voyage est la démarche, sans
précédent, du lord-maire et des *aldermen* de la
cité de Londres, se déplaçant pour féliciter le
monarque, et saluer en lui le représentant éclairé
de la civilisation et du peuple français.

Malgré les paroles sévères du roi à l'archevêque de Paris, malgré l'adhésion éclatante de la
majorité de la chambre au rapport de M. Thiers,
le mouvement du haut clergé ne s'était pas
ralenti. Derrière les prélats, la compagnie de
Jésus, comme une araignée au centre de sa toile,
tenait les fils. La calomnie me répugne, même
envers ceux qui la prodiguent avec si peu de
scrupule, mais il est difficile d'attribuer à d'autres
qu'aux *Bons Pères* les sombres menées dirigées
avec une odieuse persévérance contre le ministre
de l'instruction publique. Ils avaient pénétré sa
faiblesse ; dès lors tout un ensemble de persécutions intimes, de pronostics menaçants, d'infâmes

lettres anonymes était ourdi contre lui, à l'effet de l'intimider, de briser sa volonté, peut-être même d'égarer sa raison. Peu à peu sa santé s'altéra, M. Villemain tomba malade ; et, le 30 décembre, parut au *Moniteur* l'ordonnance qui acceptait sa démission.

Un grand goût de sa conversation, de son intelligence, un intérêt fortifié par les calomnies dont il était l'objet, une amitié arrêtée dans sa croissance, l'admiration de son talent d'orateur, tels étaient les sentiments que m'inspirait alors M. Guizot ; j'entrevoyais les défauts de l'homme d'État, son inaptitude aux questions spéciales et pratiques, son habitude de ne se mouvoir que dans l'enceinte du Parlement, de ne penser, de ne parler, de n'agir qu'en vue des Chambres ; son ignorance de tout ce qui n'était pas le pays légal, son indifférence pour la démocratie, qu'il décomposait en une masse immense, moutonnière, absorbée dans les travaux matériels et une poignée de factieux ; il me restait encore à connaître son irrésolution, son adhérence au pouvoir, son arrachement lorsqu'il fallait le quitter, et, plutôt que de souffrir une séparation si cruelle, son assujettissement au souverain.

Pendant la discussion de la loi d'enseignement au Luxembourg, les ministres des affaires étrangères et de l'instruction publique avaient défendu les droits de l'État, l'enseignement laïque et

l'Université beaucoup plus par leurs paroles que
par leurs actes ; il y avait eu néanmoins, dans
leur langage et leur attitude, une différence marquée avec l'obséquieuse connivence de Martin
(du Nord) à l'égard du clergé. J'ai appuyé déjà
sur la piété politique de ses deux anciens collègues du 15 avril, le comte de Montalivet, réclamant des priviléges en faveur du catholicisme,
religion de la majorité des Français, et Barthe,
voulant *préserver les consciences adolescentes de
l'examen des questions philosophiques.*

On ne s'en tint pas là, et malgré les témoi-
gnages apparents d'estime et d'affection que le
roi accordait à M. Guizot, compagnon de son
récent triomphe en Angleterre, on s'occupa acti-
vement de lui donner pour successeur le comte
Molé. Cette reconstitution, désirée par Louis-
Philippe, du cabinet renversé en 1839 par la
coalition, n'avait rien de contraire à la lettre de
la Charte, pourvu qu'elle fût le résultat d'un dépla-
cement de la majorité parlementaire. Le roi
croyait-il le moment venu d'un nouveau relais
ministériel ; jugeait-il prudent d'abandonner
l'homme impopulaire ; la longévité de l'administration du 29 octobre lui portait-elle ombrage ;
craignait-il que l'appui constant d'un parti compacte et discipliné ne donnât à M. Guizot des
tentations d'indépendance, la force de résister
à son gouvernement personnel? Ou bien voulait-

il, débarrassé du protestant universitaire, resserrer l'union du trône et de l'autel, ou, déjà las de son intimité avec la reine de la Grande-Bretagne, sacrifier le glorificateur de l'*entente cordiale* à l'espoir de gagner les bonnes grâces de l'autocrate russe? Il y avait de tout cela dans ses encouragements à ses plus anciens et dévoués serviteurs pour remplacer le chef moral du 29 octobre. Des indiscrétions calculées avaient mis les conservateurs influents dans le secret ; le monde politique était si bien informé des dangers qui menaçaient l'existence ministérielle que, dès le 30 octobre, le duc de Broglie écrivait de Coppet à M. Guizot :

« La session prochaine sera rude et difficile...

« Tout s'use à la longue, et les hommes plus que tout le reste, dans notre forme de gouvernement. Il y a quatre ans que vous êtes au ministère ; vous avez réussi au delà de toutes vos espérances... Le moment est venu pour vous d'être le maître ou de quitter momentanément le pouvoir. Pour vous, il vous vaudrait mieux quelque temps d'interruption : vous vous remettriez tout à fait, et vous rentreriez promptement avec des forces nouvelles et une situation renouvelée...

« Je ne puis donc trop vous conseiller de faire, avant l'ouverture de la session, vos conditions *à tout le monde*, de les faire sévères et de les tenir, le cas échéant, sans vous laisser ébranler par les *sollicitations et les prières*. Mettez le marché à

la main à vos collègues et à la majorité. Gou-
vernez votre ministère et la Chambre des députés,
ou laissez-les se tirer d'affaire. Dans l'un comme
dans l'autre cas, la chance est bonne, et la meilleure pour vous serait une sortie par la grande
porte. »

Les passages qu'on vient de lire montrent
quelles craintes concevait le duc de Broglie sur la
fidélité à M. Guizot des députés conservateurs. Il
est fort à présumer qu'il n'était pas non plus sans
appréhension du mauvais vouloir du monarque,
lui qui en avait été deux fois victime. En somme,
il indiquait assez clairement à son ami que le moment était venu de résigner ses fonctions; mais ce
parti extrême ne convenait qu'à celui qui le conseillait.

Le ministre se prépara à une résistance désespérée. J'étais au courant de l'intrigue ; elle faus-
sait l'esprit de notre Constitution : je résolus, non
de défendre la position de M. Guizot, mais de
mettre l'occasion à profit pour dévoiler l'abus du
gouvernement personnel, rendre évidente l'impitoyable vanité du souverain, pour qui la stabilité,
la durée d'un ministère, l'importance trop marquée, le talent, même assoupli, de son chef deve-
naient des raisons suffisantes de changement. La
difficulté était de mettre en scène la personne
royale devant une Chambre des pairs, d'exposer
les faits avant que le rappel à l'ordre vînt me

couper la parole. Il me parut qu'une citation de l'histoire parlementaire d'Angleterre me permettrait de tourner l'obstacle : le renvoi du ministère de lord North par Georges III présentait, en effet, une complète analogie avec la situation présente.

XXII

1845. — ADRESSE. — LUTTE ENTRE M. GUIZOT ET LE
COMTE MOLÉ.

La session s'ouvrit.

Le discours de la couronne respirait la paix et
la prospérité :

« Dans la visite que j'ai faite à la reine d'Angleterre, j'ai été entouré des manifestations
les plus satisfaisantes pour la France et pour
moi... »

Du reste, aucune grave préoccupation.

Cependant, dès le début, à la Chambre des députés, la nomination d'un des vice-présidents
avait été vivement disputée par l'opposition : dans
un scrutin de ballottage, le candidat ministériel,
M. Debelleyme, ne l'avait emporté que de quatre
voix sur Billault. Ainsi se faisait sentir le mécontentement d'un certain nombre de conservateurs ;
les motifs allégués étaient : le droit de visite

toujours existant malgré l'engagement pris de le modifier, la suite des événements de Tahiti, l'indemnité Pritchard, etc.

Le 13 janvier, le comte Molé devait faire connaître à la Chambre des pairs les causes du dissentiment des conservateurs. J'avais déjeuné le matin chez M. Guizot, et je l'avais prévenu de mon intention de prendre vivement part aux débats. Sans s'expliquer il me témoigna quelque inquiétude.

Au Luxembourg, l'assemblée était nombreuse, animée par la nouveauté du spectacle : une question de cabinet soumise d'abord à notre jugement. Il ne s'agissait pas d'un assaut d'éloquence, mais d'un duel avec des armes acérées, peut-être empoisonnées ; des deux côtés, les seconds, à leur poste, prêts à entrer en ligne au premier signal. Depuis le jour où les deux ennemis s'étaient renvoyé mutuellement les paroles de Tacite : *Omnia serviliter pro dominatione*, entre eux point de rencontre sérieuse ; aujourd'hui, rivaux pour la seconde fois, ils se disputaient avec acharnement le pouvoir.

Le comte Molé commença en caractérisant le système de M. Guizot de politique *partout et toujours à outrance*, jusque dans ses faiblesses. Funeste à la cause qu'il voulait fortifier, il avait exagéré par sa convention de 1841, l'étendue des zones où se pratiquait le droit de visite, il l'avait décrié, il avait amené une réaction qui s'attaquait au principe même du traité.

Dans l'affaire de Tahiti, ses fautes avaient été plus graves encore. C'est en pleine et entière liberté que M. le ministre des affaires étrangères avait ratifié sa prise de possession de cette île de l'Océanie, et qu'il voulait y fonder un établissement pour la France à titre de protectorat.

« Quoi ! c'est un si chaud partisan de l'alliance anglaise qui a voulu établir sur ce point du globe, si éloigné de nous, sans intérêt pour nous, et d'où le premier coup de canon, tiré sur nous, nous forcerait de sortir, qui a voulu placer le protectorat de la France en face du protectorat des missionnaires anglais ! M. le ministre des affaires étrangères n'a-t-il pas agi, en cette occasion, au moins avec légèreté ? Devait-il espérer que le cabinet de Londres userait de tolérance envers de pareils projets ? Ne devait-il pas se rappeler qu'en Angleterre le gouvernement est obligé de compter avec les hommes et le sentiment religieux ? Si le chef moral du cabinet du 29 octobre l'avait compris plutôt, il eût épargné à nos bons rapports avec l'Angleterre cette dangereuse épreuve, et à la France le sang de ses braves marins et de ses soldats, qui ont payé de leur vie notre douteuse occupation d'un rocher où il semble qu'on ne sache plus comment rester, et d'où on ne sait comment sortir. »

Telles avaient été les fautes principales du ministère : aujourd'hui les difficultés accumulées autour de lui étaient graves, et il ne paraissait pas qu'il lui fût donné de les résoudre. L'ancien président du 15 avril terminait en déclarant qu'on l'avait forcé de prendre la parole. Quant à lui, malgré ses doutes, jamais il n'avait fait, jamais il ne ferait d'opposition systématique à aucun cabinet : il voterait pour tout ce qu'il approuverait et même pour ce qu'il ne désapprouverait pas, tant il croyait utile et raisonnable d'aider à la marche régulière, quoique plus ou moins éclairée, du pouvoir.

A son tour, M. Guizot démontrait qu'en dehors des questions de personnes, il n'y avait pas de différence appréciable entre la politique suivie par lui et celle recommandée par l'ancien président du 15 avril. Sur la question du droit de visite, il s'était conformé à l'opinion des Chambres, des commissaires mixtes étaient nommés, et l'on cherchait de bonne foi les moyens de se passer des traités de 1831 et 1833, tout en réprimant efficacement la traite des noirs.

On lui reprochait de n'avoir pas fait tantôt plus, tantôt moins, ou autrement ou mieux ; cela fût-il vrai, y avait-il là des motifs suffisants pour décider un homme grave à faire un acte d'opposition éclatant?... N'étaient-ce pas assez d'obs-

tacles, sans qu'on vînt se joindre aux factions révolutionnaires?

Que voulait M. Molé et que ferait-il s'il arrivait
au pouvoir? Aurait-il cette situation si nette, si
simple et si forte de l'administration actuelle, appelée aux affaires pour rétablir la paix menacée,
l'alliance anglaise affaiblie, de l'administration
actuelle, entourée et soutenue par une majorité
animée des mêmes sentiments, des mêmes désirs?
Non; M. Molé arriverait au pouvoir pour dégager de ses fautes cette politique qu'il approuve;
y entrerait par l'impulsion et l'appui de tous les
hommes qui n'ont pas cessé de combattre cette
politique; pour faire et faire mieux les affaires du
parti conservateur, il prendrait le pouvoir, poussé,
porté, soulevé par toutes les oppositions. Ce serait là une position radicalement fausse et impuis-
sante que de se trouver entre une portion considérable, importante du parti conservateur, mécontente, méfiante, irritée, et, d'un autre côté,
entre des oppositions exigeantes qui voudraient
faire payer leur appui.

On reprochait au ministère de compromettre
l'alliance anglaise; était-ce là un reproche sérieux
à faire à ceux qui avaient précisément rétabli,
maintenu cette alliance, qui l'avaient fait pros-
pérer par la solution paisible et régulière de
questions épineuses, par des manifestations amicales de la plus haute portée?

« Voulez-vous que je vous dise qui compromet l'alliance anglaise; quels sont les hommes vraiment dangereux pour la paix et pour les bons rapports des deux nations? Ce sont d'abord ceux qui, soit à dessein, soit par aveuglement, saisissent tous les incidents, toutes les difficultés, toutes les questions qui s'élèvent entre les deux pays, et les grossissent, les enveniment, et, volontairement, courent le risque d'en faire sortir entre eux la rupture ou du moins la froideur.

« Voilà les premiers, les véritables comprometteurs, passez-moi le mot, de la paix et de l'alliance anglaise.

« Les seconds sont ceux qui, lorsque de pareilles questions s'élèvent, lorsque l'opposition les grossit et les envenime, accueillent à moitié, ou ne repoussent qu'à moitié les attaques et les efforts de l'opposition; ceux qui, tout en parlant de la bonne politique, de leur amour pour la paix, de leur désir de maintenir de bons rapports avec l'Angleterre, prêtent de loin, de très-loin, très-indirectement, mais enfin prêtent un certain secours, une certaine force aux hommes qui se sont emparés de tous ces incidents, de toutes ces questions, pour éloigner, pour brouiller ces deux pays.

« Voilà les vrais comprometteurs de la paix et de l'alliance anglaises, voilà les hommes qui lui créent de véritables dangers.

« Eh bien, nous les combattrons les uns et les autres :

> Les uns, parce qu'ils sont méchants et malfaisants,
> Et les autres pour être aux méchants complaisants,
> Et n'avoir pas pour eux ces haines vigoureuses
> Que doit donner le vice aux âmes vertueuses. »

Les paroles d'Alceste étaient bien osées dans la bouche d'un ancien *leader* de la coalition, devenu le chef du parti conservateur. Cette audacieuse déclaration de guerre à tous ceux qui seraient tentés de l'abandonner en imposa aux indécis, aux timides, on crut y voir une preuve de l'appui de la couronne, et ce soupçon d'un soudain revirement de la faveur du maître paralysa les projets d'opposition de nos conservateurs.

En vain le comte Molé protesta contre l'explication de son attitude, en vain, d'un ton bref, saccadé, nerveux, débordant d'amertume, il s'écria :

« Cessez de parler des ambitions personnelles qui vous attaquent, et dont vous ne pouvez ici prendre l'idée que dans vos propres souvenirs.

« Si vous pouviez juger du fond des cœurs, autrement que par le vôtre, vous sauriez mieux les intentions qui m'animent et les motifs qui m'ont décidé à signaler au pays les embarras que vous lui avez donnés. Vous m'avez jeté une sorte de défi; vous avez cru que je ne vous dirais pas ce que je pensais de votre politique; eh bien, je vous l'ai dit en toute conscience et avec une profonde conviction; en finissant, je le répète : les questions si graves que vous croyez ou que vous dites terminées sont encore toutes vives; elles se produiront encore plus d'une fois au sein des Chambres, et elles vous donneront encore, croyez-moi, de mauvais moments. Surmontez-les, réussissez, c'est ce que je demande, et, permettez-moi de dire les gros mots : ce n'est pas votre place que j'ambitionne; ce que je voudrais, c'est que vous puissiez tirer la France des difficultés qu'elle vous doit. »

Les coups qu'il frappait pouvaient venger, non empêcher sa défaite.

J'avais demandé la parole dès le commencement du combat. Le vainqueur, M. Guizot, n'avait obtenu l'avantage qu'en persuadant à la majorité que le roi marchait avec lui; un récit franc et hardi de l'intrigue, mes attaques contre l'auguste complice détruisaient l'illusion; il le sentit, et le duc de Cazes vint, sans succès, à deux reprises, me prier de sa part de garder le silence; enfin, sur quelques mots de M. Guizot lui-même, je cédai : c'est la seule fois qu'il m'ait été donné de lui prouver ma gratitude.

La lutte devait continuer à la chambre des députés : là, les conservateurs, mieux renseignés, plus indépendants, se divisaient en amis du roi et en amis du ministère. Pour arriver à une combinaison viable, des démarches avaient été tentées près du chef du centre gauche, et, il faut le dire à l'honneur de M. Thiers, elles n'avaient pas réussi. Mais en refusant de s'associer aux ambitions de cour, de sacrifier l'enseignement laïque à l'espoir d'un rapprochement entre le trône et le clergé, il ne mettait pas moins d'ardeur à renverser le chef du 29 octobre. Aussi, après avoir désavoué sa candidature au pouvoir, il reprochait au ministère trois fautes :

Relativement au droit de visite, d'avoir été incapable de tenir les engagements que les Chambres lui avaient imposés ;

Au Maroc, de n'avoir pas profité de la victoire d'Isly, remportée par le maréchal Bugeaud, d'avoir par crainte de complications avec l'Angleterre, ratifié le traité conclu par le prince de Joinville, traité sans garantie et sans indemnité ;

A Taïti, d'avoir voulu flatter par un semblant de conquête ceux qui demandaient un peu de grandeur ; de s'être emparé des Marquises pour racheter toutes les faiblesses commises, sans prévoir qu'on y rencontrerait de nouveaux écueils.

Enfin, il faisait ressortir la coïncidence étrange de ces deux dates : le 29 août, désaveu de M. d'Aubigny, consentement à l'indemnité Pritchard ; le 30, évacuation de Mogador.

A ces accusations, M. Guizot opposait le désir sincère, réciproque des deux gouvernements de

maintenir la paix; loin de se soustraire aux engagements pris dans la session précédente, il espé-
rait un prompt dénoûment des traités du droit de
visite. Il citait avec complaisance ces paroles de
lord Aberdeen :

« Ma conviction est que la volonté des deux
gouvernements de maintenir l'entente cordiale
rend presque impossible que des incidents puissent aboutir à autre chose qu'à une issue ami-
cale. »

Il rappelait les importantes manifestations
qu'avait provoquées le voyage du roi en Angleterre.

« Il y a loin de cette région haute et vraie à
l'arène intérieure et confuse des prétentions, des
agitations, des luttes de parti, de coterie, de
personnes à travers lesquelles on nous traîne depuis un mois... La chambre décidera. »

Bien d'autres orateurs prirent part aux débats.
Je ne nommerai que M. Dupin : procureur général de l'assemblée, ses attaques étaient des in-
dices certains des rigueurs de la majorité, ses
sarcasmes désignaient le condamné, sa tran-
chante ironie avait la valeur d'une sentence. Il
se prononça contre le cabinet.

« Ministres faibles et imprévoyants, votre
politique est une abdication continue : quand
la majorité n'est pas avec vous, vous êtes avec
elle. »

Un amendement de M. de Carné ajoutait au paragraphe de l'adresse ces mots :

« ... Des complications qu'une conduite prévoyante et ferme aurait pu prévenir ou terminer d'une manière plus satisfaisante. »

Soutenu par M. Billault, combattu par M. Hébert, rapporteur de la commission, il fut repoussé par 28 voix de majorité.

Un deuxième amendement de M. de Malleville eut le même sort.

Mais le paragraphe qui approuvait la conduite du cabinet ne passa qu'à 8 voix de majorité.

L'opposition, regardant avec raison ce résultat comme un échec définitif pour l'administration du 29 octobre, s'abstint de voter sur l'ensemble de l'adresse.

Le soir, vers dix heures, j'allai au ministère des affaires étrangères ; sans madame de Meulan et le baron de Barante la solitude aurait été complète. M. Guizot m'apprit qu'il avait donné sa démission, je l'en félicitai sincèrement. Par malheur il la retira le lendemain : une démarche des principaux députés conservateurs, les instances du roi l'auraient fait revenir sur sa détermination. Je ne nie pas ces faits : qu'en présence des difficultés insurmontables qui attendaient la formation d'un cabinet Molé, des délégués lui ayant exprimé les regrets de la majorité, Louis-Philippe ait désiré garder le ministre qu'il venait d'humilier, rien de plus naturel ; mais, à mon sens, la raison décisive de cet acte de faiblesse fut son incurable passion du pouvoir.

Je n'ai reçu aucune confidence des paroles échangées entre le roi et le ministre, mais, à dater de ce jour, chez M. Guizot toute velléité d'indépendance disparut ; il servit le *maître* dans tous ses projets contre-révolutionnaires, et jusque dans ses fantaisies monarchiques, cessa de défendre l'Université, adopta le système des concessions au clergé. Le 1er février, le comte de Salvandy, le littérateur diplomate dont j'ai déjà parlé, homme aimable, frotté de légitimiste et doux aux jésuites, était nommé ministre de l'instruction publique.

Je ne mentionne qu'à cause du nom de son auteur une proposition de Ledru-Rollin, rejetée presque sans discussion, pour l'abolition du cens d'éligibilité et le traitement des députés.

M. Crémieux, remuant, infatigable, demanda cette année l'adjonction des capacités ; ce projet eut le même sort que dans les sessions précédentes.

La conversion des rentes, adoptée à une immense majorité par la Chambre des députés, vint mourir comme à l'ordinaire devant l'opposition de la chambre des pairs.

XXIII

Le 2 mai, M. Thiers adresse des interpellations au ministère sur l'inexécution des lois rela-
tives aux corporations non autorisées. Après avoir
rappelé l'expulsion des jésuites en 1763, con-
firmée par la Constituante, la Législative, les articles organiques du concordat, la décision de la
cour royale en 1826, les ordonnances de 1828;
avoir montré les Pères de la Foi tolérés en
France comme individus depuis 1830, peu à
peu se formant en communauté, s'étendant, se
ramifiant, divisés aujourd'hui en deux provinces :
celles de Lyon et de Paris, possédant 27 maisons et un nombre quatre ou cinq fois plus con-

sidérable de profès non avoués, il terminait
en déclarant que son but n'était pas de créer
des embarras au gouvernement, mais de lui
venir en aide; qu'il ne devait pas souffrir qu'il
y eût un État dans l'État, qu'il existât des congrégations affranchies de sa surveillance, et qu'il
n'aurait le droit ni d'autoriser, ni de dissoudre.

« Nous ne sommes pas des ennemis perfides
venant vous dire : Jetez-vous dans les difficultés
pour que nous ayons le plaisir de vous y voir. »
Non, qui que vous soyez sur ce banc, le jour où,
pour faire triompher les lois du pays, vous ren-
contrerez des difficultés graves, nous vous apporterons le moyen de les vaincre.... Mes amis et
moi nous serons de moitié avec vous...

« Il n'a pas manqué de conseillers qui nous ont
dit que les opinions que nous représentions devaient, en songeant à un avenir, peut-être prochain, ménager de grandes influences. J'ai répondu, et mes amis ont répondu avec moi, que
le désir de faire triompher les lois du pays est le
premier de nos désirs; que notre cause, dût-elle
souffrir à quelque degré, dans quelques occasions, de l'énergie que nous apporterons dans
notre conduite, nous nous résignerons, car, avant
tout, nous voulons que les lois du pays s'exécu-
tent, et que l'esprit sage et modéré de la Révolution française triomphe de ses ennemis. »

Après un discours incolore et vague de Martin

(du Nord), le comte de Carné ayant cité les paroles de Bossuet et de Fénelon :

« Malheur au royaume, si l'on entend jamais les libertés de l'Église gallicane comme les entendent les magistrats, et non comme les entendent les évêques ! »

Dupin les rétorque en disant :

« Malheur à la France, si l'on entend jamais ces libertés comme les entendent les jésuites ! »

Il déclare la question non religieuse, mais politique, ajoutant que le jésuite, dont le chef est à Rome, n'est plus Français ; que l'existence du rétablissement de l'ordre est juridiquement démontrée par les scandales du procès Affnaër.

Berryer défend les jésuites en niant la validité des lois sur les congrégations. Enfin M. Hébert exprime l'opinion du gouvernement.

« Les lois existent et sont efficaces : la sagesse conseille peut-être de les laisser dormir pour un temps ; car la paix vaut mieux que la guerre, et la persuasion mieux que la force ; mais si la paix n'était plus possible, si la persuasion n'était pas efficace, les lois existent et elles doivent être exécutées. »

M. Thiers propose l'ordre du jour motivé :

« La Chambre, se reposant sur le gouvernement du soin de faire exécuter les lois de l'État, passe, etc... »

Odilon Barrot s'y associe en faisant remonter

au gouvernement le reproche d'une tolérance dangereuse.

Il est adopté à une immense majorité.

La fin de la session fut politiquement heureuse pour M. Guizot. Le 29 mai, les deux délégués d'Angleterre et de France, le docteur Lushington et le duc de Broglie signaient la convention destinée à remplacer le droit de visite : à l'avenir, deux escadres anglo-françaises de vingt-six bâtiments, en croisière sur les côtes d'Afrique, où se faisait le commerce des noirs, empêcheraient le trafic et l'exportation des esclaves.

Cette grande difficulté résolue, restait celle non moins grave de l'application des lois contre les jésuites. Créés au seizième siècle pour faire prévaloir la foi contre l'esprit d'examen, M. Guizot ne se dissimulait pas que leur tendance était encore l'absolutisme « spirituel et même temporel ». Mais, afin d'éviter des conflits qui auraient froissé le clergé, il avait proposé au roi d'obtenir du pape, par voie de négociation, leur dissolution en France, Dans ce but, dès la fin de 1844, il avait chargé d'une mission extraordinaire à Rome M. Rossi, l'homme le plus capable de réaliser son projet.

Rossi, Italien réfugié à cause de ses efforts pour l'indépendance de sa patrie, tour à tour adopté par la Suisse et par la France, avait été connu, apprécié du duc de Broglie, auquel il

s'était attaché, et par celui-ci mis en rapport
avec le ministre du 29 octobre. Une chaire de
professeur de droit administratif, des lettres de
grande naturalisation, la pairie avaient été les
promptes récompenses de son mérite. Fin, insinuant, sagace, patient et ferme, il savait parvenir; de connaissances très-variées, de figure
régulière, de tenue distinguée, écrivain et orateur, il était maître de sa parole un peu lente;
seul son accent bergamasque, en lui donnant un
air de parenté avec Arlequin, troublait la noblesse de l'ensemble. En qualité de collègue,
j'avais eu ma part de ses flatteries; un jour, entre
autres, il me dit qu'il faisait apprendre mes discours à ses enfants.

La conduite de toute cette affaire fut également
honorable pour lui et pour celui dont il recevait
les instructions.

Avant d'arriver au résultat, je citerai quelques
lignes de la dépêche de Rossi du 27 avril 1845 :
elles résument avec une rare pénétration l'esprit
de la compagnie de Jésus, la décomposent, indi-
quent son but, ses espérances, ses immenses
ressources et sa double préoccupation, qui est
actuellement la même sous Pie IX qu'alors sous
Grégoire XVI, la France et le conclave :

« Les jésuites sont mêlés ici à-tout; ils ont
des aboutissants dans tous les camps; ils sont,
pour tous, un sujet de craintes ou d'espérances.

Les observateurs superficiels peuvent facilement s'y tromper, parce que la *société de Jésus* présente trois classes d'hommes bien distinctes. Elle a des hommes purement de lettres et de sciences, qui devinent peut-être les menées de leur compagnie, mais qui y sont étrangers, et peuvent, de bonne foi, affirmer qu'ils n'en savent rien. La seconde classe se compose d'hommes pieux et quelque peu crédules, sincèrement convaincus de la parfaite innocence et abnégation de leur ordre, et qui ne voient dans les attaques contre les jésuites que d'affreuses calomnies. Les premiers attirent les gens d'esprit, les seconds les âmes pieuses. Sous ces deux couches se cache le jésuitisme proprement dit, plus que jamais actif, ardent, voulant ce que les jésuites ont toujours voulu, la contre-révolution et la théocratie, et convaincus que dans peu d'années ils seront les maîtres...

« Il est certain que leurs moyens sont considérables ; ils disposent de millions, et leurs fonds augmentent sans cesse ; leurs affiliés sont nombreux dans les hautes classes...

« Il est notoire que, malgré la bonne santé de Grégoire XVI, leurs efforts se dirigent en ce moment, d'une manière toute particulière vers deux points, la France et le futur conclave (1). »

_____

(1) Voir les Mémoires de M. Guizot, tome VIII.

Le 6 juillet 1845, on lisait dans *le Moniteur* :

« Le gouvernement du roi a reçu des nouvelles de Rome. La négociation dont il avait chargé M. Rossi a atteint son but. La congrégation des jésuites cessera d'exister en France, et va se disperser d'elle-même ; ses maisons seront fermées et ses noviciats seront dissous. »

Néanmoins, devant cet échec, Montalembert, le chef du parti, ne se décourageait pas, et le 15 juillet, à notre tribune, il adressait au ministre cette fière déclaration :

« Si l'avant-garde catholique a dû déposer les armes, il reste le gros de l'armée, il reste les quatre-vingts évêques qui, l'année dernière, ont protesté contre la loi d'enseignement ; tout cela n'est pas dissous par ce qui vient de se passer à Rome... Irez-vous demander à Rome l'approbation du monopole universitaire ?

« Une main sur l'Évangile et l'autre sur la Charte, nous continuerons la lutte que nous avons engagée contre le monopole ; nous vous attendons sur ce terrain-là l'année prochaine. »

Avec un admirable instinct de ce qui leur est profitable, les jésuites et le clergé en général l'avaient adopté, et il était alors, par son ardeur, son audace, sa sincérité, ses illusions de libéralisme, le chef qui convenait le mieux à la situation et au progrès de leur doctrine.

En 1833, chez le jeune compagnon de la Men-

nais, l'encyclique avait refoulé et non étouffé
l'esprit d'indépendance ; il éclatait avec d'autant
plus de force dès que la foi ne comprimait pas
son essor : ainsi dans les questions de Pologne
et d'Irlande, ou lorsqu'il s'indignait avec moi de
la servitude politique de la pairie, ou même
quand, à l'exemple de l'aristocratie anglaise, il
avait combattu dans les rangs de la coalition le
gouvernement personnel du roi; s'agissait-il enfin
de ruiner par une concurrence privilégiée, dé-
loyale, l'enseignement laïque de l'État, de le
confisquer au bénéfice des Pères de la foi, ce
qu'il attaquait, c'était le monopole, ce qu'il détestait, c'était la tyrannie universitaire ; pour po-
pulariser l'erreur, il abusait du vocabulaire de la
liberté.

Le 26 mai 1844, présenté par le marquis
d'Hertford et le comte de Biencourt, je fus admis
au cercle de l'*Union :* il était sous la présidence du duc de Luxembourg le plus ancien, le
plus aristocratique de tous les clubs. Composé
par moitié d'étrangers et de Français, tous les
membres du corps diplomatique en faisaient partie:
les ambassadeurs d'Angleterre, les lords Granville, Cowley, Normanby, le chargé d'affaires de
Russie, comte de Medem et plus tard l'ambassadeur comte Palhen, le premier secrétaire Kisseleff, l'ambassadeur de Prusse, comte d'Arnim, les
ministres de Belgique et de Suède, le prince de

Ligne et le comte de Lœvenhielm y avaient leurs
habitudes. --

Lord Granville, pendant dix ans habitant de
Paris, de grande mine, de bon accueil, alliait
deux traits de caractère en apparence contra-
dictoires : la passion du whist et une vie de famille irréprochable. Il perdait de grosses sommes,
et chaque nuit réveillait sa femme pour lui conter
les coups les plus piquants de la partie.

Normanby, célibataire, était l'effigie déjà usée
d'un homme à bonne fortune ; jadis brillant, toujours léger ; écrivain de haute noblesse fécond en
souvenirs ; trop lié avec lord Palmerston pour aimer la Révolution française.

Le comte de Médem, sec et fin, aimable à
volonté.

Kisseleff, une autre épreuve également bien
réussie de l'agent politique russe.

Je n'ai jamais eu avec le comte d'Arnim la
moindre intimité, mais le docteur Pétroz, mon
ami, lui donnait des soins. Je le vis un jour sortant de l'ambassade.

— Qu'avez-vous, cher docteur, vous semblez
préoccupé ?

— Oh ! oh ! il se prépare de bien graves
événements.

— Chez nous ?

— Non. Mais le comte d'Arnim m'assurait
tout à l'heure que les doctrines communistes pre-

naient une telle extension en Allemagne, qu'a-
vant peu d'années elles seraient celles de la majorité.

Cette curieuse appréciation est de 1844.

Le prince de Ligne, grand seigneur, avait
hérité du nom d'un homme d'esprit : rien de
plus méritoire que ses efforts pour être le fils
de son père.

Lœvenhielm, le doyen du corps diplomatique,
ancien page de Gustave III, présent à l'assassinat du monarque, avait gardé, avec les traditions
de la cour de Marie-Antoinette, le culte de la
vieille gaieté française; admirateur et ami de
Virginie Déjazet.

Un général russe, le prince Tuffiakin, était
contemporain du ministre suédois. En 1815,
pour prix de ses services, il avait obtenu de l'empereur Alexandre la permission de vivre et de
mourir à Paris. Une perruque brune et frisée
sur une tête caduque, un visage grotesque, un
cou tors, une tournure rembourrée, une démarche
oblique n'avaient pas même effleuré ses prétentions ; il croyait de bonne foi donner la mode
et être aimé. Il entretenait publiquement une
courtisane, ce qui ne l'empêchait pas, quand, une
fois l'an, il ouvrait ses salons, d'y voir accourir
la bonne compagnie : prince, riche, et surtout
étranger, on l'avait accepté.

Dans le groupe des Plutus, plusieurs, ayant

des galeries de tableaux, passaient pour protéger les arts. Se disputer à des prix ridicules les toiles des maîtres morts, payer des signatures sans tenir compte ni du sujet ni de son exécution, mettre à la mode telle ou telle école secondaire à l'exclusion de toutes les autres, ce n'est pas encourager les artistes, c'est, tout au plus, augmenter la bande des copistes et des contrefacteurs; c'est une manifestation du luxe, une forme de la vanité, une constatation de la richesse qui peut s'allier à l'avarice et à l'ignorance du beau; souvent un placement, quand ce n'est pas une spéculation, car, l'an dernier, un banquier en détresse acheta 50,000 fr. en vente publique, pour relever son crédit, un Berghem qu'il ne connaissait pas même de nom. Aux yeux de la foule éblouie, ce rôle de dispensateur a suffi de tout temps à excuser l'accumulation des richesses, ou à faire oublier leur origine; mais encore faudrait-il s'y préparer par l'étude, le développement du goût, le dilettantisme de l'art.

Il y a une jouissance délicate à découvrir le talent jeune et pauvre, à l'aider, à lui rendre confiance, parfois à le pousser au génie. Le duc d'Ossuna, mort en 1845, Anatole Demidoff étaient entrés dans cette voie, où bien peu ont essayé de les suivre.

Le vieux baron Pourtalès permettait aux élus de visiter sa galerie.

Lord Hertford avait établi la sienne à Bagatelle.

L'émigration polonaise comptait de nobles représentants. Le général Mitchielski, franc, spirituel et brave, excédé de son oisiveté, jouant sa fortune aux cartes, faute de pouvoir la risquer sur les champs de bataille, très-peu mystique pour un Polonais, avait cependant un coin réservé au merveilleux; il s'entourait d'inventeurs chimériques, dont un lui vendit le secret de remplacer tous les tabacs avec de la sciure de bois diversement préparée.

L'esprit indépendant, la pénétration, la variété des connaissances faisaient du comte Gourrief, l'homme le plus remarquable de la colonie russe.

Le prince Paul, fils aîné de madame de Liéven, très-apprécié dans les salons de Londres, dont il avait été le *lion* plusieurs saisons de suite, ne faisait à Paris que de courtes apparitions et répondait par une froideur extrême aux politesses empressées de notre ministre des affaires étrangères.

Le baron James de Rothschild était de la fondation du cercle, mais n'ayant pu réussir à faire admettre d'autres membres de sa famille, il vivait d'ordinaire au *Jockey*. C'est là que je l'entendis s'écrier, dans une discussion sur le courage :

— Eh pien, fous me croirez si vous foudrai,

ché sais qu'il y a tes chours où je ne me pattrais pas.

Les Français étaient en majorité légitimistes, néanmoins le célèbre joueur de whist Des Chapelles, de première à tous les jeux, même au billard, quoique manchot, avait été autrefois arrêté, prévenu de conspiration républicaine. Dans les papiers saisis chez lui figurait une liste des richards du club : Pourtalès, Galliera, Jean Greffulhe, etc., et à côté de chaque nom, ces mots : *citoyen inutile.*

Une autre notabilité était le comte de Montrond; le brillant de l'esprit, le courage aventureux, l'insolence, la beauté physique, l'élégance, la prodigalité ont longtemps doré ses vices. Instrument favori du prince de Talleyrand, il exécutait ses pensées, et devait avoir rendu quelque signalé service au roi des Français, qui lui paya, jusqu'à sa mort, une pension de 40,000 fr. Quand son âge ne lui permit plus de monter l'escalier du cercle, il obtint licence, en dépit de la loi, de tenir une banque de creps et de roulette à domicile ; curieux spectacle que celui de ce vétéran de la débauche, sur son grand fauteuil, le menton enfoncé dans la cravate blanche du Directoire, le rire fin, le propos cynique, ayant toujours une ancienne amie à sa portée, accueillant, à partir de minuit, les compagnons de ses veilles.

Je ne saurais préciser si c'est en 1844 ou 45

que le prince Félix de Schwarzemberg, celui qui
devait être le successeur de Metternich après la
révolution de février, vint passer quelques mois
à Paris. Le comte de Leipseltern, autrefois son
tuteur et celui du major Fraser, les avait envoyés
tous deux dans le corps des cadets à Saint-Pétersbourg; ils avaient fait en Russie leurs premières armes ensemble. Pendant que Fraser
gagnait péniblement ses grades, le prince autrichien, rentré dans sa patrie, l'avait représentée
comme ambassadeur à Londres et à Naples. Ils
se retrouvaient intimes, après vingt ans de séparation; le major me mit en rapport avec son
ancien camarade.

Le diplomate jusque-là renommé seulement par
le scandale de ses enlèvements et de ses bonnes
fortunes, le don Juan autrichien, était un homme
grand, sec, de mise négligée, une mince cravate
noire roulée en cordon autour d'un long cou,
un habit boutonné, trop large; de beaux traits,
des yeux intelligents, un grand nez en train de
devenir aquilin, la bouche sensuelle, la physionomie fatiguée. Il était peu soucieux d'ordre et
d'étiquette; ennemi de toute gêne. A une ambition endormie, aux plaisirs de l'esprit et de la
causerie, il alliait un goût violent des jouissances
matérielles. Gros mangeur et intempérant, il avait
étudié la médecine à ce point de vue, et se piquait
d'avoir trouvé un moyen infaillible de hâter la di-

gestion : il consistait à prendre un bain de pieds
brûlant en sortant de table. J'ai toujours pensé
que cette belle invention avait été cause de sa
mort subite en 1852.

C'est de lui que j'appris alors que, sous le gouvernement papal, la tyrannie, la misère, le chaos
étaient arrivés à un tel excès que l'Autriche elle-
même, dont l'intérêt était que son joug en Italie
parût tolérable par comparaison, craignait une
catastrophe et conseillait les améliorations à
Grégoire XVI. Nous pouvions donc sans timidité nous montrer aussi libéraux que l'Autriche,
et Rossi, devenu notre ambassadeur près du saint-
siége, devait, un an plus tard, diriger naturellement ses efforts vers l'élection d'un pape moins
insensé, et lui recommander un système de réformes administratives et même politiques.

Les qualités et les défauts de Schwartzemberg
en ont fait un des grands coupables du siècle ;
car, voyant le vrai, le juste et le mieux, il devait,
après 48, tendre une volonté inflexible, une énergie redoutable, toutes ses facultés vers un but
qu'il savait mauvais : la résurrection, en Autriche,
de la contre-révolution ; l'oppression de l'Italie.
L'ambition, le désir de protéger l'aristocratie,
dont il était membre, de laisser une trace profonde de son passage sont de vaines excuses ; la
seule admissible, la foi religieuse ou politique, lui
manquait.

Il avait gardé un souvenir amer de son temps
de service en Russie, et ne cachait pas son invincible antipathie contre le czar. Aussi, quand sous
son ministère, en 1849, la monarchie autrichienne
était à deux doigts de sa perte, Fraser ne pouvait croire qu'il se décidât, pour la sauver, à sol-
liciter l'aide de l'empereur Nicolas, et, après le
service rendu, nous restâmes en dehors du «*monde
qu'il devait étonner par l'immensité de son ingratitude.* »

Le 17 avril 1845, un grand poëte, le chef du
mouvement littéraire en France, était venu s'asseoir parmi nous ; c'est à notre tribune qu'il a
fait ses débuts oratoires : le respect de la vie humaine, le droit supérieur à la force, l'indépendance de la Pologne, le rappel des Bonapartes
exilés, sont les causes qu'il a noblement défendues avant d'être le représentant du peuple à la
Constituante et à la Législative, le vengeur de la
République trahie, de la démocratie abusée, le
proscrit du second Empire.

XXIV

CHEMINS DE FER; AGIOTAGE. — MANIFESTE ÉLECTORAL DE LA GAUCHE. — DISCOURS DE M. GUIZOT A SES ÉLECTEURS. — SALVANDY; DESTITUTION DE M. QUINET. — ORDONNANCE DU 7 DÉCEMBRE.

Cette même année, la fièvre de spéculation atteignit le monde parisien et une grande partie de la nation ; les valeurs de chemins de fer s'élevèrent à leur plus haut degré de prospérité. Les Chambres autorisèrent le gouvernement à concéder à des Compagnies les chemins de fer du Nord, de Lyon à Paris, de Tours à Nantes, de Paris à Strasbourg, à Dieppe, etc. Comme du temps de Law, les primes devançaient les produits, avec cette heureuse différence que, sur nos chemins français, les bénéfices deviendraient des réalités ; mais l'ardeur, l'ignorance, l'étourderie, la cupidité étaient les mêmes. Sous prétexte d'affaires, les hommes achetaient, revendaient, brocantaient, se lançaient à l'aventure, se précipi-

taient aux grandes distributions. Les femmes à
la mode, au lieu de parfiler, faisaient la chasse
aux primes, poursuivaient, assiégeaient les banquiers. Genevois, Protestants, Israélites, avaient
leur public à satisfaire ; MM. Charles Laffitte,
Dacier, Fould, apaisaient les appétits de la finance,
de la bourgeoisie aisée ; le baron, de Rothschild
eut la spécialité du faubourg Saint-Germain ; les
dames de *haults titres*, et, comme disait Bran-
tôme, les plus *saiges* et les plus *honnestes*, se
faisaient présenter à la baronne. Combien peu de
salons nobles ou choisis furent garantis de la
contagion !

Dès mon entrée dans la carrière industrielle,
je m'étais mis au travail. Au Havre, nous n'étions
que quatre administrateurs français ; nos luttes
constantes avec le conseil des ponts et chaussées,
la nécessité de maintenir d'accord les ingénieurs,
entrepreneurs, chefs du contentieux, etc., la direction, en un mot, pendant la période active de
la construction me fournissait d'amples occupations.

Au bout d'un an, j'étais membre du comité
d'exploitation de la ligne de Rouen. Puis étaient
survenues les grandes affaires ; pendant une maladie de M. Charles Laffitte, nous avions dû, Thi-
beaudeau et moi, le suppléer en partie pour la
constitution des Compagnies anglo-françaises du
Nord et de Lyon ; j'avais donc place au centre de

la fournaise, et, au moment des fusions, je me
trouvais administrateur désigné de la Compagnie
de Lyon. Je cesserais d'être sincère, si je prétendais avoir seul échappé au désir d'une fortune
rapide, mais je puis dire, avec vérité, que je n'en
voulais qu'à certaines conditions. Ainsi, dans le
conseil de Lyon, la majorité ayant voté contre
mon opinion sur deux points importants : le placement en rentes des vingt-six millions réalisés
par la souscription, qui se trouvaient de la sorte
exposés aux fluctuations de la hausse et de la
baisse, et la réunion dans les mêmes mains de
deux intérêts opposés, celui de l'ingénieur en
chef, ne se préoccupant que de la prompte livrai-
son des terrains, et celui du chef du contentieux,
chargé de les acquérir à bon marché, je donnai
ma démission.

Veut-on un exemple, entre mille, de l'ignorante légèreté des souscripteurs : pour compléter
le réseau normand, nous avions obtenu la concession des embranchements de Rouen à Dieppe
et de Rouen à Fécamp, par abréviation des
chemins de Dieppe et de Fécamp. Le premier
versement s'opéra en cinq jours, à prime aussitôt supérieure au versement. Eh bien ! élu président, je ne tardai pas à m'apercevoir qu'en dépit de nos prospectus explicatifs, la plupart des
personnes qui jetaient comme à l'envi leur argent
dans cette entreprise, avaient cru souscrire à une

ligne au bord de la mer, sans trafic possible, de Dieppe à Fécamp.

Pendant cette prospérité de passage, parfois d'énormes fortunes tombaient à l'improviste sur des hommes qui en étaient écrasés. Un de nos entrepreneurs, Mackensie, fut une de ces victimes de la richesse. En arrivant en France avec son associé, à la tête d'une armée de dix mille ouvriers, il disposait de capitaux nombreux et d'un crédit considérable ; toutes ses entreprises réussirent à souhait. Grand, robuste, le teint rouge, les traits grossis, les cheveux grisonnants ; comme beaucoup de ses compatriotes, enfant il avait été beau. L'activité, les rudes fatigues, la vie en plein air compensaient en lui l'abus des spiritueux.

Embarrassé de millions, il voulut se prouver à lui-même qu'il était riche : le hasard des spéculations l'avait mis en rapport, pour le chemin de fer d'Orléans à Tours, avec le président du conseil, duc de Mouchy. Dès lors, il avait trouvé son rêve de distinction dans l'opulence ; sa vanité s'alluma ; il résolut d'avoir son luxe, de changer d'existence, de faire connaissance avec les loisirs. Sur des indications faisant autorité, le pauvre homme eut sa loge aux *Bouffes* et à l'*Opéra ;* tandis que sa dame, empanachée, étalait en devanture un assortiment d'étoffes éclatantes, lui, la figure marbrée d'un réseau de petits vais-

seaux rompus, empourprée, gonflé de vins fins et
d'eau-de-vie française, ronflait au fond.

Cette manière d'aimer la musique le conduisit
fatalement à l'apoplexie.

Outre le nombre démesurément accru des
joueurs à terme, les gens soi-disant raisonnables
achetaient au comptant, avec la totalité de leur
avoir, des masses d'actions, sans se préoccuper
des versements ultérieurs. L'effet de cette sur-
charge générale devait être, inévitablement, une
crise de panique succédant à la crise de confiance
aveugle.

Mais la France, arriérée de vingt ans sur l'Angleterre, les États-Unis et la Belgique, n'avait
eu, pour les rejoindre, que le choix des dangers.

L'exécution par l'État, à moins de se prolonger
durant un siècle, ne pouvait avoir lieu que par un
emprunt de plusieurs milliards ; or, le gouvernement n'aurait pas osé alors le proposer directement à la nation, qui, elle-même n'aurait pas répondu à son appel ; il eût été forcé de s'adresser
à l'intermédiaire des banquiers, et l'agiotage
effréné se serait produit sur les actions de l'emprunt comme sur les actions de chemins de fer. La
loi de 1842, combinant toutes les forces, fut pratique et efficace, les concessions aux Compagnies
de puissants auxiliaires.

Nos fils et nos juges, qui auraient autant de

peine aujourd'hui à imaginer l'absence des chemins de fer que nous en avions nous-mêmes à prévoir les immenses résultats de leur établissement, seraient ingrats d'oublier, à cause des folies du jeu, de la masse des ruines particulières, de cet ensemble de mécontentement qui contribua pour sa part à la révolution de Février, des bienfaits tels que la mobilisation, le cosmopolitisme du capital, qui entraîne le cosmopolitisme intellectuel, politique, économique, la rareté, la brièveté des guerres, en attendant leur suppression. A chacun sa tâche : à nous la construction coûteuse des voies rapides de communication, le rapprochement de l'espace par le temps, œuvre de la classe moyenne et à son profit ; à eux l'abaissement des prix de parcours, le rapprochement de l'espace par le bon marché, œuvre démocratique à l'avantage de tous.

Quoique les élections ne dussent pas avoir lieu avant l'année prochaine, de chaque côté on s'y préparait. La session close, un comité électoral de la gauche, dont les principaux membres s'appelaient Odilon Barrot, Chambolle Havin, Abatucci, de Tocqueville, Bethmont, Gustave de Beaumont, etc., publia son manifeste ; on y lisait en substance : « La France subit, depuis cinq ans, le ministère du 29 octobre : faiblesse au dehors, corruption au dedans, horreur des réformes les plus nécessaires, sa politique peut se résumer ainsi. » Puis venaient les conseils aux électeurs.

D'autre part, M. Guizot, dans un discours aux électeurs de Lisieux, se livra à une éloquente glorification des quinze années de régime constitutionnel sous la monarchie de Juillet : elle a réussi à fonder un gouvernement au dedans par la légalité, au dehors par la paix. « C'est au roi, c'est à sa sagesse que sont dus ces bienfaits. » On est frappé, en lisant cette pièce tant de fois rappelée, du soin constant avec lequel il s'efface et laisse dans l'ombre le ministère tout entier pour faire remonter au roi seul le mérite et la louange.

Il voudrait également persuader que le parti conservateur est uniquement en mesure de donner le progrès, et, sous ce rapport, il s'engage par de formelles promesses.

On se rappelle enfin la célèbre apostrophe à ses commettants, au sujet de la corruption électorale : « Vous, qui pratiquez sans cesse les élections, parce que vous avez obtenu des églises, des ponts, des chemins, *vous sentez-vous corrompus ?* »

Le maréchal Soult, président nominal du 29 octobre, sans prendre officiellement sa retraite, se fait déjà remplacer comme ministre de la guerre par le lieutenant général Moline de Saint-Yon.

A l'instruction publique, le comte de Salvandy

commence à prouver au clergé son bon vouloir
par la destitution d'Edgar Quinet, le hardi professeur du Collége de France, et surtout en nom-
mant, le 7 décembre, une commission de réforme
de l'Université prise en dehors de ce corps.

XXV

CRISE INDUSTRIELLE ET FINANCIÈRE. — SESSION DE 1846 : DÉNONCIATION DES EXCÈS DE L'AGIOTAGE ; AJOURNEMENT DE LA LOI D'ENSEIGNEMENT. — INSURRECTION POLONAISE. — VISITE DU GRAND-DUC CONSTANTIN. — ATTENTATS LECOMTE ET HENRI. — ÉVASION DE LOUIS BONAPARTE. — CHUTE DE SIR ROBERT PEEL. — MINISTÈRE WIGH, LORD PALMERSTON. — MORT DE GRÉGOIRE XVI. — ÉLECTION DE PIE IX. — MARIAGES ESPAGNOLS. — DISETTE. — INONDATIONS. — MON DERNIER ENTRETIEN AVEC M. GUIZOT.

Cette année, si prodigue de promesses et d'espérances, finissait sous de fâcheux auspices. La spéculation, gorgée de valeurs de toute sorte, ne pouvait faire face à ses engagements; les primes s'abaissaient sous des ventes forcées; les capitaux anglais, retenus par une crise industrielle sur leur propre marché et une première apparition de la maladie des pommes de terre dans la Grande-Bretagne, refusaient leur concours;

en Belgique, en Hollande, en France, la récolte sur les céréales était médiocre, les finances obérées : une réaction commença.

La session ouverte le 27 décembre, la Chambre des pairs fut à peu près muette sur les excès de la spéculation et le désordre moral qui avait accompagné la marche précipitée de l'esprit d'association dans notre pays.

Au contraire, la Chambre des députés retentit de plaintes tendant à rendre le ministère complice de ces écarts. Lherbette, d'une parole dure et incisive, attaqua vivement l'immixtion des personnages politiques, pairs et députés, dans les conseils d'administration; car leurs noms honorables encourageaient la spéculation et l'agiotage. Il vit, dans l'autorisation de fusion de plusieurs compagnies pour le chemin de fer du Nord, une manière d'éviter la concurrence, puisque la compagnie concessionnaire n'avait consenti qu'à un rabais de trois ans sur la durée de la concession. Il signala les primes énormes qui avaient salué l'émission de ce chemin, et dénonça, ainsi que son collègue Grandin, les encouragements que le ministre des finances aurait donnés à la formation, pour le chemin de Lyon, d'une compagnie des receveurs généraux.

Malgré l'habile défense du ministre des travaux publics et les dénégations du ministre des finances, un amendement Grandin fut proposé :

« La Chambre a vu avec douleur les abus qui
se sont produits à l'occasion des transactions sur
les chemins de fer; elle espère que le gouvernement de Votre Majesté saura prendre les mesures
nécessaires pour en prévenir le retour. »

Repoussé à 49 voix de majorité; mais la
Chambre adopta un amendement presque iden-
tique de M. Darblay, conservateur.

Les lignes de Tours à Bordeaux, de Bordeaux
à Cette, de Creil à Saint-Quentin, votées dans le
cours de la session, en multipliant les titres, aug-
mentaient encore la confusion et le désordre
financiers.

La seconde question qui préoccupa le Parlement fut celle des ordonnances du comte de Salvandy, du 7 décembre, changeant la nature du
conseil royal de l'Université, inamovible, par l'adjonction annuelle de vingt membres révocables.
Ces ordonnances, attaquées par Cousin et Villemain, défendues par Beugnot et Montalembert à
la Chambre des pairs, donnèrent également lieu
à de vifs débats dans une autre enceinte.

Thiers et Dupin combattirent les tendances
nouvelles et, comme on dirait aujourd'hui, cléri-
cales du ministère, dont M. Guizot, éloquent
dans le vide, résumait les intentions en ces
termes : « Conserver la paix entre la liberté
religieuse et la liberté de la pensée. »

Après avoir démontré la gravité du coup d'État

universitaire de M. de Salvandy, M. Thiers, revenant à la charge, demanda la discussion de la
loi d'enseignement secondaire, dont il avait lu le
rapport à la fin de la session précédente, aux applaudissements de la majorité.

Le chef du 29 octobre, avec l'appui de Berryer et l'alliance des légitimistes cléricaux, réussit à faire voter l'ajournement.

Depuis plusieurs années déjà, la fusion de la
gauche, du centre gauche et des doctrinaires
restés fidèles à la coalition était accomplie; à
côté du chef honoraire, M. Barrot, le chef réel,
M. Thiers, se montrait de plus en plus. MM. de
Rémusat, Duvergier de Hauranne et de Malleville n'étaient pas moins ardents, moins prononcés
que MM. Chambolle et Gustave de Beaumont
contre le gouvernement personnel et la corruption électorale.

Cette année, ce fut M. de Rémusat qui déposa
la proposition pour les incompatibilités, et, pour
la première fois, M. Thiers prit la parole en sou-
tenant la nécessité d'une réforme électorale :

« Accuserez-vous des hommes comme Rémusat, Vivien, Barrot lui-même, d'être hostiles
à la royauté de Juillet ? Vous seriez bien insensés !
Quant à moi, je suis trop fier pour me justifier.
Mais nous voulons la réalité du gouvernement
représentatif. Le roi règne et ne gouverne pas.
— Vous le comprenez autrement? Ah ! il fallait

le dire en Juillet 1830 ! Demander l'incompatibilité des employés de la liste civile, des aides de camp du roi, ce n'est pas être hostile à la royauté. »

Le ministre de l'intérieur se contenta de lui répondre :

« Ce qui fait la sincérité du gouvernement représentatif, c'est de marcher avec la majorité. Ayez la majorité, et vous ferez les réformes que vous voudrez. »

Et, sûr du nombre des votes, il en appela au scrutin.

La proposition fut rejetée à 40 voix de majorité.

Le 17 février, une insurrection polonaise avait éclaté dans le duché de Posen et en Gallicie ; la ville libre de Cracovie avait été comme le point de départ de cette tentative bientôt noyée dans le sang. La voix publique, indignée, accusait le prince de Metternich d'avoir soldé en Gallicie une sorte de *jacquerie* des paysans contre les nobles polonais. Le 13 mars, des interpellations furent adressées au gouvernement à cette occasion. M. Guizot traita ces accusations contre le ministère autrichien, d'avoir promis 25 francs par tête de noble ou de prêtre, de fables inventées par les journaux de l'opposition ; c'étaient là, suivant lui, des moyens à l'usage des révolutionnaires : il était pleinement rassuré par la correspondance du prince de Metternich. On devait aux Polonais des secours, des consolations ; il ne fallait pas leur laisser d'illusions ; le gouvernement aurait à remplir envers eux des devoirs onéreux, peut-être embarrassants, il les accomplirait. La France doit être un refuge pour le malheur, non un foyer de conspiration et de révolution.

La même discussion se reproduisit avec plus de force dans la Chambre des pairs. Non-seulement Montalembert, mais Victor Hugo, abordant pour la première fois la tribune, le duc d'Harcourt, dans un langage incisif et violent, firent entendre d'éloquentes protestations sans plus de résultat.

En somme, la préoccupation des élections prochaines frappait de stérilité les débats parlementaires, et pourtant des crimes, des calamités publiques, des événements d'une importance européenne devaient faire de cette année une des plus remplies, des plus décisives du règne de Louis-Philippe : le 16 avril Lecomte, le 29 juillet Joseph Henri, tiraient sur le roi, qui, deux fois encore, échappait aux balles des assassins.

Notre gouvernement continuait, en apparence, à être intime avec celui de l'Angleterre ; mais, en Espagne, la question imminente du mariage des deux filles de Marie-Christine, la reine mineure Isabelle et sa sœur dona Luisa Fernanda, faisait déjà naître des difficultés entre lord Aberdeen et M. Guizot. Les engagements réciproques étaient

verbaux, formulés dans de simples conversations
à Windsor et à Eu, consignés dans des mémoires
qui avaient peut-être trop d'intérêt à ne se les
rappeler qu'imparfaitement.

Le choix des princesses était limité à la maison
de Bourbon; la reine Isabelle ne devait épouser ni
un Cobourg ni un fils du roi des Français. Pour sa
sœur, le duc de Montpensier pouvait y prétendre,
mais à la condition que ce second mariage n'aurait lieu qu'après que la jeune reine, devenue
mère, aurait assuré un héritier à la couronne.
Telle est la version de notre ministre des affaires
étrangères.

Lord Aberdeen se prête avec une sagesse
pleine de froideur à ces combinaisons; on sent
que son esprit sain serait peu disposé à encourager les visées de sa reine et surtout du prince
Albert en faveur de Léopold de Cobourg, et comprend moins encore la passion dynastique de
Louis-Philippe et de son ministre. Un désir sincère de maintenir l'alliance française lui fait accepter avec indulgence les puériles ambitions du
vieillard. C'est évidemment à son insu que sir
Henri Bulwer, l'agent actif de Palmerston, conservé par les tories dans son poste de ministre à
Madrid, l'ennemi constant de l'influence française en Espagne ou en Orient, a tramé l'union
du prince Léopold avec Isabelle, et, quand l'intrigue lui est dévoilée, il n'hésite pas à en re-

pousser la responsabilité ; mais il est évident que désormais l'*entente cordiale* dépend de lui seul.

En lisant le récit de cette négociation dans les *Mémoires* de M. Guizot, je ne veux pas dire que l'intérêt manque ; mais l'on est étonné de la complaisance avec laquelle un homme supérieur entre dans les plus minces détails de la poursuite de ces mariages : la grande politique se rapetisse aux proportions d'un arrangement de famille, d'une mesquine machination de cour. L'union du duc de Montpensier, subordonnée à la fécondité d'Isabelle, a quelque chose d'indécent et de ridicule.

Ce qui est plus grave, c'est de voir l'empressement de M. de Brunow, l'ambassadeur russe, à nous faire confidence de ce qui peut amener une brouille avec l'Angleterre, et si l'on rapproche ce fait de l'arrivée du grand-duc Constantin et d'une escadre russe à Toulon, en février 1846, du séjour de ce prince en France, des honneurs qui lui sont rendus, du traité de commerce conclu le 19 juin avec la Russie, et du grand cordon de Saint-Alexandre Newski conféré à la même époque au baron de Barante, notre ambassadeur à Saint-Pétersbourg, il devient évident que le rapprochement si ardemment souhaité et si longtemps attendu par Louis-Philippe est en train de s'opérer. On remarquera que tous ces faits, antérieurs à la chute du ministère Peel et Aberdeen, le

29 juin, à la rentrée aux affaires de lord Palmerston, à la surprise en septembre des mariages espagnols et la rupture de notre intimité avec l'Angleterre, ne se justifient pas par le besoin de remplacer son alliance. C'est au plus fort de l'*entente cordiale* que le roi, comme un amant blasé sur les faveurs de la souveraine constitutionnelle, et qui ne se serait servi d'elle que pour vaincre les anciens dédains de la Russie, adresse ses empressements à l'autocrate ; en surcroît, il lui sacrifie une seconde fois la Pologne, et se contente, quelques mois plus tard, d'une protestation isolée, dérisoire, contre l'incorporation à l'Autriche de la ville libre de Cracovie.

Afin de ne pas fatiguer mes lecteurs par des redites, je laisserai à MM. Thiers et Guizot, plaidant devant les Chambres, à l'ouverture de la session de 1847, le soin de compléter le récit des mariages espagnols et de leurs conséquences.

Mais, si avare que je sois de hors-d'œuvre, je ne puis m'empêcher de rappeler la glorieuse chute de sir Robert Peel, vainqueur du *corn-bill*, et les belles paroles qu'il prononçait en quittant le pouvoir.

« Dans quelques heures, j'aurai déposé le pouvoir, que j'ai gardé cinq ans. Je le déposerai sans peine, et je me rappellerai plus vivement les marques de confiance que vous m'avez données, que votre opposition récente. Je quitte le pouvoir

avec un nom sévèrement blâmé par beaucoup
d'hommes honorables qui, par principe, re-
grettent profondément la dissolution des liens des
partis, et cela, non par intérêt, mais parce qu'ils
regardent la fidélité aux engagements et l'existence de forts liens de parti comme très-utiles au
bien public. Je laisserai un nom en horreur à
tout monopoleur et à beaucoup d'hommes qui
veulent le monopole, non par des motifs honorables, mais par égoïsme. Mais peut-être mon
nom sera-t-il quelquefois répété avec des expres-
sions de bienveillance dans les habitations modestes où résident les hommes dont le lot est le
travail, et qui gagnent leur pain quotidien à la
sueur de leur front; peut-être prononceront-ils
mon nom avec bonté quand ils se reposeront de
leurs fatigues, en prenant une nourriture abon-
dante, d'autant plus douce qu'elle ne leur rappel-
lera pas l'injustice de la législation. »

Quelle grandeur et quelle modestie! Quelle
préoccupation des intérêts vrais, primordiaux,
démocratiques! N'est-il pas évident, après les
avoir lues, que sir Robert Peel, lord Aberdeen et
leurs collègues devaient contempler avec une
suprême indifférence cette pâle imitation de
Louis XIV, les efforts du roi et de son ministre
pour marier un fils de France à la sœur de la
reine d'Espagne?

Le 25 mai, déguisé en maçon, le prince Louis

Bonaparte s'évadait du château de Ham et cherchait un refuge en Angleterre.

Le 1ᵉʳ juin mourait Grégoire XVI, laissant les
finances de l'Église dans un tel état de délabre-
ment qu'un an avant sa fin, il avait consenti à
faire imprimer secrètement un projet de réforme.
Notre ambassadeur Rossi exerça une heureuse
influence sur le choix de son successeur.

Jean Mastaï Ferretti, évêque d'Imola, élu pape
sous le nom de Pie IX, était Italien, âgé de cin-
quante-quatre ans. Il acceptait volontiers les réformes administratives, et publia, le 16 juillet,
une amnistie politique. Louis-Philippe approuvait
la conduite de Rossi, qui consistait à guider
Pie IX dans la voie des améliorations modérées,
à introduire quelques nobles Romains, représentant l'élément laïque, dans le gouvernement. La
popularité du nouveau pape grandit vite; le bienfait de l'amnistie, ces progrès administratifs et
politiques, si faibles qu'ils fussent, étaient
accueillis avec enthousiasme par l'Italie oppri-
mée; de toutes les parties de la péninsule les
yeux et les espérances se tournèrent vers le pontife.

Comme je m'étonnais de son penchant vers
la liberté, le marquis de Los Llanos, depuis ministre de la reine d'Espagne, m'apprit que le
prêtre Mastaï avait vécu plusieurs années au milieu des républiques de l'Amérique du Sud, où il

avait vu fleurir une foi aveugle à côté des libertés politiques.

Aussitôt après la dissolution de la Chambre des
députés, le pays légal s'était trouvé vivement agité
par les élections. Chaque couleur, chaque nuance
avait eu son comité et son programme; celui de
la gauche et du centre gauche réunis, un peu
vague, se bornait à recommander aux électeurs
de voter, non pour le candidat de leur opinion,
mais pour l'opposant qui aurait le plus de chances;
le comité des cléricaux, ayant en tête Montalembert, de Vatimesnil, de Riancey, imposait à tout
candidat un engagement signé de voter l'entière
liberté d'enseignement. L'action du ministre de
l'intérieur, d'autant plus habile qu'elle était la-
tente, donnant satisfaction aux intérêts locaux et
privés, eut un plein succès.

Le résultat de ce mouvement de la classe
moyenne fut la consolidation et l'accroissement
de l'ancienne majorité conservatrice, tandis que
des « passions hostiles » animaient le gros de la
nation. Sur ce point M. Duchâtel ne dissimulait
pas le danger à son collègue.

A peine nommé, M. Guizot réunit ses électeurs et leur renouvela les plus belles promesses
du progrès, « que pouvait seul leur procurer le
triomphe du parti conservateur ».

Le 17 août, la Chambre se réunit pour la vérification des pouvoirs.

Plusieurs élections étaient entachées de corruption ; les preuves étaient flagrantes au sujet de M. Drouillard, député de Quimperlé, qui avait dépensé cent cinquante mille francs pour sa nomination : son élection fut annulée, et l'affaire déférée aux tribunaux.

Cent vingt voix environ composaient la majorité conservatrice ; mais un grand nombre de députés nouveaux, non disciplinés, jeunes, ennemis de l'immobilité.

Les Chambres prorogées, on se sépara.

La crise industrielle et financière, dont j'ai esquissé la première apparition vers la fin de 1845, s'était développée et avait pris des proportions menaçantes ; un emprunt de quatre cent soixante millions par l'Etat l'avait aggravée, la disette et les inondations devaient porter à son comble la détresse générale. Pendant la session, le gouvernement, absorbé dans les luttes politiques à l'intérieur et les négociations au dehors, n'avait proposé aucune mesure capable de restreindre la crise et d'en atténuer les effets : telle eût été par exemple une garantie d'intérêt par l'État sur le capital de toutes ces actions cotées d'abord si haut, puis tombées si bas, mais dont il était à même de connaître la valeur. Un intérêt de cinq pour cent sur des lignes d'un trafic certain te d'un produit bien supérieur aurait rendu la sécurité à la masse ignorante et effarouchée des petits acheteurs. Toutes mes suggestions à cet égard avaient été vaines. J'avais mis d'autant plus de chaleur dans mes tentatives qu'un déplorable accident venait de jeter l'alarme parmi les actionnaires de la compagnie du Havre, dont j'étais administrateur. Le 9 mai, quand cette ligne si chargée de travaux d'art, viaducs, tunnels, etc., était en voie d'achèvement, le viaduc de Barentin, composé de 27 arches de 15 mètres d'ouverture et de 33 mètres dans leur plus grande hauteur, s'écroula. Nous étant rendus sur le lieu du désastre, il devint évident que le sinistre était dû à la négligence coupable des entrepreneurs, qui, en beaucoup d'endroits, avaient employé la chaux grasse à la place du ciment romain. Ils acceptèrent sans discussion une reconstruction à leurs frais ne s'élevant pas à moins de quatorze cent mille francs. Mais cette réparation ne compensait nullement un retard de plus d'une année dans l'exploitation du chemin, et les adjonctions inutiles de contre-forts, etc., imposées à tous nos travaux d'art par les ingénieurs des ponts et chaussées, dont nous étions forcés de subir désormais les exigences.

La compagnie de Dieppe, que je présidais, ressentait le contre-coup de ces événements; les versements ne se faisaient plus. Pour continuer la construction, il fallait donner l'exemple du sacrifice et de la confiance : il fut décidé entre nous que les administrateurs remettraient leur traitement à des temps plus heureux, qu'ils doubleraient le nombre de leurs actions ; enfin, mon collègue et ami Edward Blount obtint des entrepreneurs d'accepter plusieurs milliers de titres en payement de la suite des travaux.

D'autres entreprises furent suspendues.

D'autres enfin, comme le chemin de Bordeaux à Cette, ne reçurent même pas un commencement d'exécution.

C'est sous l'impression causée par le paroxysme de cette crise qu'en octobre je me rendis un jour à Auteuil, chez M. Guizot, afin d'avoir avec lui un entretien qui devait être le dernier. Je lisais encore alors, et pendant que ma voiture traversait le bois de Boulogne, je souris à cette phrase de la Bruyère :

« Le génie de l'ambitieux est accompagné de l'illusion la plus trompeuse, qui couvre ses faiblesses du nom d'amour du beau, de la vertu et de la gloire. »

Les avis sincères, les remontrances respectueuses, les plaintes plus vives étaient épuisées ; j'étais las de vagues promesses de progrès, d'attente indéfinie, d'optimisme au milieu de la tempête. La corruption électorale et administrative ne motivait pas ma séparation, car tous ces symptômes de gangrène sociale, que l'euphémisme de M. Guizot devait qualifier à la tribune de *petits faits,* ne se déclarèrent que dans la session suivante.

Trois causes principales m'éloignaient

Dépouillé de ses idées, de sa personnalité, M. Guizot n'était plus que l'ombre responsable du souverain, « *sa langue* ».

Il était entré dans la voie des concessions au clergé. Il partageait l'incurie, l'inaptitude de ses collègues à soulager les maux dont souffrait le monde industriel.

A mon arrivée, je fus accueilli avec la bienveillance accoutumée, et dans une promenade j'exposai d'abord mes griefs contre le ministre des travaux publics.

Il y a des hommes de second rang dont les facultés et le caractère complètent le chef politique d'une administration; le grave inconvénient de M. Dumont, c'est que, par ses qualités et ses défauts, il ne faisait que doubler M. Guizot : comme lui éloquent, facile, ingénieux, naturellement orateur, sa parole avait le don des anesthésiques, il calmait, chloroformait la majorité. Hier encore, le premier au Conseil d'État, il en avait gardé les habitudes; sa voix dans le conseil des ministres continuait à n'être que consultative. Caractère mou, indécis, fuyant les solutions, il n'avait rien fait et se refusait à prendre aucun engagement de venir sérieusement en aide aux compagnies.

On m'écouta sans humeur, mais sans s'arrêter à une conclusion. Je traitai les deux autres sujets, personnels à M. Guizot avec plus de ménagement. De sa conversation je ne puis citer exactement que cette phrase : « Vous ne savez pas ce que c'est que l'obstination d'un vieillard, » et il me montrait un avenir de progrès, les plus riantes perspectives pour le pays en prévision d'une régence du duc de Nemours. Ma patience n'allait pas si loin, je le dis, et néanmoins nous nous quittâmes en termes convenables avec mon éminent contradicteur.

XXVI

DISCUSSION DE L'ADRESSE DE 1847. — PROJET DE LOI
RELATIF A LA RESTAURATION D'UN CHAPITRE ROYAL
DE SAINT-DENIS : MON DISCOURS.

Le 11 janvier 1847, le discours de la Couronne contenait un appel aux Chambres de venir
en aide à la détresse des classes laborieuses,
déplorait la cherté du pain. Au dehors, deux
points culminants : les mariages espagnols et
l'incorporation de Cracovie. Il se félicitait de la
conclusion du traité de commerce avec la Russie,
et insistait sur son ferme espoir du maintien de
la paix générale.

« Le mariage de mon bien-aimé fils, le duc de
Montpensier, avec ma bien-aimée nièce, l'in-
fante d'Espagne Louise Fernande, a complété les
satisfactions et les consolations que la Providence m'a accordées dans ma famille... Cette
union sera un nouveau gage de ces bonnes et in-

times relations entre la France et l'Espagne, dont le maintien est si désirable pour la prospérité des deux États...

« Un événement inattendu a altéré l'état des choses fondé en Europe par le traité de Vienne: Cracovie a été incorporée à l'Autriche. J'ai protesté contre cette infraction des traités de 1815. »

A la Chambre des pairs, tout l'effort de la discussion porta sur l'incorporation de Cracovie.

Répondant à MM. Villemain, Montalembert, duc d'Harcourt, le ministre des affaires étrangères lut une note dans laquelle l'empereur Nicolas niait l'intention de détruire les derniers vestiges de la Pologne au moyen d'une incorporation à la Russie : « Il n'y avait eu dans les mesures adoptées qu'une simple question de douane. »

A la Chambre des députés, le débat fut ardent ; de nombreux orateurs prirent la parole : Roger (du Nord), Odilon Barrot s'indignèrent de la confiscation de la ville libre, demandèrent quelle confiance on pouvait avoir dans la politique du cabinet quand, pendant six mois, sa diplomatie avait été ignorante ou complice de ce qui se préparait. Par la violation des traités de 1815, la France avait retrouvé sa liberté d'action : elle devait en user.

« C'est là, dit M. Guizot, une question de mesure ; le Gouvernement a pris acte de la violation des traités, il a protesté ; il n'a pas vu là un cas

de guerre. Il a toujours voulu deux choses : au
dedans, le maintien des lois ; au dehors, le maintien des traités, et il persiste à les respecter,
même quand les autres les violent. »

M. Thiers traita la question espagnole. Après
un exposé clair et détaillé des négociations, qui
mettait en relief les fautes du gouvernement français, il cherchait quel pouvait être le profit pour
la France de ces mariages auxquels on avait
sacrifié l'alliance anglaise, et déclarait funeste
l'influence en Espagne au moyen des unions de
famille. A l'appui de son opinion, il invoquait le
témoignage de l'histoire. C'était Philippe V, le
petit-fils de Louis XIV se séparant de son aïeul,
et après sa mort faisant la guerre au régent ;
c'étaient encore les deux mariages projetés de
mademoiselle de Montpensier, fille du régent,
avec un fils de Philippe V, et d'une fille de Philippe V, avec le roi mineur Louis XV. Le régent
meurt, le duc de Bourbon le remplace, espérant
faire épouser au jeune roi sa fille, mademoiselle
de Vermandois, il renvoie la princesse espagnole ;
à son tour, Philippe V renvoie la fille du régent,
et forme une ligue avec l'Allemagne contre nous.
Enfin, en 1808, Napoléon met son frère Joseph
sur le trône d'Espagne ; aussitôt celui-ci devient
Espagnol, résiste à son frère, qui le menace de
le faire arrêter à Bayonne, et des témoins dignes
de foi assurent que vers la fin de l'empire Joseph

avait traité avec les Anglais. Selon lui le plus
grand bonheur pour la France serait que la reine
Isabelle eût un héritier, c'est-à-dire que le mariage du duc de Montpensier n'eût aucun résultat.

M. Guizot. — Il n'y aurait eu, selon M. Thiers,
ni utilité dans les mariages espagnols, ni loyauté
dans leur conclusion. Sur la question de loyauté,
il reprenait tout l'historique des négociations ;
quant à l'utilité, il s'élevait contre ce matérialisme politique qui voulait chiffrer les avantages,
sans tenir compte des sentiments et des affections. Le mécontentement de l'Angleterre serait
passager ; les trois grandes puissances du Nord
avaient refusé de s'associer à la politique anglaise en Espagne, et en persévérant dans cette
politique de conservation et d'ordre européen,
nous pourrions compter sur leur sagesse. Enfin
il n'hésitait pas à appeler l'affaire des mariages
espagnols « la première grande chose que nous
ayons faite depuis 1830. »

M. Thiers, abordant successivement les autres
points de la politique extérieure, montrait partout en Europe l'inconvénient pour la France de
s'être privée de l'alliance de l'Angleterre.

« En Italie, dans une nuit, depuis les mon-
tagnes de la Ligurie jusqu'à celles de la Calabre,
les Apennins se sont trouvés tout à coup illumi-
nés. Qu'est-ce qui a produit ce singulier phéno-

mène? C'est l'espérance. Oui, messieurs, l'Italie
espère aujourd'hui... elle est agitée : pourquoi?
Un saint pontife, qui joint à la piété d'un prêtre
les lumières d'un prince éclairé, a formé ce projet si noble, de conjurer les révolutions en accordant aux peuples la satisfaction de leurs justes
besoins. Il l'a entrepris : c'est une œuvre admirable que celle-là; ce n'est pas la première fois
qu'elle est tentée dans le monde. Les royautés
plus d'une fois ont essayé de conjurer les
révolutions... Qu'est-ce qui les a empêchés de
réussir?

La force leur a manqué.

« Le Saint-Père aujourd'hui tente cette belle
œuvre. S'il pouvait réformer, non pas seulement
l'État romain, mais par imitation, par contagion
entraîner les autres princes d'Italie à réformer
leurs États, oh! il rendrait un bien grand service
à l'humanité...

« Que lui faut-il? Écoutez ce peuple italien
plein d'intelligence... Suivant le Saint-Père
dans les rues de Rome, il lui dit : « Saint-Père,
« courage! courage! » et moi aussi, je dis :
« Courage, Saint-Père, courage! » Mais qu'est-ce
que la voix d'un individu? Supposez que la
France et l'Angleterre, unies malgré la différence
de leur foi dans un même but d'humanité et de
politique, supposez qu'elles lui disent : « Cou-
« rage, Saint-Père, courage! » Ne croyez-vous

pas qu'elles lui donneraient la force de rendre à l'humanité un service signalé ?

« Messieurs, de l'Italie passons en Suisse :

« Deux partis acharnés se font la guerre civile : l'un, qui à toutes les époques a livré aux Autrichiens ou les Alpes ou le pont de Bâle..., l'autre, qui n'a jamais voulu qu'on livrât aux Autrichiens ni les Alpes ni le pont de Bâle... Si aujourd'hui, pour cause de guerre civile, une puissance voulait violer la frontière Suisse, ne serait-il pas désirable que la France et l'Angleterre unies disent qu'on ne passera pas la frontière Suisse?... Le danger est près de vous, car la majorité est changée dans la Diète ; il est possible que le vœu de l'expulsion des Jésuites devienne une loi de la confédération, et les ministres des trois puissances ont reconnu le gouvernement de Berne, à la condition que les souverainetés cantonales seront reconnues : c'est justement interdire d'avance la résolution qui va peut-être devenir certaine... Il y a là un danger incessant.

« Et en Allemagne, un prince, saisi de la noble intention de donner une constitution à son peuple, est entre ce peuple qui, au nom du sang versé pour son père, réclame la liberté, et les copartageants de la Pologne, qui lui disent : *Ne donnez pas à l'Allemagne la cause des troubles, c'est-à-dire une constitution.* Croyez-vous que ce prince, agité dans la grande résolution qu'il a à prendre, ne serait pas plus fort s'il voyait à côté des deux puissances qui l'ont entraîné dans l'acte de Cracovie, la France et l'Angleterre unies dans des vues communes ? Méconnaissez, si vous voulez l'événement de Cracovie ; mais avez-vous donc méconnu l'état du monde ? »

Sur la politique intérieure, à Ledru-Rollin prédisant la banqueroute, le ministre des finances opposa un tableau rassurant, il soutint qu'en dehors de la crise métallique, la situation n'était nullement inquiétante.

Le jeune chef des conservateurs progressistes, vicomte de Castellane, réclama sans succès l'exécution des promesses de progrès, telles que la réforme postale, la suppression de l'impôt du sel, des octrois, et comme conséquence de la politique de la paix, une économie sur notre système militaire, « qui occupe cent mille hommes de plus qu'en 1833 et absorbe plus d'un million par jour. »

Un autre conservateur progressiste, l'économiste Blanqui, défenseur de l'association naissante du libre échange, s'élève contre le timbre des journaux et accuse le ministère d'en avoir exempté son journal, l'*Epoque*, rédigé par Solar et par Granier, de Cassagnac.

Lacave-Laplagne confesse l'abus et promet qu'il ne se renouvellera plus.

Un amendement de MM. Gustave de Beaumont et Léon de Malleville, qui demandait qu'une politique libérale assurât au gouvernement l'autorité morale qui lui était nécessaire, à l'administration le respect que la probité commande, etc., fut repoussé. Mais M. de Beaumont put dire, aux applaudissements de la gauche, que la Chambre avait cessé d'être un pouvoir, depuis que le ministère faisait prévaloir la prérogative royale sur l'influence parlementaire.

L'adresse fut votée à plus de cent voix de majorité.

Malgré ma scission avec le chef du 29 octobre, je gardai le silence pendant plusieurs mois. La présentation d'un projet de loi sur le chapitre royal de Saint-Denis, restaurant l'édifice du catholicisme monarchique, m'imposa le devoir de le rompre. Je crus qu'il y avait faiblesse à ne pas signaler la marche rétrograde du gouvernement; qu'il importait de constater publiquement, par un exemple, le droit de la libre pensée, et que l'occasion était bonne pour réclamer la séparation absolue de l'Église et de l'État. Le plein exercice de la critique religieuse, la tranquille audace des systèmes philosophiques professés au grand jour en Allemagne me faisaient honte de notre timidité. Voyant les efforts combinés du Gouvernement et du clergé pour nous ramener insensiblement à la religion d'État, il me semblait nécessaire qu'une voix s'élevât pour protester. Je ne me faisais pas illusion sur la gravité de ma détermination; le 15 mai, j'écrivais à Marly, à ma sœur :

« N'allez pas croire, chères sœur et nièce, que je vous oublie, et que l'envie me manque de passer la bonne partie de mon temps près de vous. Le travail, et le *travail seul* me retient à Paris. Il n'y a pour moi ni courses, ni Chantilly, ni parties de plaisir. Je me concentre en moi-même. Je lis, je fouille et je réfléchis, et tout cela pour aller porter à la tribune quelques idées vraies, qui parce qu'elles sont vraies me feront honnir par tout le monde, à l'exception de Molènes et de Montalembert; mais la passion de la vérité, comme celle de l'indépendance, vit de sacrifices.

« Qui m'aurait dit, il y a dix ans, que je préférerais à tous les plaisirs l'étude et la réflexion. »

On sera peut-être étonné du nom de mes deux approbateurs : un de mes plus chers amis, G. de Molènes, écrivait alors l'éloge de Voltaire dans le *Journal des Débats;* j'étais, je le confesse, dupe du libéralisme de Montalembert. Eh! comment ne l'aurais-je pas été? Il l'était lui-même, il l'est encore à cette heure. Oui, Montalembert, enchaîné à l'axe immobile du catholicisme, en dépit des rudes secousses qu'il a ressenties dès qu'il voulait s'en écarter, s'obstine à oublier sa chaîne; le défenseur du Sunderbund, l'instigateur de l'expédition de Rome et de la *campagne de Rome à l'intérieur*, le napoléonien du 10 décembre et du 2 décembre, répète toujours d'un ton convaincu le mot liberté.

Jusque-là personne en France n'avait eu la franchise de ses opinions philosophiques : le gouvernement, M. Dupin, M. Thiers lui-même se disaient gallicans; les catholiques logiques dans leur foi se proclamaient *ultramontains*. Au fond, les uns voulaient le trône sur l'autel, les autres l'autel sur le trône : nul ne renonçait, comme moyen de domination, à l'union du trône et de l'autel.

Le 18 mai, je pris la parole.

« ... Aujourd'hui que nous n'avons plus, Dieu merci! ni rois par droit divin, ni catholicisme religion de l'État, j'avoue que je ne comprends plus l'existence des libertés gallicanes. Elles me semblent avoir fait leur temps, elles me semblent aujourd'hui mortes et sans application comme sans but. Mais la suppression de la religion d'État et de tout ce bagage du passé entraîne, à mes yeux, bien d'autres conséquences.

« A savoir : la suppression du salaire de l'État pour tous les cultes, la renonciation de la part du gouvernement au droit de nommer aucun des dignitaires ecclésiastiques, et enfin la renonciation de la part du pouvoir politique au droit de s'immiscer en quoi que ce soit dans les affaires du

monde spirituel. Je voudrais, entre ces deux
mondes si divers, une barrière infranchissable,
une séparation complète et absolue. Ces idées,
elles ne sont pas seulement les miennes sur plusieurs points importants, elles sont également
celles de la portion la plus libérale, la plus avancée des catholiques.

« L'on accuse de trop d'habileté ces catholiques qui réclament tant de libertés, on craint
qu'elle ne serve de couvercle à autre chose.
Quant à moi, ces accusations, je les repousse, je
les crois absolument injustes, mais, fussent-elles
vraies, elles ne m'arrêteraient en aucune façon,
car, sachez-le bien, le jour où la liberté fait une
conquête nouvelle, le jour où la liberté marche,
elle écrase de son premier pas les imprudents,
les insensés qui voulaient s'en servir comme
instrument.

« Messieurs, je ne veux tromper personne, je
ne tiens à capter l'approbation de personne,
mais je crois devoir et aux autres et à moi-même
d'indiquer franchement, librement, et mon point
de départ et le but que je poursuis : ainsi ne
voyez en moi ni l'un de ces catholiques fervents réclamant pour leur religion les conséquences de notre révolution de Juillet, l'un des
membres de ce que vous appelez le parti catholique, de ce que j'appelle, moi, les véritables, les
seuls catholiques; ne voyez pas en moi surtout

l'un de ces chrétiens politiques qui, du haut de
leur intelligence, protégent la religion à cause de
son utilité. Je ne suis ni catholique ni chrétien.
(Nouveau mouvement.) J'ai pour but de chasser
de nos mœurs l'hypocrisie religieuse et politique
qui fait de la France d'aujourd'hui la patrie des
apparences. (Mouvement.)

« J'ai pour but d'obtenir le gouvernement
constitutionnel réel, complet, appuyé sur un ensemble de lois homogènes, et non sur un composé
bizarre de vieux débris monarchiques, d'impérialisme et de liberté.

« Vérité ! liberté ! sur ce terrain neutre je puis
me rencontrer avec les catholiques de bonne foi
et unir loyalement mes efforts aux leurs. Pour
ce qui est de ces habiles politiques dont je parlais
tout à l'heure, qui, dans leur hypocrisie transcen-
dante et leur culte des convenances, redoutent
la vérité comme une faute ou comme une trahison,
quand nous nous rencontrerons désormais, ce
sera pour nous livrer un combat acharné, qui
ne finira que le jour où mes forces ne répondront
plus à ma volonté, ou bien encore le jour où,
suffisamment démasqués, ils auront perdu tout
pouvoir de nuire. (Mouvement.)

« ..... Je la combats parce qu'à mon sens,
dans la portée politique de la loi, elle nous fait
faire un progrès vers le passé ; je la combats
parce qu'elle augmente encore le nombre des

nominations par le pouvoir dans l'ordre religieux ;
je la combats parce qu'elle recule le moment où
nos libertés religieuses pourront marcher sur un
pied d'égalité avec nos libertés politiques.

« Messieurs, je ne referai pas, après tant
d'autres, l'histoire des libertés gallicanes ; je me
permettrai seulement d'appeler l'attention de la
Chambre sur deux observations.

« La première, c'est que les dignités de l'É-
glise catholique en France ont été électives jusqu'en 1515. C'est seulement à cette époque, et
par le concordat conclu entre Léon X et François Ier, que le pape, moyennant le rétablissement des annates, vendit au roi le droit de nommer aux dignités ecclésiastiques.

« Maintenant, messieurs, ma seconde observation est celle-ci : c'est que, de 1228 à 1682,
de saint Louis jusqu'à Louis XIV et à Bossuet,
pendant cette suite de siècles, tant que le catho-
lisme fut religion de l'État, les libertés de l'église
gallicane ont toujours été se fortifiant et gran-
dissant ; c'est qu'aussi, pendant toute cette période,
l'intégrité du dogme catholique fut maintenue par
l'intolérance et la persécution. Ainsi, messieurs,
chaque jour le clergé de France et la couronne
s'unissaient plus étroitement pour maintenir les
libertés gallicanes, comme il appert par la déclaration de 1682, et en même temps chaque
jour la couronne s'unissait plus étroitement au

clergé, mettait à son service tous les moyens de
coercition en son pouvoir pour maintenir l'intégrité du dogme catholique, comme il appert par
la révocation de l'édit de Nantes et par les
autres édits de cette époque contre les dissi-
dents. Le catholicisme, religion de l'État, entraîne ces deux conséquences, et cela est si vrai,
que Bossuet, qui est sa plus haute expression,
est, en même temps que le défenseur intrépide
des libertés gallicanes, persécuteur et intolérant
quand il s'agit de maintenir l'intégrité des dogmes
en France; ce qui me fait dire que Bossuet fut
le représentant le plus élevé d'une foi plus monarchique encore que catholique.

« J'arrive, messieurs, en 89, ou du moins en
90, année de la constitution civile du clergé : alors
disparaissent et la religion d'État et les libertés
gallicanes.

« J'arrive au concordat. Quel était l'état religieux de la France au moment du concordat? Je
citerai *le Recueil des discours, rapports et écrits re-*
latifs au concordat de 1801, par M. Portalis.

« On y lit en parlant de la religion catholique :

« La multitude devenait chaque jour plus étran-
« gère aux habitudes et aux croyances reli-
« gieuses; elle était entretenue dans l'opinion
« que les pratiques du culte n'étaient que de
« vaines cérémonies inventées pour l'asservir,

« et considérait les prêtres comme des ennemis
« du peuple et de toutes les libertés... Le catho-
« licisme expirait en France ; c'est de cet état
« désespéré que le concordat de 1801... »

« Ainsi le rétablissement de la foi catholique et
la conclusion du concordat lui-même n'étaient
pas, comme on l'a prétendu, un besoin des âmes ;
c'était dans d'autres motifs qu'il fallait chercher
l'origine de ce concordat.

« Lorsque le premier consul en eut conçu l'idée,
les historiens ont attribué ses efforts pour cette
rénovation de la foi catholique aux principes qu'il
avait reçus dans sa famille, au pays dans lequel
il était né, à des souvenirs d'enfance, ou bien encore aux impressions musicales et religieuses tout
à la fois que le son des cloches excitait dans son
âme. (Sourires ironiques.)

« Je crois, messieurs, que les motifs du premier consul ont été beaucoup plus graves. Le
premier consul a vu dans le rétablissement de la
religion catholique et dans le concordat les
moyens de se faciliter le pouvoir absolu, de le
stabiliser entre ses mains, et plus tard, de le divi-
niser dans sa personne.

« Il construisit tout un édifice de despotisme,
et y employa les ressources du génie ambitieux ; et ce qui le rendit plus dangereux encore,
c'est qu'il conserva toutes les dénominations libérales et républicaines : ainsi, tribunat, corps

législatif, etc. Sans doute il se rappelait ces paroles de Bossuet : « que, quand une fois on a
trouvé le moyen de prendre la multitude par l'appât de la liberté, elle suit en aveugle pourvu
qu'elle en entende seulement le nom. »

« Messieurs, le célèbre auteur du *Consulat et
de l'Empire* nous raconte qu'à cette époque Napoléon était nourri de la lecture de Bossuet ; le
fait est non-seulement historiquement vrai, mais
il est vraisemblable, à ce point, que je l'aurais
deviné s'il ne s'était pas rencontré dans l'histoire.

« Napoléon y avait lu, soyez-en certains, « que
la piété est utile à établir la domination ; » il y
avait lu « que l'indifférence religieuse prive les
gouvernements d'un certain frein qui seul est capable de tenir les peuples ; car les peuples ont
dans le cœur je ne sais quoi d'inquiet qui s'é-
chappe si on leur ôte ce frein nécessaire ; et on
ne leur laisse plus rien à ménager, quand on leur
permet de se rendre maîtres de leur religion. »
Ce je ne sais quoi d'inquiet qui s'échappe, ce
sentiment dangereux qu'il fallait à tout prix
étouffer dans son germe c'était l'amour de la liberté.

« Bossuet avait raison, messieurs : un peuple
ne jouit pas impunément de l'indépendance religieuse sans marcher immédiatement à la conquête des libertés politiques. (*Une voix*. C'est
vrai !)

« Et réciproquement j'espère que nous, qui vivons sous un régime de libertés politiques, nous saurons exiger aussi toutes nos libertés religieuses.

« Le premier article, par lequel le gouvernement de la république reconnaissait que la religion catholique, apostolique et romaine, était la religion de la grande majorité des citoyens français, souleva de graves discussions.

« Le pape avait demandé qu'au lieu de cet article il fût mentionné que la religion catholique serait la religion de l'État.

« On lui fit observer que, tout en étant d'accord sur le fond, c'était là une rédaction impossible, inadmissible, vu l'état des esprits. M. de Cacault, qui était alors notre ambassadeur à Rome, écrivait à cette époque au citoyen premier ministre des affaires étrangères, « que l'on était « d'accord sur le fond, et qu'il n'y avait plus « que des discussions de forme et de rédac- « tion. »

« Toutefois ces discussions de rédaction consistaient à savoir par quoi on pourrait remplacer la religion de l'État. Le célèbre abbé Bernier, esprit ingénieux, trouva la rédaction qui est insérée en tête du concordat.

« Maintenant les autres avantages que retirait le premier consul de la conclusion du concordat étaient le serment de soumission et de fidélité or-

donné par le pape, le *Domine salvos fac consules,*
et enfin l'art. 17, celui, je n'en doute pas, auquel
le premier consul attachait le plus d'importance.
Il était ainsi conçu :

« Sa Sainteté reconnaît dans le premier con-
« sul de la république française les mêmes droits
« et prérogatives dont jouissait près d'elle l'an-
« cien gouvernement. »

« Deux ans plus tard, le premier consul était
sacré empereur, et, deux ans plus tard, il créait
le chapitre impérial de Saint-Denis pour la sépulture des empereurs.

« Permettez-moi de vous citer deux fragments
bien courts, mais très-curieux, et qui serviront à
vous montrer jusqu'à, je ne dirai pas quelle reconnaissance, mais quelle idolâtrie les hommes
les plus honorables de cette époque poussèrent
la gratitude envers le premier consul, restaura-
teur de la religion officielle.

Lettre à l'empereur, au sujet des anniversaires
des victoires nationales.

« Sire, la fête de saint Louis excitait autrefois pour nos anciens rois des sentiments d'amour
et de dévouement dont la manifestation exaltait
l'esprit public ; la fête du roi était celle du
royaume. Que la France fête saint Napoléon !
Votre Majesté impériale et royale peut fixer

elle-même le jour auquel saint Napoléon sera fêté. »

Il n'y a en effet aucune espèce d'inconvénient. (On rit.)

« Si votre Majesté préférait unir cette fête à celle de l'Assomption, il suffirait de donner plus d'éclat à la célébration de cette solennité... »

Et plus loin :

« On a proposé à Votre Majesté impériale et royale de déposer dans un édifice national l'épée victorieuse qu'elle a ceint à la journée d'Austerlitz. On a voulu que cette épée, recevant un culte religieux comme l'oriflamme chez nos pères, ne sortît du temple qu'avec solennité et dans les grandes occasions...

« Le culte y serait exercé par un chapitre qui aurait le titre de chapitre de Saint-Napoléon et auquel la garde de l'épée impériale serait confiée. » (Mouvement prolongé.)

« Je n'ajouterai aucune réflexion.

« Je ne dirai qu'un mot des libertés gallicanes sous l'empire; elles peuvent se résumer dans l'omnipotence impériale pour tout ce qui regarde l'organisation du catholicisme en France.

« Qu'est-il arrivé sous la Restauration? Rien de plus simple. Sous la Restauration, nous avions le catholicisme religion de l'État. Nous avons eu, par conséquent, la suite indispensable d'une religion de l'État, c'est-à-dire de nombreux et éloquents défenseurs des libertés gallicanes.

« La restauration a eu également son chapitre de Saint-Denis, chapitre royal de Saint-Denis, ayant à sa tête un primicier, grand aumônier de France.

« Maintenant, messieurs, j'arrive à 1830.

« En 1830, toute une restauration religieuse et politique a été commencée et terminée en trois jours. Il fallait nous sauver de l'anarchie ; il fallait que cette révolution fût terminée aussitôt que possible ; il fallait donc que la charte de 1830 fût immédiatement rédigée et adoptée ; le temps manquait pour la discussion, même pour la réflexion. Dans l'état des esprits, on ne pouvait songer à conserver le catholicisme religion de l'État, et il eût été dangereux de ne pas le remplacer par quelque chose ; on chercha donc à emprunter une formule au passé. On choisit l'impérialisme, parce qu'à cette époque, en nous confisquant soigneusement la chose, la liberté, on en avait laissé le nom. On prit donc la formule toute faite, et l'on décréta que la religion catholique était la religion de la majorité des Français.

« Aujourd'hui, messieurs, je crois que le moment est arrivé de s'exprimer librement sur ces grandes questions.

« On a inséré dans la charte de 1830, que la

religion catholique était la religion de la majorité
des Français; d'abord, messieurs, je pourrais
demander : Qu'en savez-vous? (Réclamations
nombreuses.)

« Permettez, avec la liberté de conscience,
avec la possibilité de conversion, ou si vous voulez d'apostasie, il est impossible de considérer
cela comme un fait authentique; nous pouvons
tous en être convaincus, j'en suis convaincu tout
le premier, mais ce n'est pas là un fait authentique.

Il n'y a pas chaque année un recensement
des catholiques; mais, messieurs, je l'admets,
cela est vrai. Oui, la religion catholique est la
religion de l'immense majorité des Français :
cela est vrai, si vous appelez catholiques tous
ceux qui ne vous disent pas le contraire; si vous
appelez catholiques tous ceux qui, suivant l'expression énergique de Montaigne, sont catholiques au même titre qu'on est Périgourdin ou
Allemand; si vous reconnaissez comme catholiques tous ceux qui, à peine nés, ont reçu le
sacrement du baptême, alors qu'ils ne pouvaient
encore ni parler, ni reconnaître leur mère; si
vous reconnaissez enfin comme catholiques tous
ceux qui, après avoir passé leur virilité dans l'indifférence religieuse la plus complète, arrivés à
une vieillesse qui touche à l'enfance, le corps
usé, l'intelligence éteinte, à leur dernière heure,

consentent à balbutier machinalement quelques paroles latines et chrétiennes. (Murmures.)

« *Plusieurs pairs*. De telles paroles ne peuvent être prononcées dans une Chambre.

« *De toutes parts*. A l'ordre! à l'ordre!

« M. LE CHANCELIER. Je rappelle l'orateur à l'ordre, pour les paroles qu'il vient de prononcer...

« M. LE COMTE D'ALTON SHÉE. Quelle que soit ma déférence, et elle est profonde, pour M. le Chancelier, ce n'est pas une locution oratoire, c'est une vérité, je ne puis accepter le reproche sévère qu'il m'a adressé. Tout ce que j'ai dit, le blâme que j'ai déversé, ne s'applique qu'aux faux chrétiens, qu'aux mauvais chrétiens, qu'aux gens qui ne sont pas catholiques, qu'aux catholiques d'apparence; mais je respecte, parce que je suis libre, parce que je veux pour les autres la même liberté que pour moi, je respecte du fond de mon cœur les vrais catholiques.

« Eh bien, je le demande aux catholiques sérieux, convaincus, comme nous en avons tant dans cette Chambre, je le demande à mon noble ami le comte de Montalembert, qui les représente et les défend si bien, reconnaît-il catholiques, veut-il catholiques, désire-t-il garder parmi ses frères en religion, et ne repousse-t-il pas, au contraire, de toutes ses forces et de tous ses dédains les catholiques d'apparence, ces chrétiens

par habitude, par convenance ou par politique?
(Réclamations. Interruption.)

« M. LE COMTE DE MONTALEMBERT. Puisque
le noble orateur me fait l'honneur de m'inter-
peller directement, je me vois forcé de lui répondre que je ne me crois pas appelé à exercer,
au nom de la religion, un droit d'admission ou de
répulsion quelconque. (Très-bien). J'ajouterai
toutefois que je regarde la plupart de ses observations comme très-fondées, et je demande ins-
tamment que la Chambre respecte la liberté de la
tribune et lui permette d'exposer toute sa pensée.
(Nouvelles rumeurs.)

M. LE CHANCELIER. Je respecte toute opinion
prononcée à cette tribune, je crois l'avoir montré
en toute circonstance; mais je ne saurais considérer comme l'expression d'une opinion des ju-
gements de la nature de celui que vient de porter
l'orateur, et qui peuvent blesser cruellement tant
de gens de cœur et de conscience dans leurs sentiments les plus respectables et les plus intimes.

M. LE COMTE D'ALTON SHÉE. Je m'arrête,
messieurs, satisfait d'avoir énoncé les doctrines
que je regarde comme seules vraies, comme
seules capables de mettre notre liberté religieuse
au niveau de de notre liberté politique.

« Maintenant un seul mot, un dernier mot, sur
le projet de loi en lui-même au point de vue politique. (Murmures d'approbation.)

« Quand, en 1806, Napoléon, parvenu de droit
divin, consacrait par une loi les caveaux de Saint-
Denis à la sépulture des empereurs, il reliait la
chaîne interrompue du passé ; IL SUPPRIMAIT LA
RÉVOLUTION et destinait les tombes de Saint-Denis
à une QUATRIÈME RACE DE SOUVERAINS PLUS
DESPOTIQUES ENCORE COMME EMPEREURS QUE LES
PRÉCÉDENTS COMME ROIS.

« Quand Louis XVIII, roi légitime, dans un
but monarchique et religieux, établissait le chapitre royal de Saint-Denis, il faisait ce qui convenait et à sa situation personnelle et à ses antécédents ; il préparait pour lui une tombe à la suite
de ces trois races de rois, relevant comme lui de
Dieu seul.

« Maintenant on nous demande, dans un
but monarchique et religieux (ce sont les expres-
sions de l'exposé des motifs), d'élever un chapitre royal à Saint-Denis. A quel propos ? Les
caveaux de Saint-Denis sont sans avenir aujour-
d'hui, curieux seulement pour l'archéologue et
l'historien ; aurait-on l'intention de les destiner à
un autre usage ?

« Messieurs, à la tête du chapitre de Saint-
Denis on propose de mettre un primicier. Le primicier, c'était le grand aumônier de France sous
la restauration. Allons-nous donc avoir un grand
aumônier ? L'aumônier de qui ? Enfin, messieurs,
on nous dit que c'est pour un service national.

« Je connais l'empire des mots, et je m'en défie; toutes les fois qu'on est embarrassé, qu'on veut couvrir quelque chose, on se sert du mot national. (Rires.)

« Ainsi, pour vous citer un exemple tout à fait en dehors de la présente discussion, en opposition avec le système de la liberté des échanges, nous avons le système de la protection du travail *national;* comme si le consommateur n'était pas beaucoup plus nombreux et tout aussi national, que les représentants de certaines industries. (Mouvements divers.)

« Enfin M. le comte Portalis, dans son savant rapport, nous fait, au sujet du mot national, cette observation : que royal et national sont synonymes.

« M. LE COMTE PORTALIS. Non. Royal et politique.

« M. LE COMTE D'ALTON SHÉE. Dans tous les cas, monsieur le comte, j'accepte la définition; et nul ici ne désire plus que moi qu'elle continue toujours à être vraie; mais je vote le rejet de la loi, parce qu'à mon sens son adoption aurait pour effet d'établir entre les deux mots une grande différence.

XXVII

ATTAQUES DONT JE SUIS L'OBJET. — MA RÉPONSE DANS
LA REVUE INDÉPENDANTE

Intervenant dans la discussion politique d'une
loi religieuse après les gallicans et les ultramontains, je confessais hautement *n'être ni catholique
ni chrétien;* je combattais la portée rétrograde
de la loi. Afin de rendre impossible le retour à
une religion d'État, je demandais la suppression
de la déclaration équivoque de l'article 5 de la
Charte : « *Le catholicisme religion de la majorité
des Français;* » afin d'empêcher les empiétements des gallicans sur le pouvoir spirituel et
des ultramontains sur le pouvoir politique, je demandais la séparation absolue de l'Église et de
l'État et la suppression du budget des cultes;
enfin, je sommais les catholiques de se joindre à
moi au nom de cette liberté qu'ils invoquaient
sans cesse.

Mon vœu solitaire ne présentait aucun danger actuel, et en reconnaissant, avec les réserves et précautions nécessaires, mon droit de libre pensée, les chefs catholiques avaient l'avantage de rester fidèles à leur mot d'ordre. Aussi, Montalembert, m'écrivant que ce qu'il détestait le plus après l'hypocrisie c'était le despotisme, m'envoyait un article du journal catholique *l'Espérance*, de Nancy, dans lequel on exaltait ma franchise, me fit lire *l'Univers*, où M. Veuillot, après avoir déploré mon aveuglement, maintenait la plénitude de mon droit, et me conduisit au célèbre écrivain, qui n'avait pas encore imaginé sa distinction entre la bonne et la mauvaise liberté.

Les grondements orageux de l'assemblée n'avaient guère été qu'un hommage rendu aux convenances : parmi les militaires, le pieux capitan n'était pas encore de mode, des magistrats, des savants restaient, *in petto*, fort indépendants ; les poignées de main furtives, les approbations tête-à-tête ne me manquèrent pas. De ces adhérents en sourdine je n'en citerai que deux, morts aujourd'hui : MM. Meynard et Troplong. Mais, au dehors, à l'exception des habiles du parti catholique, la gent dévote se souleva ; ce fut un déchainement, des fureurs : en quelques jours, je reçus une centaine de lettres anonymes ; plusieurs, joignant la menace à l'injure, me prophétisaient un châtiment divin : « mon corps tombant en pourriture, mes entrailles dévorées par des chiens, » et autres gentillesses empruntées à l'Ancien Testament.

Par compensation, quelques gens de bien m'envoyèrent leurs ouvrages et des paroles d'encouragement : l'un d'eux, le vénérable M. de Lasteyrie, républicain-philosophe, accourut, malgré ses 83 ans, pour avoir le plaisir de me serrer la main.

Dans la presse, mon franc parler n'arrangeait personne ; le radicalisme de mes propositions effrayait la plupart des opposants : les feuilles légitimistes crièrent au scandale, celles du ministère jugèrent prudent d'éviter le bruit. *Le Constitutionnel* et *le Siècle* se disaient gallicans ; *le National* lui-même se rappelait que sur la question des fortifications et sur presque tous les points de la politique extérieure, depuis six ans, j'avais été en désaccord complet avec lui, il soutint que pour une déclaration si grave ma parole manquait d'autorité ; seul, le journal républicain *la Réforme* osa m'approuver sans restriction.

Je résolus de répondre à tant d'attaques diverses dont j'étais l'objet. Mais la difficulté était de savoir qui donnerait asile à ma réponse : *la Revue des Deux Mondes* me refusa une hospitalité compromettante ; le directeur de la *Revue indépendante*, Pascal Duprat, m'accueillit, mais il transforma le titre : *Ni catholique ni chrétien* en : *Opinion du comte d'Alton Shée sur les religions d'Etat.*

En voici quelques fragments :

« Pair de France, je devais d'abord énoncer mes idées à la tribune ; je viens aujourd'hui les discuter dans la presse.

« Avant de procéder à l'examen des principes, deux mots de la critique personnelle dont j'ai été l'objet. Les reproches ont été nombreux : je ne les relèverai pas tous ; je choisirai ceux qu'ont accueillis le plus grand nombre d'esprits et surtout qu'ont débités le plus grand nombre de bouches.

« — En déclarant, avec une cynique audace, du haut de la tribune, que vous n'étiez ni catholique, ni chrétien, vous avez été l'auteur d'un immense scandale. »

« Quoi donc ! aurais-je apporté à mes auditeurs la révélation d'un fait inouï?... Serais-je, en France, une déplorable exception?... On a bien essayé de le dire, personne ne le croit, les véritables catholiques moins que personne.

« J'ai déclaré que je n'étais ni catholique, ni chrétien, mais j'ai cela de commun avec le gouvernement, avec la charte et avec la loi. Le scandale, selon moi, eût été d'envelopper d'hypocrisie mon incrédulité, et voulant obtenir le rejet d'un projet de loi catholique, d'invoquer ces préten-

dues libertés gallicanes, si commodes d'ordinaire pour favoriser les envahissements de la
puissance politique dans le monde spirituel.

« On dit encore :

« — Mais à quoi bon cette profession de foi?
Elle n'était pas nécessaire. »

« A cela je réponds qu'elle était utile dans
l'intérêt général et, de plus, indispensable pour
moi. Le droit par lequel j'ai pu faire cette profession de foi négative, je le tiens de l'article V
de la Charte ; il n'a donc été, il ne pouvait donc
être contesté par personne. Cependant les droits
les mieux établis se perdent dans l'oubli ; ils se
périment quand ils ne sont pas exercés. Dix ans
encore de cette politique qui tend à nous ramener par une pente insensible à la religion d'État,
dix ans passés sans une protestation, sans un
seul usage de nos droits, peut-être ces droits
eussent-ils été méconnus, peut-être ma déclaration tardive eût-elle été interrompue, cette fois,
par une admonition pleine d'onction et de convenance de M. le chancelier, me rappelant que du
moment où je n'étais ni protestant, ni juif, ni
musulman, je devais être chrétien et catholique,
par cela même que j'étais Français.

« J'ai compris qu'il fallait un exemple, et après
mûre réflexion je l'ai donné, sauf à en supporter
les conséquences : par cela même que mon noble
ami, le comte de Montalembert, s'est glorifié

tant de fois, et avec juste raison, d'être chrétien
et catholique, j'ai avoué simplement que je n'é-
tais ni l'un ni l'autre. Mes paroles ont jeté dans
un grand embarras tous ces chrétiens *métis* dont
quelques-uns ont un reste de foi sans pratique,
dont la plupart conservent encore certaines pratiques sans la foi.

« — Autre objection : «Votre déclaration est
insignifiante ; elle ne renferme qu'une négation.
On sait ce que vous n'êtes pas, on ignore ce que
vous êtes. »

« Appelé à discuter une loi catholique devant
la Chambre des pairs, je n'avais à l'éclairer que
sur un seul point : savoir si j'étais moi-même catholique et chrétien. Le reste ne lui importait
guère, et un exposé de mes opinions religieuses
eût été en cette circonstance aussi ridicule que
hors de propos.

« — Il y a des choses bonnes à dire dans
un salon qui ne doivent pas s'émettre à la tribune. »

« Cette réflexion appartient aux chrétiens par
convenance : pour moi, qui ai cru trouver dans
les convenances l'arme la plus dangereuse dont
se servent les hypocrites, je ne consens pas à en
obscurcir la vérité : ma conscience se refuse à
admettre la vérité nue dans l'intimité, parée dans
un salon, masquée à la tribune.

« Quelques personnes bienveillantes m'as-

surent qu'elles ont vu avec regret que par cet
aveu, « je m'étais rendu impossible. »

« Je les remercie sincèrement de leur bon vouloir, mais je crains que ces regrets ne viennent
chez elles d'une méprise à mon sujet. Qu'est-ce
qu'un homme impossible?... Et quelles peuvent
être pour moi les conséquences de cette impossi-
bilité?... Hélas! me faudrait-il renoncer à tout
espoir d'être un jour l'un de ces hauts fonctionnaires qui ne dirigent rien, l'un de ces gouver-
nants qui ne gouvernent pas?... Aurais-je perdu
mes titres à faire partie de cette pépinière
d'hommes dans laquelle on va prendre les ministres gérants et avocats du pouvoir?... Serais-je
assez malheureux pour avoir, par l'imprudente
sincérité de mon langage, manqué l'occasion de
remplacer MM. de Mackau à la marine, Moline
à la guerre, Laplagne aux finances?... Ou bien
encore faudrait-il faire à jamais mon deuil de la
survivance de M. Cunin-Gridaine?...

«Si, depuis cinq ans, j'ai déserté le monde politique à ce point qu'il a à peu près oublié mon
nom, et consent aujourd'hui à grand'peine à me
reconnaître; si j'ai abandonné pour un travail
nouveau à apprendre, une carrière nouvelle à me
faire, le travail pour lequel j'étais né et la carrière qui m'était toute faite; si j'ai donné mon
temps et ma peine à la direction des grandes entreprises industrielles; si, à cause de cela, j'ai

encouru la disgrâce et bravé l'anathème de l'honorable M. Crémieux, doublé de l'honorable M. Grandin, c'était afin d'acquérir, au prix de tant de sacrifices, cette indépendance de fortune qui est la compagne la plus sûre de l'indépendance du cœur et de l'esprit. C'était afin de pouvoir me rendre impossible... Comprenez-vous à présent?...

« Quelle pauvre ambition que celle qu'une place peut contenter ! Celle-là seule est durable, celle-là digne qu'on l'avoue et qu'on s'en glorifie, qui s'attelle au triomphe des idées.

« Enfin j'arrive à la dernière objection et la plus singulière de toutes : « *Vous n'aviez pas,* « m'a-t-on dit, cette réputation d'austérité né- « cessaire pour émettre des vérités aussi har- « dies. »

« O les plaisantes gens, qui veulent des costumes de Puritains pour la raison, pour la sagesse, voire même un pour la vérité ! Montaigne ne disait-il pas en parlant de la tristesse : « Le « monde a entrepris comme à prix fait de l'ho- « norer de faveur particulière : ils en habillent « la sagesse, la vertu, la conscience... sot et « monstrueux ornement ! »

« Et le divin Socrate, combien il était dénué de ces deux qualités chéries de la médiocrité qui suffisent aujourd'hui à en remplacer tant d'autres : la tenue, le respect des convenances. Qu'il

eût mal représenté dans notre représentation nationale, lui qui n'était ni solennel, ni austère, ni
gourmé, ni pompeux, ni emphatique, mais inha-
bile dans la science des dehors, simple en son
air, joyeux en son humeur, vêtu comme tout le
monde, trompé comme tout le monde, aimant à
souper jusqu'à l'ivresse, et donnant de préférence
ses leçons chez Aspasie.

« Je sais bien que je ne suis pas Socrate,
mais il n'était pas question pour moi de profes-
ser la sagesse, il s'agissait simplement de confesser la vérité. Je ne suis pas Socrate, mais
vous n'êtes pas non plus les Athéniens du grand
siècle : M. Guizot n'est pas Périclès, M. de Salvandy n'est pas Alcibiade, et je suis encore à la
recherche d'Aspasie !

« En somme, et pour en finir avec le moi, je
ne suis ni pour ni contre la religion catholique,
je suis en dehors.

« Ceci m'amène naturellement à la discussion des
idées.

« La première émise par moi à la tribune a
été celle-ci :

« La révolution de juillet ayant supprimé la
religion d'État, des considérations politiques purement transitoires, des motifs d'une utilité temporaire, ont seuls déterminé l'insertion de cette
phrase : « que la religion catholique était celle de
la majorité des Français. » Pour rentrer dans la

logique et dans la vérité, n'est-il pas temps d'en demander la suppression?

« Cette déclaration a trois inconvénients.

« D'abord elle est inutile.

« Si l'article 5 de la Charte qui assure de la part du gouvernement une protection égale à tous les cultes est une vérité, à quoi bon une mention dont le seul but pourrait être d'accorder une préférence au culte de la majorité?

« En second lieu, elle est dangereuse.

« Car elle présente au gouvernement une porte toujours ouverte, et derrière cette porte un plan incliné vers la religion d'État.

« Enfin elle est inexacte, n'en déplaise à M. le garde des sceaux.

« M. Hébert, en me répondant, m'a contesté le droit d'établir une statistique des vrais catholiques, et de ceux qui ne le sont que de nom. Il a appelé cela fouiller dans les consciences, et s'est passé la singulière fantaisie de me transformer en grand inquisiteur.

« L'inquisition poursuivait la recherche de la vérité de deux manières, par l'espionnage et par la torture. Puis, quand elle avait enfin reconnu l'hérétique caché sous l'apparence du catholique, elle le brûlait. Aujourd'hui on ne brûle plus les hérétiques, et j'ai bien quelque intérêt à m'en féliciter ; mais il est encore, il sera toujours permis de démasquer les catholiques par hypocrisie. Je n'ai pas besoin pour cela ni de fouiller dans les consciences, ni de sonder les secrets des âmes; je n'ai qu'à tirer les conséquences de ce que tout le monde sait, à mettre en relief ce que tout le monde voit, à proclamer bien haut ce que, depuis le rétablissement de la foi catholique, depuis la conclusion du célèbre concordat, chacun dit à l'oreille de son voisin.

« Cette prétendue majorité des catholiques en France peut se diviser en trois classes : ceux qui sont catholiques, ceux qui se croient catholiques et qui ne le sont pas, ceux qui, ne l'étant pas, consentent ou cherchent à passer pour tels.

« Je n'ai rien à dire des catholiques.

« A la tête de ceux qui croient l'être et qui ne le sont pas, vient naturellement se placer l'honorable M. Dupin. M. Dupin a fait en 1844, un ouvrage intitulé : *Manuel du droit public ecclésiastique français*. Cet ouvrage a été censuré par l'archevêque de Lyon, avec l'adhésion de tous les évêques de France et l'approbation pontificale, déclaré faux, hérétique et blasphématoire. Donc M. Dupin n'est pas catholique.

« Mais ce n'est pas tout : le conseil d'État a censuré les prélats et approuvé l'ouvrage. Donc le conseil d'État n'est pas catholique, ni aucun de ceux qui pensent comme le conseil d'État et M. Dupin.

« Personne ne peut évaluer le nombre de ceux

qui consentent à rester catholiques par insouciance, par habitude, ou parce que, dans l'état
actuel de nos mœurs, une profession de foi op-
posée entraînerait pour eux plus d'inconvénients
que d'avantages.

« La statistique est facile à faire, elle est toute
faite des membres de cette religion officielle qui,
par convenance, par politique, à un jour, à une
heure donnés, sortent leur religion d'un tiroir
comme un costume de cérémonie, un habit de
cour, que l'on serre de nouveau, la cérémonie
terminée : tous ceux qui vont à la messe à cause
de leurs femmes ou de leurs filles, ou bien encore
à la campagne pour donner l'exemple, parce qu'ils
sont seigneurs de village, comme Voltaire à Fer-
ney ; tous ceux qui s'accommodent à certaines
pratiques, parce qu'ils appartiennent à certaine
opinion (légitimiste) ou à certaine coterie (faubourg Saint-Germain) ; tous ceux qui font maigre
certains jours de l'année, à cause des domesti-
ques ; tous ceux enfin qui protègent la religion
parce qu'elle est bonne pour le peuple. Bonne
pour le peuple ! mais leurs prédécesseurs en disaient autant de l'ignorance, il y a soixante ans.

« Bonne pour le peuple ! mais meilleure encore
pour les puissants ; car si elle console le peuple,
elle le distrait, elle le calme, elle l'endort, comme
l'opium qui trompe la douleur sans la guérir. Elle
l'empêche de songer incessamment à revendi-

quer ses droits, sa part de ce bien-être matériel,
qui suffit pourtant, il faut bien le dire, à remplacer le christianisme auprès de tant de membres
des classes élevées. Elle le fait patienter ici-bas,
pauvre, misérable, déshérité, pendant ces quelques années d'une existence éphémère avec le
leurre d'une autre vie, mais céleste, mais éternelle, pleine de jouissances infinies, dans laquelle
les derniers deviendront les premiers et les premiers les derniers, les opprimés les élus, et les
oppresseurs les damnés; offrant ainsi aux malheureux le double appât du bonheur et de la vengeance.

« Rien n'est plus loin de ma pensée que de ca-
lomnier les intentions du divin inventeur; je me
condamnerais moi-même si je méconnaissais la
sublimité de cette conception que Jésus-Christ,
navré du spectacle des douleurs et des injustices
humaines, a livrée au monde malheureux. Mais
la religion catholique, comme tout ce qu'il y a
de meilleur et de plus parfait ici-bas, a deux
faces : une médaille et un revers On ne peut nier
qu'avec sa doctrine de l'homme né pour souffrir,
de cette vie terrestre si courte et si méprisable,
épreuve nécessaire, préface indispensable de
l'autre vie, en même temps qu'elle encourage
l'un à souffrir, elle ne facilite à l'autre la tranquille possession du bien-être matériel. »

XXVIII

— « Pourquoi, me dit Berryer, ne t'es-tu pas
contenté de dire que tu n'étais pas catholique ? »

Comme appréciateur de mon intérêt du moment,
le politique d'un tact si sûr, l'homme qui a le
plus habilement disposé sa fin, avait raison. En
effet, le grand apostat du catholicisme, Lamennais, n'avait pas été au delà ; les illustres professeurs Michelet et Quinet, sacrifiés aux exigences
du clergé, ne sortaient pas du christianisme ; la
philosophie, accusée d'impiété, était hautement
spiritualiste ; l'Université, la magistrature, le
monde politique, MM. Dupin, Thiers, Hébert,
gallicans ; le gouvernement retrempait sa dynastie
et son autorité dans une union plus intime avec
l'Eglise. D'autre part, la chimérique alliance du
catholicisme avec la liberté répandait sur l'Europe

sa trompeuse clarté ; Montalembert et Berryer
la célébraient à la tribune ; Lacordaire et le père
Ventura l'annonçaient en chaire ; Timon (Cormenin), la popularisait ; Pie IX semblait sur le
point de la réaliser.

Le vice capital d'une vérité inacceptée, tran-
chant avec les précautions du langage, est de permettre aux amis du convenu, à la foule des malveil-
lants de condamner celui qui l'énonce sans lire ni
entendre, de les dispenser de toute discussion, de
tout examen, en leur fournissant l'équivalent du
tarte à la crême de *l'École des Femmes*. *Ni catholique, ni chrétien*, cela répondait à tout : à quoi bon
chercher des raisons pour combattre celui qui demandait la suppression de l'article 5 de la Charte :
« LE CATHOLICISME, RELIGION DE LA MAJORITÉ DES
FRANÇAIS, » du budget des cultes, la séparation
de l'Église et de l'État ; qui soulevait tant de
questions dangereuses ou embarrassantes pour la
religion officielle, le Gouvernement et la société ?
N'était-il pas plus commode de dire et de répéter
sans cesse : *Parbleu ! ni catholique, ni chrétien !*
De même deux phrases tronquées de Proudhon :
« *Dieu, c'est le mal ; la propriété, c'est le vol,* »
ont suffi pendant des années à la plupart des
réactionnaires honnêtes et modérés, pour réfuter
les deux admirables volumes des *Contradictions
économiques*, qu'ils n'avaient jamais lus.

Mon audacieuse rupture avec le christianisme

n'eut donc d'abord d'autre résultat que d'attirer sur moi une nuée d'ennemis incommodes, noirs, tenaces, à jamais attachés à mes pas. Mais si elle a été nuisible à l'individu, l'exemple a profité à tous ; il a élargi le débat, rajeuni les droits de la franchise : il a frayé le retour aux négations puissantes de l'histoire et du bon sens que la science devait rendre définitives.

En peu de mois, la guerre du Sunderbund et l'expulsion violente des jésuites du canton de Vaud, ramenaient pour toujours à l'absolutisme le pape et son clergé. Couchés à terre par la tempête de Février, à genoux devant les arbres de la liberté, les cléricaux se redressaient sous la dictature expectante du gouvernement provisoire; l'Assemblée constituante, en échange de leur hypocrite adhésion, consacrait le budget des cultes, perpétuait l'union de l'Église et de l'État. Le PRINCE-PRÉSIDENT, nommé avec leur concours, concevait l'expédition romaine; dominée par eux, l'Assemblée législative la votait; Pie IX rentrait dans la ville éternelle sur les cadavres de ses sujets.

Durant vingt ans, pas une parole, pas un écrit, pas un acte depuis les sanglantes exécutions des patriotes, le joug immobile de la triple tiare, jusqu'à la seconde expédition et au combat de Mentana, jusqu'au Syllabus et à la lettre à l'archevêque de Paris, qui ne soient au temporel et

au spirituel une indéniable démonstration de
l'alliance impossible du catholicisme et de la
liberté, vérité acquise aujourd'hui, unique profit
de tant de catastrophes.

Quel a été pendant cette longue période de 1848
à 1869, le double travail de la foi dogmatique et
de la libre pensée?

Sans doute le décret signé Ledru-Rollin, qui
débaptisait Sainte-Geneviève et rendait le Pan-
théon aux grands hommes en réparant les ingratitudes de la patrie, le décret qui chargeait un
peintre républicain, Paul Chenavard, de repro-
duire sur ses murs l'histoire philosophique de
l'humanité, cet acte significatif du Gouvernement
provisoire fut amer aux cléricaux ; les trois mois
de *laissez faire* et *laissez passer*, jusqu'aux journées
de Juin, jusqu'à la dictature militaire du général
Cavaignac, ont vu des opinions anti-religieuses
se montrer au grand jour : en même temps qu'il
écrivait ses articles sur les Malthusiens, Proudhon,
dans sa traduction du *Miserere*, donnait un mo-
dèle de critique appliquée à *l'Ancien Testament*.
Mais l'attention n'était pas là : les questions de
salariat, d'organisation du travail, de droit au
travail, d'impôt proportionnel, de transmission de
la propriété l'absorbaient entièrement. Je dirai en
son temps, comment l'habileté des cléricaux parvint à faire considérer le catholicisme comme le
salut suprême de la société, à le vivifier en l'acco-

lant à la propriété, et, pour toucher et effrayer
les simples, à réunir dans le même faisceau la
famille ; ils présentèrent à la nation, comme devant
tomber sous les coups des républicains-socialistes,
cette trinité indivise : LA RELIGION, LA FAMILLE,
LA PROPRIÉTÉ. On avait eu le catholicisme officiel, on eut le catholicisme politique, la religion
de l'intérêt ; j'aurai à expliquer le protestant, le
juif, le sceptique, l'athée catholique, les conver-
sions effarées de la rue de Poitiers.

La campagne de Rome à l'intérieur accrut les
conquêtes de la religion ; son triomphe fut complet
à la suite du 2 décembre ; dès le 5, un des premiers
décrets du dictateur proscrivit les grands hommes
et restaura Sainte-Geneviève. Le budget des
cultes reçut le don de joyeux avénement ; l'archevêque de Paris, les cardinaux entrèrent au
sénat ; si le Pape ne sacra pas Napoléon III, il
fut le parrain du Prince impérial. Dans ces années
de silence et de ténèbres, les frères et les sœurs
de la doctrine chrétienne supplantaient les institu-
teurs primaires ; les ordres autrefois chassés se
multipliaient, s'enrichissaient, envahissaient l'enseignement secondaire ; l'occupation romaine se
prolongeait sans terme et sans conditions ; ce
fut, pendant sept ans, un échange non interrompu de bons procédes entre la Religion et
l'Empire.

L'accord cessa avec la campagne d'Italie ; ce

fut bien pis quand les Marches et l'Ombrie se séparèrent des États de l'Église, et que l'armée de la Foi se débanda à Castelfidardo.

Mais un air de martyre et de persécution n'a jamais nui à la sainte cause. Chaque maison noble, ou aspirant à l'être, voulut avoir son zouave pontifical; Bretons et Vendéens, natures chevaleresques, fils de famille ruinés, s'élancèrent vers Rome. La souscription au denier de Saint-Pierre servit d'aliment à l'activité des femmes; loteries, bals, concerts, ventes publiques, rien ne fut négligé : quel plaisir de jouer à l'opposition, et de chiffrer, au moyen d'une œuvre pie, la valeur de son titre, de sa beauté, de sa puissance de séduction, non-seulement sur des amis, mais sur des inconnus, même des mécréants; d'être la plus renommée pour le goût, l'éclat, l'inattendu de sa toilette, et pour le succès de ses quêtes. Autrefois, la dévote, simple en sa mise, austère en son maintien, prude en son langage, ne souriait guère que des plaisanteries de son directeur. Nous avons changé tout cela : on voit aujourd'hui la dévote effrontée, peinte, fardée, étrennant les modes impudiques, le verbe haut, le propos risqué, transportant son luxe à l'église et au théâtre, écrasant ses rivales par la cherté de son missel et la splendeur de ses diamants, capable de vider dans son aumônière la bourse de son mari, affolée d'un prédicateur, se pâmant au sermon; galant missionnaire, elle a ses fidèles qu'elle attire dans son tourbillon religieux.

Parmi les hommes, les uns ont une dévotion qui remonte à la rue de Poitiers, ils ont donné l'exemple de hanter les églises, d'autres y vont au spectacle, d'autres y cherchent une intrigue, un mariage, un rapide avancement ; car la voie du salut est aussi celle de la fortune. De tout temps, la dévotion a été regardée par les gouvernements comme une garantie de discipline, d'obéissance et de dévouement.

A côté de l'Empereur, accordant à la religion la valeur d'un rouage politique, il faut placer l'Impératrice à la tête d'une pieuse opposition, l'Impératrice, régente, présidant le conseil en l'absence du chef responsable, dévouée à Pie IX parrain de son fils, exerçant une influence progressive, une action de détail sur les nominations ; c'est ainsi que, sous Louis XVIII, le comte d'Artois, héritier du trône, entouré d'une camarilla congréganiste, préparait son règne.

La foi est une vertu, un mérite, un profit, une mode, la franc-maçonnerie de la bonne compagnie. Comblé de faveurs et de priviléges, chaque jour le catholicisme se rapproche de la religion d'État ; le nombre des gallicans plaçant le trône au dessus de l'autel, décroît, tend à disparaître : l'archevêque de Paris, pour avoir louvoyé, subit la réprimande. Un joli ambitieux, l'abbé Bauer.

a été d'abord chercher à Rome le titre de mon-
signor; toutes les forces vives du parti clérical:
docteurs, prédicateurs, conférenciers, écrivains,
journalistes, pamphlétaires, ordres et confréries
sont ultramontains. L'abbé Dupanloup, l'inquisiteur des candidats académiques, comme le tendre
Père Hyacinthe, libéral d'intention, le polémiste
Gratry, comme le comte de Falloux, le sinistre
rapporteur de la loi qui fermait les ateliers nationaux, le directeur du *Correspondant*, comme le
rédacteur en chef de *l'Univers*, tous s'inclinent
devant Pie IX reculant les bornes du surnaturel,
écrasant la raison. Et néanmoins, ils ne renoncent
pas à la liberté pour enseigne, et chargent leurs
savants d'entreprendre la conciliation de la Bible
avec la science. Ils ont du talent, de l'esprit, de
l'intrigue, une organisation puissante, d'immenses
trésors, le pouvoir compte avec eux, et, chose
plus singulière, une certaine opposition dirigée
par de naïfs Machiavels, compte sur eux. Ils ont
la majorité au Sénat, au Corps législatif, à l'Académie; ils occupent les postes les plus élevés
dans l'administration, la magistrature et l'armée;
ils tiennent toutes les avenues du pouvoir, et se
croient assez forts aujourd'hui pour dire à *Orgon*:

« *C'est à vous d'en sortir.* »

Car *Orgon*, après avoir été leur bienfaiteur,

leur compère, a eu le tort impardonnable d'inquiéter, d'irriter ceux qu'il ne faut que servir ou
asservir. Ils célèbrent le jubilé en l'honneur du
pape-roi, la théocratie commence une ère nouvelle,
la Foi semble sur le point d'atteindre le sommet
de la puissance politique.

Je me suis efforcé de résumer en quelques
traits la marche envahissante et triomphale des
cléricaux ; il me reste à signaler dans son paral-
lélisme le progrès moins apparent, plus dégagé
d'alliage et d'intérêts parasites, de la libre pensée.

En tête des affranchis du christianisme, à la
suite de la révolution de Février, il faut citer
Lamennais, Quinet, Michelet, la plupart des
hommes marquants de la république et de la démocratie, tous les chefs d'écoles socialistes et
leurs adhérents. Et cependant la Constituante ne
prit pas une seule des mesures nécessaires à la
séparation de l'Église et de l'État; il eût été puéril
de les attendre de la majorité royaliste et cléricale de la Législative.

Aux premiers jours de cette assemblée remonte
une éclatante conquête de la libre pensée. C'est
avec les mots : ORDRE, MODÉRATION, c'est au nom
du CATHOLICISME MENACÉ, que les réactionnaires
travaillaient à étouffer la république : Victor Hugo
le voit, et dès lors il leur fait une guerre acharnée ; le souvenir est vivant des luttes ardentes

entre l'orateur de l'obscurantisme et le génie défendant la lumière.

Après le *Te Deum* chanté à Notre-Dame, le 4 janvier 1852, en actions de grâces du coup d'état, le second Empire avait des engagements à remplir à l'égard du clergé ; il les tint fidèlement. Philosophique ou politique, la pensée s'était retirée au fond des consciences ; mais un certain nombre de journaux et de revues ayant continué à paraître, leur tâche devenait d'une difficulté insoluble : comment parler et de quoi parler sans danger à une époque où le *Journal des Débats* avait été menacé de suppression pour avoir critiqué un ballet dans un feuilleton sur l'Opéra ? En dehors des actes et discours officiels, des faits Paris, des débats judiciaires, des annonces, les articles consacrés au mouvement industriel occupaient la plus grosse place ; pour combler les vides, les directeurs intelligents donnèrent une large extension aux comptes rendus des séances académiques, aux découvertes, à la SCIENCE. Parmi ceux qui s'emparèrent avec le plus de bonheur et d'habileté de cette ressource féconde, je nommerai M. Buloz ; de tout temps, la *Revue des Deux Mondes* avait eu un asile réservé aux savants, elle l'agrandit ; peu à peu des articles de philosophie spiritualiste, le *rationalisme*, défendu avec autant d'esprit que de courage, par M. de Rémusat, firent leur réapparition. M. Réville essaya la critique religieuse. Lanfrey inaugurait ses études historiques par : *l'Église et les philosophes au dix-huitième siècle.*

Girardin avait le premier préparé l'élection du 10 décembre : à peine revenu d'exil, il reprenai dans *la Presse*, les libres allures d'un homme envers qui la sévérité aurait eu l'odieux de l'ingratitude ; chaque jour, à chaque ligne, il manifestait son indulgent dédain des croyances. A ses côtés, Nefftzer, esprit clair et précis, contenait les néo-catholiques, A. Peyrat leur opposait les arguments de l'histoire.

Au *Siècle*, M. Pelletan ramenait le rire en défaisant le miracle de la Salette, Havin, Jourdan, Edmond Texier, Léon Plée consolaient leur mutisme politique en dénonçant l'invasion des Jésuites.

Au *Charivari*, Taxile Delord et Clément Caraguel les harcelaient sans relâche.

La Constitution excluait absolument la liberté politique, mais le chef de l'État n'aurait pas été fâché de nous distraire par d'autres libertés ; il suivait donc d'un œil indifférent la résistance de l'esprit philosophique à la foi dogmatique. Son cousin, le prince Napoléon, révolutionnaire et même libéral, A L'EXTÉRIEUR, connu par ses opinions anti-religieuses, usait de son influence pour que la balance devînt moins inégale entre l'affirmation de l'orthodoxie et la négation du libre examen : aussi Proudhon put-il publier d'abord impunément son ouvrage de *La Justice dans la Révolution et dans l'Eglise ;* mais, sur les clameurs du clergé, on se décida à le poursuivre, et le libre penseur impénitent, condamné à trois ans de prison, dut chercher un refuge en Belgique.

Avec l'appui du roi Jérôme et de son fils, principaux actionnaires, le journal *l'Opinion nationale* était fondé, le rédacteur en chef, M. Guéroult, ancien saint-simonien, doué de sens pratique, était un nouvel auxiliaire contre les cléricaux. Victor Meunier, plus osé, moins providentiel, vulgarisait dans de spirituels feuilletons les résultats obtenus en astronomie, en géologie, en physique, tous également fatals à la légende biblique.

L'heure approchait de la délivrance de l'Italie. Si incomplet qu'ait été le traité de Villafranca, en dépit du rêve de confédération avec Pie IX président, la papauté avait reçu une atteinte mortelle, l'air retentissait des colères ultramontaines. La glorieuse campagne de 1859 devait avoir en France son contre-coup inévitable : le gouvernement qui avait brisé le joug autrichien, publia l'amnistie et le décret du 20 novembre. On respirait, on retrouvait la parole, on était tenté d'écrire ; à cette date, il faut placer la naissance des *Revues nationale* et *germanique*, imbues toutes deux de l'esprit philosophique, l'une plus préoccupée de politique, l'autre naturalisant à notre profit l'élite des critiques et des penseurs allemands.

Le *Journal des Débats* donnait libre carrière à ses rédacteurs : Taine, le plus brillant, le plus philosophique des normaliens ; Renan, cœur doux et ferme, honnête et sincère, qui entré au séminaire pour y étudier les preuves authentiques de sa foi, l'avait sentie s'évanouir, et avait donné le rare exemple d'une carrière brisée par scrupule de conscience ; John Lemoine, le dangereux adversaire de la papauté, témoin désabusé des nouveaux dogmes qu'elle créait, et qui commençait à douter des anciens.

De nouveaux organes de la pensée indépendante, *le Temps*, *l'Avenir National* se fondaient.

Même au *Figaro*, Ulbach, Villemot, Rochefort entraient en campagne contre le catholicisme en vogue. L'un avec la verve charmante, les armes perfectionnées, la plaisanterie fine et délicate d'un lettré ; l'autre avec la gaieté railleuse du bourgeois de Paris ; l'autre avec le sarcasme âpre, dur, pénétrant, l'ironie démocratique d'un *Swift* français.

Publiciste et poëte, Laurent Pichat écrivait *les Poëtes du combat*.

Littré publiait : *Auguste Comte, et la Philosophie positive*, sans autre pénalité que la privation d'un siége à l'Académie.

Taine, à cause de son *Histoire de la littérature anglaise*, ne subissait qu'une disgrâce analogue.

Une pièce d'Émile Augier, d'abord intitulée *les Cléricaux*, remportait, sous le nom de : *le Fils de Giboyer*, un succès populaire.

Ainsi, tantôt la haute raison des philosophes et des savants, tantôt la verve comique et la malice gauloise protestaient contre la Foi.

Il y a des livres dont l'apparition satisfait les besoins d'une époque ; en 1801, la portion jeune, virile de la nation était aux armées ; la *société polie :* prêtres sortis de leur cachette, nobles rentrés de l'émigration, femmes attendries par de pénibles épreuves, spéculateurs enrichis, nouveaux fonctionnaires, tous ceux qui devaient composer la cour du futur empereur adoraient après Dieu, Bonaparte, qui restituait les domaines, les traitements, les positions, rétablissait les castes, rouvrait les temples, restaurait le culte, reconstituait le passé ; ils aimaient la religion comme une chose abolie par la Révolution, comme une garantie de conservation et de stabilité. Ils voulaient y croire ; ils attendaient le poëte qui mettrait le feu à leur enthousiasme : Chateaubriand publia *le Génie du christianisme*.

En 1863, la *société polie* existe toujours, mais l'activité, l'énergie n'est plus dans les camps ; des générations nouvelles ont grandi, une jeunesse ardente, studieuse, rebelle à l'abêtissement ; la

France sort d'un mauvais rêve, honteuse de sa torpeur, altérée de vérité. *La Vie de Jésus*, par M. Renan, son éloquente destruction du surnaturel, était un premier apaisement.

L'immense succès de l'auteur tient encore à ce qu'il ne se contente pas de détruire, il remplace; à l'aide de textes épars, de recherches patientes, souvent heureuses, il suit l'homme pas à pas; avec quel art il substitue son histoire simple et touchante, mêlée de regrets, de descriptions admirables d'exactitude et de poésie, à la légende merveilleuse tombée sous les coups de sa critique! Il orne de magnifiques bas-reliefs l'autel vide du dieu, et cet art, ces ménagements, ces regrets sont sincères, car le premier il a souffert, il a encore l'impression vive de la douleur que ressent l'humanité à se voir privée de ses chimères.

MM. Havet, Peyrat, Larroque, Boutteville continuent l'œuvre commencée.

Dans les feuilles libérales le langage des savants s'accentue, enhardi par de récentes découvertes. Fonvieille dans *la Liberté*, G. Pouchet et Guillemin à *l'Avenir national*, les vulgarisent et en font ressortir les conséquences. Non-seulement l'âge du globe remonte à des millions d'années, mais Boucher de Perthes a trouvé l'homme fossile et démontré sa présence sur la terre depuis des milliers de siècle. Les doctes catholiques sont ré-

duits à fonder une école alexandrine justifiant la
lettre des textes saints à l'aide d'images et de
symboles. Les esprits s'agitent sur les questions
de création spontanée, d'origine de l'humanité. La
Revue des Deux Mondes présente le spectacle
d'une éruption de la science. A côté des spiritualistes Janet, Frank, Caro, racontant le pan-
théisme de Gœthe, les positivistes, n'estimant
plus dans la métaphysique qu'une gymnastique
de l'intelligence, abandonnant l'inutile recherche
des causes premières et finales, fixant les bornes
entre lesquelles l'entendement humain doit étendre
ses conquêtes. MM. Berthelot, Claude Bernard
exposent la méthode du déterminisme, Savenay
l'unité de substance, Laugel les problèmes de
la nature, Eugène Burnouf la doctrine bou-
dhiste. Jamin résume et ajourne la solution des
créations spontanées, Grimard nous fait assister
aux phénomènes de la végétation. Quatrefage,
malgré des restrictions et réserves contradic-
toires, éclaire le système de Geoffroy Saint-
Hilaire, de Darwin et de Woght.

Cette exégèse des diverses branches du savoir,
mise à la portée des ignorants, ne donne qu'une
faible idée de l'effacement complet des préjugés
religieux chez ceux qui étudient, qui enseignent
et font progresser la science.

Les hommes de la foi s'en émurent.

Le 29 mars 1867, au Sénat, M. Ségur d'A-

guesseau s'indigne contre l'indifférence coupable
du Gouvernement « à l'égard de ce courant de
matérialisme et d'athéisme qui emporte les
masses, » et reproche à M. Rouland, lorsqu'il
était ministre de l'instruction publique, certaine
nomination *scandaleuse* qui devait être un *remords*
pour lui... Sans lui permettre d'aller plus loin,
l'illustre sceptique Sainte-Beuve prend avec fermeté la défense de l'auteur de la *Vie de Jésus*
Le nom de Renan déchaîne une tempête parmi les
cléricaux en robe et en épaulettes; c'est, avec la
politesse en moins, une répétition des colères que
j'avais soulevées dans la même enceinte vingt
ans plus tôt.

Au mois de juin suivant, des habitants de
Saint-Étienne, presque tous affiliés à une société
bien connue, adressent une réclamation au Sénat
contre la composition des bibliothèques populaires, d'où ils voudraient exclure tous les auteurs
condamnés à Rome par le tribunal de l'Index.
M. Suin, rapporteur, est favorable à leur pétition.
Prenant en main la cause de la liberté, Sainte-
Beuve brave de nouveau l'irritation des Canro-
bert et des Maupas. Enfin, en 1868, sur la question de l'enseignement, il flétrit les dénonciations
d'athéisme lancées contre les professeurs de
l'école de médecine, Vulpian, Sée, Charles Ro-
bin; signale le deni de justice dont, à propos
d'une thèse sur le libre arbitre, le jeune docteur

Grenier vient d'être victime, et revendique les droits du GRAND DIOCÈSE de la libre pensée.

Mieux que de longs commentaires, un fait indiquera la direction présente des esprits : Ces dernières années ont vu naître une imitation, une traduction, une étude de Lucrèce; deux poëtes, M. André Lefebvre, le remarqnable auteur de l'*Epopée terrestre*, M. Sully Prudhomme, un philosophe, M. Martha, se sont inspirés de l'amant passionné de la nature, le sublime Titan qui a tué les dieux.

Enfin, M. Vacherot fait au sujet de Dieu le père un travail analogue à celui de M. Renan sur le fils de Dieu; son livre : *La Religion*, est empreint de la même modération, de la même indulgence, des mêmes regrets pour les croyances qu'il combat; Littré dirige une revue positiviste; le XIXᵉ siècle aura comme le précédent son *Dictionnaire philosophique*, sans parler du *Réveil* et de *la Démocratie*, trois journaux non politiques, créés par des hommes de conviction et de dévouement, propagent la *Morale indépendante*, la *Pensée nouvelle* et la *Libre pensée*.

Ainsi deux armées, deux forces sont en présence : la Foi et la Raison, le Miracle et la Science, la Volonté providentielle et les Lois générales; il faut que l'une des deux succombe. Si, comme au XVIIIᵉ siècle, la France marchait seule en tête de l'Europe, on pourrait peut-être douter de la victoire ; mais, prises en masse, l'Allemagne philosophe, la Hollande et la Suisse protestantes nous devancent ; l'Angleterre prononce en faveur de l'Irlande la séparation de l'Église et de l'État. On peut prévoir le jour où elle en fera autant pour elle-même. Ralentie par la mort de Cavour, l'Italie s'efforce, par des mesures sans cohésion, d'arriver à *l'Église libre dans l'État libre*. Enfin, l'Espagne des moines et de l'inquisition, délivrée d'Isabelle, se cherche, balbutie les mots *tolérance* et *liberté*.

Partout les ténèbres se dissipent : ce n'est pas le jour, c'est déjà l'aube qui annonce la lumière.

TABLE DES MATIÈRES

Paris. — Typ. Walder, rue Bonaparte, 44.

EXTRAIT DU CATALOGUE
DE LA
LIBRAIRIE INTERNATIONALE

PARIS. — IMPRIMERIE WALDER, RUE BONAPARTE, 44.